东莞市获评首批全国中小学科学教育实验区

做好科学教育加法的
东莞探索

东莞市教育局◎编

南方日报出版社
NANFANG DAILY PRESS
中国·广州

图书在版编目（CIP）数据

做好科学教育加法的东莞探索 / 东莞市教育局编. —广州：南方日报出版社，2025.4. — ISBN 978-7-5491-2995-9

Ⅰ. G632

中国国家版本馆CIP数据核字第2024DG9317号

ZUOHAO KEXUE JIAOYU JIAFA DE DONGGUAN TANSUO

做好科学教育加法的东莞探索

编　　者：东莞市教育局
出版发行：南方日报出版社
地　　址：广州市广州大道中289号
出 版 人：周山丹
责任编辑：曹　星　刘淑桦
责任校对：阮昌汉　符文达
责任技编：王　兰
封面设计：南风生
经　　销：全国新华书店
印　　刷：广州市岭美文化科技有限公司
成品尺寸：185 mm×260 mm
印　　张：20
字　　数：293千字
版　　次：2025年4月第1版
印　　次：2025年4月第1次印刷
定　　价：68.00元

投稿热线：（020）87360640　　读者热线：（020）87363865
发现印装质量问题，影响阅读，请与承印厂联系调换

序一

2023年5月，教育部等十八部门联合发布了《关于加强新时代中小学科学教育工作的意见》，明确提出着力在教育"双减"中做好科学教育加法，一体化推进教育、科技、人才高质量发展。

2024年1月，教育部办公厅根据《教育部办公厅关于推荐首批全国中小学科学教育实验区、实验校的通知》要求，首批确定124个实验区、994所实验校。这标志着科学教育实验区、实验校建设从酝酿正式走向了实践。

2024年5月，按照教育部统一安排，我作为专家团成员，随同福建省教育厅调研了广东省东莞市科学教育工作。我以前对东莞市的基础教育有所耳闻，对科学教育的发展水平也有一定的心理预期，但是随着调研的深入，他们的一些做法还是震撼到我了。他们不仅重点实施了课程改革深化、师资力量提升、社会大课堂协同育人、科学素质全面提升、拔尖创新人才培养、科学教育协同发展"六大行动"25条措施，还实施了课程改革、素质提升、科学活动三个"135工程"，特别是几个部门还联合梳理形成2024年25项重点工作任务清单（教育系统17项，市科技局、科协等8个部门8项），这就有点实打实的意思了。在示范校的调研中，不同的学校虽然条件不同、做法各异，但在每处我都会被学校校长、科学（普）副校长、科学教师的热情和"一校一策"的务实所感动。

我认真拜读了这本书中各位专家、每位教师的真知灼见，大家从不同的角度都提出了很好的建议，贡献了很好的案例，值得反复研读。

我们常说要把学生培养成具有未来科学家潜质的青少年。什么样的人是具有未来科学家潜质的青少年？我们来看看对科学家有什么要求。科学家不仅仅要具有前瞻的眼光、扎实的学科背景以及对解决未知问题的强烈渴望，还需要具备在有限时间、有限资源的情境下去解决那些没有标准答案、没有现成范式，甚至没有最优解法的实际问题的基本能力。这些基本的能力和要求与学校现有的培养、训练模式不一定能够完全契合。这就要求学校，特别是科学教师要有耐心，要锲而不舍，引导学生从兴趣、观察、描述、实践，依次递进。在这个基础之上再遵循两个基本原则：第一，把知识还原到认知过程中去。想想你今天学的这些现成的认知，过去的人是怎么从不知道到知道的，这个过程对我们今天解决新问题有很好的参考意义。第二，把知识还原到应用场景里去。怎么迁移？怎么使用？解决好这些基本的认识问题，假以时日，具有科学家潜质的青少年必将“涌现”。作为教育工作者、科技工作者，我们搭好阶梯，建好桥梁，静等花开。

（魏红祥：中国科学院物理研究所研究员、中国物理学会科普工作委员会主任、教育部科学教育专家团成员）

序二

2025年元旦刚过，一份关于东莞市中小学科学教育的书稿就送到我的手里，基于我对新时代青少年科学素养和基础教育育人方式变革的关注，我迫不及待地打开书稿看了起来。东莞市的基础教育在全面落实“双减”政策的背景下，不失时机地全面加强中小学科学教育，做好科学教育加法的生动实践，这一系列措施、案例全景式地展现在我眼前。

2023年2月，习近平总书记在中共中央政治局第三次集体学习时指出，要在教育“双减”中做好科学教育加法，激发青少年好奇心、想象力、探求欲，培育具备科学家潜质、愿意献身科学研究事业的青少年群体。作为全国闻名的制造业之都和粤港澳大湾区人口超千万的大城市，东莞立足“科技创新+先进制造”的城市定位，提前部署，主动布局，于2023年3月正式启动科学教育“点亮”行动，出台《东莞市推进中小学科学教育实施方案》，从五大方面推出了20条实施措施。两个月之后，也就是2023年5月，教育部等十八部门联合印发了《关于加强新时代中小学科学教育工作的意见》，系统部署在教育“双减”中做好科学教育加法。明确建立社会协同支持机制，最大范围整合高校、科研院所、科技馆等科学教育资源，全面、系统、持续推动中小学科学教育高质量发展。不难看出，东莞市在中小学科学教育这个问题上嗅觉之灵敏，行动之迅速，走在了全省乃至全国的前列。

科学教育，是点燃创新火花的火种，是培养具有创新精神与能力的未来建设者的基石。作为全国闻名的“制造业之都”，东莞市在注重科学教育，提升青少年乃至全市市民的科学素养方面，是有前瞻眼光和深刻认识的。他们清醒地认识到支柱产业（尤其是先进制造业）与人力资源素质的依存关系，一直高度重视科学教育，政府统一部署，统筹资源，做好规划，落实资金，把科学教育做得扎扎实实，探索了科学教育的新模式、新路径，打造了科学教育的“东莞样本”。

科技创新文化的打造，绝不是教育界独力能够支撑的。东莞的科学教育，学校热、社会也热，市、镇（街）、校三级一起动，33个镇街（园区）全覆盖，课程建设、条件（实验室）优化、制度设计、资源整合、师资配套、基地筛选，多管齐下，形成了强大合力。东莞首创了科普（科学）副校长制度，聘请科学家、高校与科研机构专家学者、企业工程师等科技工作者担任科普（科学）副校长，让科普资源更好地对接学校科学教育的需要。

科学教育与思政教育的有机融合，是东莞加强科学教育的一大亮点，也是给我留下深刻印象的独特经验。科学教育不仅要传播、普及科学知识，而且要培养和树立科学家精神，而讲好科学家故事，弘扬科学家精神，既是中小学科学教育的题中之义，同时也是生动具体、感人至深的思政大课，在这方面，东莞创造了“科创思政”直播课等许多值得借鉴推广的生动案例。

一年一度的科技节，是东莞教育界、科技界的盛大节日，既有各种形式的竞赛，又有小发明、小制作成果展示，还有高端科普讲座与先进设备（如无人机）表演，极大地激发中小学生和广大市民对科技创新的关注与热忱，形成讲科学、爱科学、用科学的浓郁社会文化氛围。每月一主题的科学探秘活动，将科学探究与科学实践融合，鼓励莞邑青少年像科学家一样发现问题、研究问题、解决问题，保持了中小学“全年无休”的科学教育热度，恍如盛况空前、经久不衰的“科技连续剧”。

为了让科学探究活动能够持续开展，东莞市专门制定了《东莞市普通中小学科学类实验室建设指引》，设立高、中、低三个标准，因校制宜分类建设，仅2023年就投入了3000多万元人民币，新建、改扩建了365间科学类实验室，对科学教育的重视落到了真金白银的投入上。

在科学教育资源整合上，东莞市的做法也是独具匠心，他们以东莞市青少年科学教育基地授牌的方式，分批将东莞市域内有丰富科学教育资源的大学、企业、科研机构、大科学装置、科技馆等纳入科普基地，列入中小学研学实践基地，使学校的科普研学有了众多线路与去处，强化了实践教育的特色，也使基地有了更强的责任感，尽心尽力为青少年科学素养的提升做好服务。

…………

这本东莞市中小学科学教育的经验汇编，凝聚了全市广大教育工作者、科普工作者、热心教育的企业家等各界人士的智慧和心血，记录着他们在青少年科学教育道路上的探索与实践。书中既呈现了东莞市各级政府和教育主管部门的前瞻眼光，又展示了具体可行的实践案例；既有对传统教学模式的反思，又有对未来教育发展趋势的憧憬。相信它的出版，必将为广东乃至全国的青少年科学教育事业提供宝贵的经验和借鉴，而东莞的勇敢探索，也使她无愧于“全国中小学科学教育实验区”的称号。期待东莞市在青少年科学教育道路上创造更多新经验、新成果！

是为序。

2025年春节于广州。

（吴颖民：博士生导师、享受国务院政府特殊津贴专家、中国教育学会原副会长、广东省中小学校长联合会首任会长）

前言

党的二十大报告指出，教育、科技、人才是全面建设社会主义现代化国家的基础性、战略性支撑。加快建设教育强国、科技强国、人才强国，必须全面提高人才培养质量。科学教育是建设科技强国的重要内容，也是培养科技创新人才的基础，关乎国家长远发展。

2023年5月，教育部等十八部门联合印发了《关于加强新时代中小学科学教育工作的意见》，系统部署在教育“双减”中做好科学教育加法。明确建立社会协同支持机制，最大范围整合高校、科研院所、科技馆等科学教育资源，全面、系统、持续推动中小学科学教育高质量发展。

2025年1月，由中共中央、国务院印发的《教育强国建设规划纲要（2024—2035年）》对新时代新征程加快建设教育强国作出全面系统部署。其中，科学教育被赋予了重要地位，在纲要中被多次提及，“探索设

□ 教育、科技、人才是全面建设社会主义现代化国家的基础性、战略性支撑

□ 东莞于2023年3月正式启动科学教育“点亮”行动，出台《东莞市推进中小学科学教育实施方案》

立一批以科学教育为特色的普通高中，办好综合高中”“加强科学教育，强化核心素养培育”等具体措施为深入推进科学教育、做好拔尖创新人才培养指明方向。

作为粤港澳大湾区的重要节点城市、全国闻名的“制造业之都”，立足“科技创新+先进制造”的城市定位，东莞提前部署、积极布局，全面贯彻落实习近平总书记关于科学教育的重要指示精神，于2023年3月正式启动科学教育“点亮”行动，出台《东莞市推进中小学科学教育实施方案》，从五大方面推出了20条实施措施。2024年初，东莞获评首批全国中小学科学教育实验区，对“20条”优化升级，制定《东莞市全国中小学科学教育实验区建设实施方案》，重点实施课程改革深化、师资力量提升、社会大课堂协同育人、科学素质全面提升、拔尖创新人才培养、科学教育协同发展“六大行动”25条措施。

坚持五育并举、以德为先，培养面向未来的创新人才。从“20条”到“六大行动”，通过开展丰富多样的科学活动、聘请科普（科学）副校长、推动科学家及科学家精神进校园、整合资源实施科普研学等举措，东莞在全市范围内营造了月月有活动、人人都参与的科学教育氛围，将科技创新的种子逐步种到孩子们心中，也将家国情怀与文化认同根植在莞邑少年心底。

(一)

当今国际科技竞争，归根到底是人才竞争。建设科技强国，不仅要在全球范围内吸引人才、留住人才、用好人才，更要立足本国，自主培养人才、造就人才、发展人才。

坚持为党育人、为国育才，东莞做好科学教育加法的顶层设计，通过实施科学教育“点亮”行动，旨在将科学教育打造成东莞极具特色、极具优势的教育品牌。在这一过程中，东莞充分利用学校这一科学教育的主阵地，夯实科学教育课程引领，以课程建设为核心，引领中小学科学教育高质量发展。

在“双减”背景下，做好科学、物理、化学、生物学、地理、信息科技、综合实践活动、通用技术、劳动教育等学科科学教育的加法，充分发挥各学科教学能手、学科带头人、名师工作室主持人的示范引领作用，打造科学教育课堂新样态。

家国情怀是科学家精神的鲜明底色，是科学家矢志创新的最深厚动力。近代以来，我国一代代科技工作者为中华民族摆脱贫穷落后的状态不懈奋斗，孕育出从“科学救国”到“科教兴国”再到“科技强国”的家国情怀。

□ 东莞中小学生科技节活动航模比赛现场，参赛学生在展示水火箭模型发射升空

□ 东莞不断创新科学教育内涵，打造“科创思政”特色品牌

梳理东莞推进科学教育的历程，其在坚持立德树人，强化课程引领的同时，将科学教育与思政教育深度融合贯穿始终。通过“思政+科学”价值引领行动、“思政+科学”社会实践育人行动、“思政+科学”区域协同育人行动等，东莞不断创新科学教育内涵，打造“科创思政”特色品牌。

具体来看，东莞首创科普（科学）副校长制度，中小学校科普（科学）副校长均由科学家、高等院校和科研机构专家学者、企业工程师等科技工作者担任，知名学者汪卫华、鲍煜、李晓明、李廷芥等均在列。他们担负为学校科学教育出谋划策、指导教师开展科学教育工作、助力学校科学教育工作发展等重要职责。

结合思政课相关内容，聚焦十八大以来我国取得的举世瞩目的科技成就，东莞精心策划，盘活科普（科学）副校长及科学家等资源，讲好与之相贴切的科学家故事和展示科技创新成果。院士专家、航天英雄、深潜英雄等走进莞邑校园，通过他们的讲述引导广大学生感悟国家科技发展，学习弘扬胸怀祖国、服务人民、勇攀高峰、敢为人先的科学家精神，树立远大理想和崇高追求，努力成为具有爱国情、强国志、报国行的创新人才。

在“思政+科学”社会实践育人行动中，东莞致力于推动思政小课堂走向社会大课堂，帮助青少年系好家国情怀的“第一粒扣子”。以2023年为例，全市共组织学生开展超500场次的“思政+科学”研学，莞邑学子在参与活动中深刻感悟科学研究、科技创新对强国建设、民族复兴的重大意义。

□ 莞邑学子在参与科技活动中感悟科学研究、科技创新对强国建设、民族复兴的重大意义

“思政+科学”区域协同育人行动，则进一步拓宽了“科创思政”育人格局。2023年以来，东莞积极开展莞港澳科学教育携手行动、中小学“科普援疆”“科普援揭”等系列行动，联动举办科技节，广大学子在沟通互动中增进友谊，铸牢中华民族共同体意识。

（二）

科学往往建立在实验基础上，科学教育亦是如此。

一方面，系统推进科普（科学）副校长、科学家（精神）进校园等活动，由一流科学家引领青少年成长，着力培养具有家国情怀的未来创新人才；另一方面，东莞不断完善科学教育开展的基础，通过积极推动科学类探究实验室全覆盖、开展“每月一主题科学探秘活动”，将科学探究与科学实践融合，鼓励莞邑青少年像科学家一样发现问题、研究问题、解决问题，全面提升科学素养。

强化科学教育空间引领，东莞市政府将科学类探究实验室建设全覆盖列为2023年民生实事，教育系统制定了《东莞市普通中小学科学类实验室建设指引》，为各中小学校科学类实验室建设提供可依照的指引，大力提高了实验室建设效率和普及率。

2023年，东莞全市财政投入约3000万元，共新建、改扩建了365间科学类实验室，实现每所公办中小学至少建成一间科学类探究实验室。2024年持续推动民办中小学实现科学类探究实验室的全覆盖。

依托科学实验室的提质升级，东莞各中小学也不断强化校内科学教育特色，开发特色课程，营造浓厚的科学氛围。各学校将跨学科学习、项目式学习等有机地融入科学教育课堂中，为学生营造了一个允许质疑、勇于质疑、善于质疑的空间。

学生在做中学、在用中学、在创中学，不断成长为具有质疑精神、探究意识和创新能力等核心素养的新时代学子。

作为东莞科学教育“点亮”行动别具亮点的设计——“每月一主题科学探秘活动”，进一步为全市师生开启一场接一场的主题式科学盛宴。“每月一主题科学探秘活动”精心研发主题和筛选场景，邀请专业科技工作者指导研发。在活动实施过程中，围绕“困—解—探—知—用—展”六个环节开展，井井有条，既形成一套可供复制的规范化、体系化的活动实施流程，又让各个主办的镇街、学校主体就地取材，实现个性化、特色化的资源整合，一站式、深层次渗透到天文、地理、人工智能、生物、5G技术等前沿领域，同时深化学生对身边的科技力量的了解与认同。

活动每月一期，以镇校为承办主体，推动科学教育校本精品课覆盖全市。此外，东莞还在东莞市青少年活动中心设立“科学探秘馆”，持续更新主题内容，让每位学生都能够便捷地享受优质科学教育资源，在探究与

□ 大朗镇崇文小学王红成博士报告会——“神奇的光学世界”

□ 东莞中学松山湖学校开设机器视觉课程

实践融合中将书本的理论、课堂的知识带入生活，走进社会，不断实现启智增慧、全面发展。

（三）

科学教育既需建构完备的知识体系，又要在真实情境中锻炼动手能力。因此，资源整合，构建校内外有效衔接、多方协同的大科学教育格局至关重要。

由教育部等十八部门联合出台的《关于加强新时代中小学科学教育工作的意见》（简称“《意见》”），明确了“大中小学及家校社协同育人机制明显健全”的目标，鼓励高校和科研院所主动对接中小学，“建立‘科学教育社会课堂’专家团队，开发适合中小学生的科学教育课程和项目”。《意见》为各地做好科学教育加法提供政策指引与行动方向。

在东莞，整合区域内的科研机构、高校、企业等科技资源，为科学教育提供更丰富的实践平台和资源支持，从一开始便被列入推进中小学科学教育20条举措之中。通过开展“科普研学”实践活动、“科普430”课后服务、共建科普特色实践基地、推进数字化科学教育资源建设等，东莞鼓励学校联合科学馆、科技馆、青少年活动中心、少年宫等社会资源，不断丰

□ 松山湖中心小学张国华老师带学生做实验

□ 松山湖青少年活动中心，学生们在研究汽车模型

富科学教育的形式与内容，联动社会共同打造家门口的科学教育阵地，形成校内外协同育人的良好局面。

当前，东莞分批为全市中小学科学教育实践基地授牌，发布《东莞市中小学科学教育研学指南》。首批东莞市中小学科学教育实践基地包括中国散裂中子源、松山湖材料实验室、东莞理工学院、东莞科学馆等。这些大科学装置、高水平研究所和大学，为东莞科学教育提供了肥沃的土壤，拓宽了科学教育的场域边界。

“加强青少年科学教育，需要社会、学校、教师和家长的多方共同努力，以创新的教育理念和教育方法为基础，为学生提供更广阔的学习和实践平台，让他们在科学教育中不断成长和进步。”东莞市中小学科学教育形象大使、东莞材料基因高等理工研究院院长张书彦认为，东莞的制造业非常雄厚，可以结合产业技术和科研优势，调动相关产业单位和科研机构，联合打造具有东莞特色的科普教育板块，还可以进一步利用科普资源，形成跨区域、跨部门、跨行业的科普教育的合作模式。

“如果要让孩子们有一个目标，‘我要成为什么’，我们首先要给他们树立一个榜样，让他们了解这个行业。”张书彦说。

站在面向未来、服务全体、扎根学校等前沿教育命题上，东莞步伐坚实、纲举目张，深入整合市内外资源，共建共享，激活和释放科普资源活力，科学教育的美好图景正在莞邑大地徐徐展开。

目录

第一章　做好科学教育加法的顶层设计

第二章　实施“点亮”行动　构筑科教全域平台

第三章　以科学素养为核心　推进课程建设与教学变革

第四章　为新质生产力注入创新人才动能

第一章

做好科学教育加法的顶层设计

核心提示

科学普及是实现创新发展的重要基础性工作。过去十年，东莞积极投身科普教育："十三五"期间举办超1500场专题科普活动，吸引百万市民参与；"东莞十大品牌科技教育活动"带动全市中小学科技教育蓬勃发展，在全国赛场上屡获佳绩；建设百校创新基地和百所创客教育培育学校，打造涵盖多领域的科普基地，形成完善的科普网络。

面对教育强国对人才培育的迫切需求，东莞在2022年底深入调研中小学科普教育，发现自身在统筹机制、设施设备、教师队伍及均衡性方面存在差距。为此，东莞努力寻求突破，推进科普资源整合与制度建设，完善统筹机制；加强科学类探究实验室建设，改善设施；实施"点亮"行动，提升教师素质；探索拔尖人才培养项目，深化科普研学与竞赛品牌塑造，多维度协同创新。

如今，科学教育已成为东莞教育发展重点，写入政府一号文和民生实事，全面布局、系统谋划。以科学教育的核心目标为纲，如一张紧密编织的大网，串联各个环节协同发力，构建起新时代科学教育新格局。尤其在入选首批全国中小学科学教育实验区后，东莞持续深化改革，整合科技资源，举办创新活动，畅通人才培养渠道，为基础教育高质量发展赋能，助力城市在科技创新与人才培养之路上稳步迈进。

第一节
十年砥砺积累，与教育改革同频共振

国家始终致力于培养全面发展、兼具创新精神与科学素养的高素质人才。“十二五”“十三五”期间，我国形成以政府投入为主的多渠道科普投入体系，积极建设科普基地，创建国家级、省级等不同类型和特色的科普基地，改善科普基础设施布局。完善基础教育、高等教育阶段的科技教育，开展校内外结合的科技教育活动，利用信息技术均衡配置科技教育资源。在这期间，东莞市以敏锐的洞察力和高度的责任感积极响应国家号召，以坚定的决心和不懈的努力持续在科学教育领域深耕细作。

多年来，东莞市在科普教育的征程上砥砺前行，在普及科学知识、举办各类竞赛以及打造特色发展等多个方面全力以赴、倾心付出，逐步积累了发展成果。正是通过在这些关键方面的持续努力，东莞市逐步走出了一条与国家教育改革高度同频共振的发展之路，为未来科学教育系统规划和体系展开积累了积极的发展因素。

以普及为先导，拓宽科普教育广度

“十三五”期间，东莞市将普及科学知识、扩大科普教育覆盖面作为首要任务，全方位、多层次地开展各类科普活动，让科学的光芒照亮城市的每一个角落。

全市精心组织实施了226项专题科普活动，累计举办场次超过1500场，如此高频次、大规模的科普盛宴吸引了超过100万人次的市民踊跃参与。无论是在全国科普日、防灾减灾日、食品安全宣传周，还是在科技进步活动月等具有特殊意义的时间节点，东莞市都雷打不动地组织全市范围的科普活动。展览展示、报告讲座、实践体验等形式丰富多样，每年活动场次稳定在300余场，为市民提供了近距离接触科学、了解科学前沿动态的机会。

2018年11月，“2018年粤港澳大湾区院士峰会院士校园行”在东莞举行，7名中国科学院院士、7名中国工程院院士以及4名外籍院士集中开展校园行活动。在三天的活动中，18名院士集中走进全市16所学校，为全市上万名大中学生带来19场别开生面的科普盛宴，这在全国地级市中尚属首例，也是东莞教育交流的一大创举。此后，东莞连续四年举办“院士校园行”活动，深入校园举办49场次活动，惠及155万学子。

院士们分享科研历程、前沿成果，点燃了学生们心中的科学火种，在校园里营造出浓厚的学术氛围。从天外陨石到海洋开发利用、从人生价值到科技创新梦、从半导体到智能制造，院士们以座谈交流、科普报告、励志报告等形式，用自身的成长与科研经历点燃东莞学生创新梦想的火把，勉励东莞学生爱科学、学科学、用科学，志存高远，报效祖国。

围绕建设大湾区先进制造业中心的目标，东莞举全市之力深度参与粤港澳大湾区建设。随着经济的高速发展，教育对经济的支撑作用愈发关键，在此背景下，创新人才培养模式，培育拔尖创新人才，为先进制造业注入源源不断的智力活水，东莞教育义不容辞。

此外，全市高中学校也积极行动，普遍开设科技节活动，科技节成为校园里一年一度的科技盛会。学生们在科技节上展示科技创新作品、参与科技竞赛，充分发挥自己的创造力与想象力，不仅提升了自身的科学素养，也让校园充满了探索求知的活力。如东莞市石龙中学通过举办生物科学与实践、经典吟诵大赛、化学乐园、财经素养之模拟市场等41项活动，将传统文化和创新发展相融合。

在诸多活动中，东莞中学松山湖学校科技节可谓精彩纷呈。该校围绕着“体验·创新·成长”的活动主题，通过科学实验秀、科技游园活动、科技劳动研学活动，在校园内掀起一个学科学、爱科学、用科学的热潮。就在2019年的科技节现场，全场一千多位学生同时手拉手，感受四节干电池六伏电压在磁场剧烈变化时变压器产生的上万伏高压引发的触电感觉，活动将整个现场氛围推向高潮。2019年的科技节就引入了一些高科技项目，如有关台风、地震的AR（增强现实）、VR（虚拟现实）体验。当年，

□ “2018 年粤港澳大湾区院士峰会院士校园行”在东莞举行

□ 东莞学子围着院士签名

□ 院士进校园做讲座

整个科技节包含讲座类5个、展示类7个、活动类28个。科技节体验的时间为四天，均不安排上课，目的就是为学生打造一个真正的科技节日，让同学们尽情地体验、参与和展示。

通过这些普及性活动，东莞在打破科学知识与大众之间的隔阂上逐步发力，将科普教育融入师生日常生活，为后续深入开展科学教育奠定了坚实的认知和群众基础。

用竞赛作杠杆，撬动科普教育深度

竞赛是检验科普教育成效的试金石，竞赛的引领作用不仅提升了青少年的科学素养，还带动了整个科普教育生态的良性发展，让更多的学校、家庭重视科学教育，形成全社会共同关注青少年成长的良好氛围。东莞积极举办市级以上的青少年科技竞赛活动，以赛促学、以赛促教，推动科普教育迈向新高度。

□ 东莞中学松山湖学校举办科技节

□ 面向中小学生的丰富多彩的科技赛事

东莞十大品牌科技教育活动统计表

序号	活动名称	开始举办
1	东莞市青少年科技创新大赛	2005.12
2	东莞市中小学航空航天模型比赛	2006.12
3	东莞市中小学车辆模型比赛	2007.12
4	科技创新，成就梦想——中国科学院专家进校园活动	2009.04
5	东莞市中小学航海模型比赛	2009.10
6	东莞市中小学无线电测向比赛	2010.12
7	东莞市中小学电脑机器人竞赛（东莞市中小学机器人劳动教育实践活动）	2012.04
8	东莞市青少年科学实验体验活动	2012.05
9	东莞市中小学建筑模型比赛	2012.11
10	东莞市青少年人工智能创新挑战赛	2017.11

东莞十大品牌科技教育活动涵盖了青少年科技创新大赛、中小学航空航天模型比赛、车辆模型比赛、航海模型比赛、建筑模型比赛、电脑机器人竞赛、无线电测向比赛、创客嘉年华、“小小科学家”等10项市级活动，形成了多元化、层次丰富的竞赛体系。

□ 东莞打造品牌科技教育活动

□ 东莞市青少年积极参与全国科技赛事

在青少年科技教育实践过程中，由东莞市青少年活动中心牵头精心培育出“东莞十大品牌科技教育活动”，年均吸引约800校次中小学校，10万余名青少年参与，带动了全市中小学科技教育工作的蓬勃开展。

在全国赛场上，东莞市青少年屡获佳绩。这期间，东莞代表队参加全国、省级青少年科技竞赛约10次，长期位居全国青少年航空航天模型教育竞赛、车辆模型教育竞赛活动金牌数、奖牌数前三名，东莞教育部门多次荣获优秀组织奖、优秀组织单位。在2018年、2019年全国青少年航空航天模型教育竞赛总决赛中，东莞力压群雄，名列奖牌榜第一、金牌榜第一，展现出强大的科技实力与人才培养优势。在2021年由中国科学技术协会、教育部等六部委主办的青少年科学调查体验活动中，全市共有8所学校获评“全国优秀学校”称号，占全省的61.5%。东莞参与科学调查体验活动小组数排全国第二，学生提交调查表、调查报告的数量更是位居全国第一。这些成绩的背后，是无数师生日夜钻研、反复实践的辛勤付出，也是东莞市科普教育扎实推进的有力证明。

依特色铸根基，夯实科普教育基础

在追求科普教育高质量发展的征程中，东莞积极响应国家教育改革倡导培养创新型人才、提升全民科学素养的积极响应，注重挖掘特色、打造品牌，从资源建设、师资培养、课程开发等多方面入手，全方位夯实科普教育基础。

丰富的科普教育资源是开展科普工作的重要保障。截至2022年5月，东莞市已建有科普基地99个，其中国家科普基地4个、省科普基地15个，这些基地涵盖了自然科学、工程技术、生命科学等多个领域，为市民提供了近距离接触前沿科技、体验科学魅力的场所。同时，创建市科普示范镇11个、市科普标兵（示范）社区176个、市科普特色（创客培育）学校101所，建立起市级创客培育中心7家、镇街科学馆2个，构建了覆盖全市的科普网络，让科普教育深入基层，融入社区与校园生活。

打造科普特色学校是东莞市科普教育的一大特色举措。全市现有全国航空特色学校3所、省航空航天特色学校21所、省青少年科学教育特色学校9所，创建市普通高中特色学校8所，市第一批高中“双特色”示范建设学校基地5个。这些特色学校结合自身优势，开展航空航天科普、科技创新实践等特色课程与活动，初步形成了“一校一品”的科普教育格局，为不同兴趣爱好的学生提供了个性化的发展路径。

此外，东莞还充分发挥校外教育的协同功能，由东莞市青少年活动中心指导镇街、学校少年宫业务，扩大科普教育影响范围，使青少年科技教育活动在全市范围内得到了快速的发展和推广。如在2020—2021年间，指导了东莞茶山、南城、莞城、松山湖、寮步和长安等镇街开展了水乡片、松山湖功能区青少年科技教育活动，指导了东莞外国语学校、松山湖北区学校等单位开展学校少年宫业务，这种“以点带面”的区域活动组织方法得到了各镇街、中小学的肯定和热捧，东莞科技教育活动向基层发展，呈现出百花齐放的良好局面。

东莞市青少年活动中心因在科普活动组织、推广方面成效显著，被评为“全国科普日活动优秀组织单位”，成为东莞市科普教育的一面旗帜。

东莞持续壮大科普教师队伍，共培养科普骨干教师2000余名。2021年，东莞14名教师参加全省化学和生物学实验操作与创新技能竞赛，一等奖及创新奖获奖数占总参加人数的70%，排全省第一，彰显了东莞科普教师的专业实力。在课程建设方面，全市82.9%的中小学校开设了科普课程，涵盖科技、信息、创客等多个领域。学校还自主开发或编写电脑机器人教材、中小学科创教育地方教材、科技科普教材，出版未来课程设计竞赛案例丛书，建设了近万节科普教学资源。2021年9个项目获教育部精品课，2022年13个项目获省推荐参加教育部精品课评比，为科普教育提供了优质的教学内容支撑。

第二节

系统筹谋精布局，深度调研启新篇

在科技迅猛发展、创新成为时代主旋律的大背景下，中小学科普教育肩负着为国家培育科技创新后备人才的关键使命，其重要性不言而喻。此时，越来越多城市认识到科技创新教育是培养创新人才的重要途径，周边城市纷纷抢占素质教育制高点，高度重视中小学科普教育。

2022年年底，东莞市积极响应时代召唤，以高瞻远瞩的战略眼光和求真务实的态度，系统谋划，全面深入地展开中小学科普教育调研工作。此次调研犹如一场精准导航的探索之旅，旨在穿透教育实践的表象，深度剖析科普教育的内在肌理，挖掘优势与潜力，精准定位现存的问题与挑战，从而为接下来东莞展开体系化科学教育奏响序曲，也为东莞市中小学科普教育绘制科学、精准且具有前瞻性的发展蓝图。

□ 莞邑学子实地观看体验科创模型

▶ 经验之鉴：多典型创新实践与启示

他山之石，可以攻玉。在中小学科普教育的征程中，上海、北京、深圳、广州和温州等城市脱颖而出，也为东莞中小学科普教育提供了良好的示范借鉴。

上海筑牢制度根基，《上海市科学技术普及条例》等文件构建起严密体系，将科普深度融入教育考核与学生评价，明确人员配备准则，借上海科技节及相关评选营造浓厚科创氛围，有力保障科普教育稳步前行。

北京全力打造人才成长高地，“英才计划”嵌入规划纲要，“翱翔计划”自2007年启航，创新“在科学家身边成长”模式，“北京青少年科技创新学院”及系列政策持续发力，馆校合作、科学家精神进校园等活动多元联动，全方位提升青少年科学素养，稳固校园科技教育。

深圳精准施策，义务教育阶段科普学分制为学生科技实践量化赋能，市、区两级指导中心驱动学校踊跃参与，深港澳交流赛事频繁，学校评审标准严苛，全力推动特色学校建设，促使科普教育攀高。

广州借院士专家校园行打造特色品牌，政府资助项目联合高校开展“英才计划”特训营，积极投身国际交流，为科普教育注入强劲动力，助力人才培养。

温州则紧扣教育趋势，人工智能教育“五个一”工程构建生态，增设岗位与工作室，课程融入教育体系，开拓科普新路径。

▶ 发展节点：多角度剖析局限与挑战

当我们把视野拓展至周边城市的中小学科普教育领域，并以此为镜反观东莞的实际情况时，其间存在的差距与问题便清晰地呈现在眼前。

在统筹机制上，与上海、北京等城市相比，东莞显得明显滞后。上海早已通过完善的法规和规划，构建起多部门紧密协作的科普体系，科普工作在各部门的协同推进下高效开展。而东莞却长期依赖科协单打独斗，科普联席会议制度虽已建立，但在青少年科普工作中的成效微乎其微。各部门开展的活动形式单一，缺乏深度整合，难以形成如上海科技节那般具有广泛影响力和品牌效应的活动，与东莞在经济领域的重要地位极不相称。

设施设备建设方面，以小学科学教室为例，深圳的小学在科学教室数量、面积及教学仪器配备上均达到较高标准，为学生提供了充足的科学实践空间和先进的实验设备。反观东莞，截至2022年6月，全市331所小学中，科学教室数量、面积达标率分别仅为31.42%和28.10%，即使教学仪器配备达标率相对较高，但整体仍未达到理想状态。

教师队伍素质上，广州在科学教师配备和培训方面投入巨大，专职科学教师比例较高，且教师教学方法多样，注重科学探究和实验教学。而东莞截至2021年9月，小学科学教师专职率仅为13.35%，与广州等城市存在较大差距。

东莞在科普教育发展的均衡性方面也存在严重问题。各镇街在科普专项经费投入上差异巨大，近两年年均投入超100万元的镇街仅4个，不足20万元的镇街有3个，直接导致了区域科普资源差距显著。青少年科普经费投入方面，相比广州市教育局每年投入3000万用于青少年科技教育，深圳连续举办高规格学生创客节并投入6000多万元购买课程服务，东莞自2007年以来，虽然市科协每年有约2000万科普专项经费，但涉及中小学的项目和资金占比低，加上教育局每年仅有约80万经费，2022年全市青少年科普人均投入仅2.42元，差距悬殊，严重制约了科普教育规模与质量的提升。

▸ 进阶方略：多维度协同创新与突破

机遇和调整总是并存，综合分析东莞当时的科学教育实践，调研报告中认为，全市科普资源持续增加，科普平台多。东莞积极推进中国散裂中子源、松山湖材料实验室、大湾区大学和香港城市大学（东莞）建设，形成了大科学装置、大科研平台和高校院所的集聚态势，国家高新技术企业超9000家，数量稳居全省地级市第一。此外，“双减”政策持续推进，广大中小学生对素质教育需求更加多元化，为全面推进中小学科普教育提供了良好的机遇。

通过调研发现，在中小学科普教育的重要发展阶段，东莞市务必积极行动，东莞汲典型城市的精华，紧密贴合自身实际，巧妙融合创新元素，在制度建设上，结合本地教育生态制定科普考核规则，挖掘本土科研资源打造科

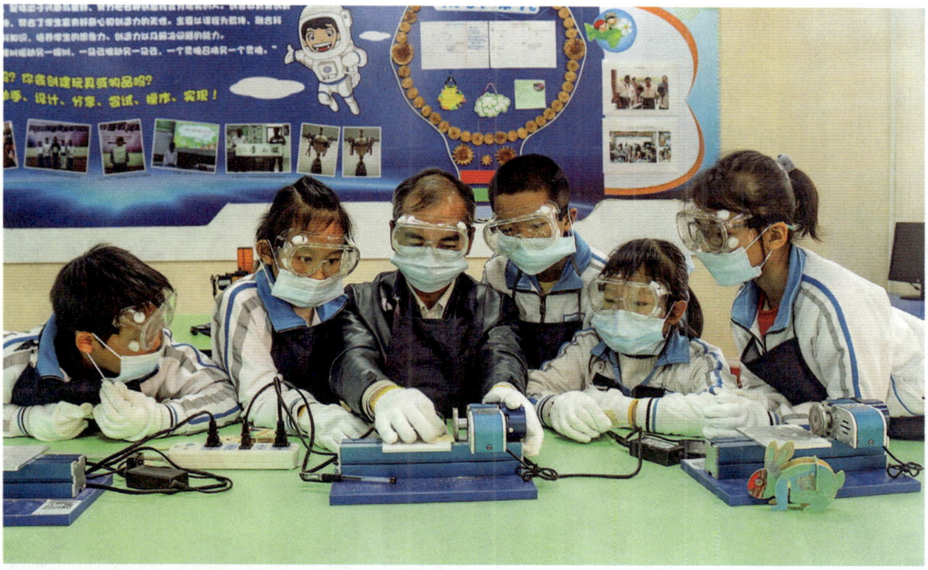

□ 石建军老师示范使用小机床加工部件

普教育共同体，探索适合本地学生的激励机制，立足东莞产业特色与文化基础塑造独特科普品牌。

统筹机制完善成为首要任务。东莞市计划出台一系列政策，全力构建“政府引导、部门协同、学校主导、企业参与、社会支持”的一体化体系，清晰界定各部门在科普教育中的职责，充分激活科普工作联席会议制度的协调作用，大力促进部门间的横向协作与市、镇的纵向联动，全面整合资源。从工作机制、经费筹措、课程体系到教师队伍建设等多方面综合考量，制定科学合理且针对性强的政策措施，完善科学教育质量评价和青少年科学素养监测评估体系，为科普教育奠定坚实的制度基础和规划框架，确保其有序高效开展。

在设施建设领域，东莞将大力推进中小学校科学类探究实验室（实验空间）建设。积极争取设立青少年科普专项资金与教育基金，吸引各方力量支持，发挥科协优势，撬动社会资源参与基础设施建设，为学生创造良好的实践环境。

为激发创新活力，东莞将实施“点亮”行动。开展“科学家进校园”百场报告会，邀请人工智能等领域专家走进校园，分享科研经历与前沿应用，并展示智能诊断系统，极大激发了学生的科学兴趣。组织“每月一主题科学

□ 东莞市宏远外国语学校，教师带着学生在操场做科学实验

探秘活动”，结合本地产业优势开发特色课程。

教师素质提升是关键环节。东莞将分阶段补齐专职教师，2023年实现公办小学全覆盖，2025年将公办小学科学教师专职率提升至30%。优化市、片、镇、校四级科普教研体系，选拔优秀教研员，推动片区设立专兼职教研员。将科技创新教育纳入教师继续教育，每年开展全市性培训和辅导员培训，举办技能大赛，开展师徒结对活动，借助各方资源促进教师成长。

拔尖人才培养方面，东莞积极探索多种项目与计划，创设少年科学院等平台，为有潜质的青少年定制培养方案。开展评选活动，加强英才计划研究制定，鼓励学校参与。建立健全培育机制，实现小初高人才选拔全覆盖，探索与高校联合培养及创新招生模式，打通人才培养全链条。

竞赛品牌塑造上，举办青少年科技节，策划系列专场活动展示成果。打造市级品牌，研究竞赛与课程融合，整合资源，规范赛事管理，出台白名单，优化比赛项目提升效能。积极参与全国竞赛，对标先进城市，申报承办比赛，统筹安排竞赛活动，培养本土教练以提升学生竞赛水平。

科普研学深化上，定制研学路线，建立共享机制，组织学生参观企业研发中心等。实施馆校合作，节假日提供专场活动，推动场馆开放，支持开发课程，鼓励学生参与志愿服务。建设特色基地，完善衔接机制，争取政策支持与校企合作，设立科普示范点。推进对外交流，举办夏令营等活动以提升国际视野。

通过这一系列举措，东莞市迈向中小学科普教育新高度的新征程新画卷正徐徐展开，这将为城市科技创新和可持续发展注入强劲的人才动力，助力东莞在教育与科技融合发展的道路上持续前行。

□ 东莞举办丰富的科技创新活动，掀起全民科技创新浪潮

□ 莞城步步高小学的学生到东莞科学技术博物馆体验科技馆“基地课程”

第三节

一号文＋民生实事驱动，打造政策高地

从大力普及科学知识、扩大科普覆盖面到以长远眼光与务实态度系统谋划、深入推进中小学科普教育调研工作，东莞在科学教育征程上不断积累成果，走出与国家教育改革同频共振之路。

2023年2月21日，习近平总书记在中共中央政治局第三次集体学习时指出，要在教育“双减”中做好科学教育加法，激发青少年好奇心、想象力、探求欲，培育具备科学家潜质、愿意献身科学研究事业的青少年群体。

全面贯彻落实习近平总书记关于科学教育的重要指示精神，2023年3月，东莞正式启动科学教育“点亮”行动，将科技创新的种子播进青少年心中。也是在这一年，科学教育被写入东莞市政府一号文和民生实事，东莞市教育局、市科技局、市财政局、市科学技术协会等部门之间加强协同合作，打出科学教育协同“组合拳”。通过发布实施方案、强化硬件支撑、集聚教育力量、夯实教育基础、营造浓厚氛围等一系列措施，形成具有区域特色的中小学科学教育新格局。

□ 2023年3月，东莞市正式启动中小学科学教育“点亮”行动，将科技创新的种子播进青少年心中

▸ 以科学教育为突破，为城市发展注入创新活力

教育是公共服务中的关键一环。近年来，东莞市委市政府坚持教育优先发展，大力推动教育扩容提质，深化改革创新，努力推动教育公共服务更充分、更优质、更公平、更安全覆盖全市常住人口，为东莞经济社会高质量发展提供支撑。

历时半年的全市中小学科普教育调研，如同一盏明灯，为东莞科学教育的发展指明前行方向。调研最终为东莞锚定了以提升学生科学素养为核心，构建全方位、多层次科学教育体系的奋进之路——将中小学科学教育开展和创新思维培养融为一体，把科学教育打造成具有东莞特色的教育品牌。

2023年1月29日，东莞市政府发布2023年一号文《关于坚持以制造业当家推动实体经济高质量发展的若干措施》，将“实施科普教育‘点亮’行动”列入重要任务；东莞市第十七届人民代表大会第三次会议将“推进公办义务教育学校科学类课程探究实验室（或实验空间）全覆盖，大力开展中小学科普教育活动”纳入“2023年东莞市十件民生实事”，并把推进科学类探究实验室建设纳入镇街政府履行教育职责考核内容。

2023年3月16日，东莞市推进中小学科学教育新闻发布会在东莞市莞城中心小学举行，东莞市教育局、市科技局、市科学技术协会联合发布《东莞市推进中小学科学教育实施方案》，以深入实施“点亮”行动、构建学校科学教育体系、深化教师科学素质提升工程、推进拔尖创新人才培养行动、加强科学教育品牌建设五大任务共20条举措，全力推动中小学科学教育高质量发展。

一年之后，“推动公办中小学科普（科学）副校长、科学实验课、‘科普430’实现‘三个全覆盖’”被纳入“2024年东莞市十件民生实事”。连续两年将“科学教育”纳入当年的民生实事，反映出东莞在教育战略布局上对科学教育的深度考量，更意味着东莞在培养未来创新人才的征程中迈出了坚实步伐。

此举，也是全面落实中共中央办公厅、国务院办公厅《关于进一步减轻义务教育阶段学生作业负担和校外培训负担的意见》《关于新时代进一

步加强科学技术普及工作的意见》《全民科学素质行动规划纲要（2021—2035年）》部署要求。

基础教育阶段的科学教育肩负着培养青少年科学兴趣、树立青少年科学志向的重要使命。以科学教育为突破口，东莞在努力构建起一个从政策引领到资源落地，从教育实践到人才培育的完整链条，为城市的可持续发展注入源源不断的创新活力。

自2023年3月启动后，科学教育“点亮”行动已实现全市33个镇街（园区）覆盖。根据《东莞市推进中小学科学教育实施方案》，到2026年基本形成具有东莞特色的“上下贯通、内外融通、部门联通、人人参与”的中小学科学教育新格局，拔尖创新人才不断涌现，中小学科学教育服务“科技创新+先进制造”能力全面增强。

□ 大朗镇中心小学创客空间

□ 石排镇实验小学的科学教师带领学生探秘太阳系

▶ 发挥立柱强基作用，构建科学教育发展新格局

国家的发展离不开科技创新，而创新的源头在于教育。东莞市委、市政府和市教育局系统构建科学教育发展新格局，不断发挥科学教育立柱强基的重要作用，确保科学教育的系统性、前瞻性和实效性，也收获来自教育部的肯定。

2024年初，教育部公布全国中小学科学教育实验区、实验校名单。在各省级教育行政部门推荐的基础上，经专家组对推荐材料进行审核，教育部拟确定124个实验区、994所实验校，东莞成功入选，获评首批全国中小学科学教育实验区，并被推选为第25协同组组长。

为打造全市协同的中小学科学教育工作体系，继2023年3月多部门联合发布《东莞市推进中小学科学教育实施方案》后，2024年7月，东莞市教育局等十部门又联合发布了《东莞市全国中小学科学教育实验区建设实施方案》。

《东莞市推进中小学科学教育实施方案》意在做好中小学科学教育的顶层设计和制度保障，着力一揽子解决工作机制、部门协同、课程体系、教师队伍、特色学校、实践基地、竞赛活动等重点难点问题，推动科普教育资源共建共享，形成全社会支持科学教育的良好生态，也确保科学教育的系统性、前瞻性和实效性，为东莞市中小学生提供高质量的科学学习环境。

《东莞市全国中小学科学教育实验区建设实施方案》则在联动多部门整合区域科技资源的同时，主动牵头建立健全实验区协同组工作机制，充分利用东莞科学教育的先发优势，发挥示范带动作用，加强与香港、澳门等地区的科学教育交流与合作，继续推进“科普援疆”“科普援铜”等工作，联合开展课程研发、科创合作、科技竞赛、教研交流等活动，扩大辐射面和影响力。

以制造业立市，人才培养是关键。2024年6月，东莞市副市长黎军在接受《南方日报》采访时表示，不断塑造科学教育新优势，立足“科技创新+先进制造”的城市定位和优势，东莞将通过四大举措持续推进产教融合、科教融汇，在科学教育课程建设、科学教育数字化行动、科学素质个性化评价、拔尖创新人才早期培养等方面做好工作、打造特色、树立标杆。具体来看：

□ 松山湖北区学校的学生到松山湖材料实验室参观学习

□ 东莞南城的小学生们到中国散裂中子源参观学习

一是深化科普教育阵地建设，整合高精尖资源，提升科普效能。东莞将加快科技资源科普化步伐，促进科研与科普相结合，充分利用现有的大科学装置、科研机构、高等院校和科技场馆，发挥重大科技基础设施和高端科研设施的作用，面向公众开展科普教育。

二是举办丰富的科技创新活动，激发全民科技创新浪潮。由东莞市政府牵头，市教育局、市科技局、市科学技术协会等部门针对各类群体举办了形式多样的科普活动，吸引广大群众参与其中，感受科学的魅力，从而提高全民的科学素养。

三是畅通拔尖创新人才培养渠道，培育英才，赋能未来创新高地。通过组建东莞市科普讲师团，加强科普专业人才的培养和使用，推进科普智库建设；建立拔尖创新人才甄别发现机制、贯通培养机制和协同培养机制；推动校企合作，鼓励和支持高等院校、研究机构与本地企业之间的合作，让拔尖创新人才转化为企业创新动能，为东莞高质量发展储备创新势能。

四是全媒体推动科学普及，共筑科学教育新风尚。充分利用全媒体传播力量，广泛宣传科普知识和科学教育理念，全面提升科学教育的社会影响力。让公众了解科学教育的最新进展和成效，形成全社会共同关注、支持科学教育的良好局面，为城市制造业转型和高质量发展奠定坚实的社会基础，吸引更多的科技人才，激发更多创新潜能，形成持续的创新驱动发展态势。

第四节

获评国家级实验区，“六大行动”塑造新优势

2024年2月，东莞被教育部评为首批全国中小学科学教育实验区。这是继《广东东莞以时间为轴，全方位多层次推进科学教育》被教育部评为全国中小学科学教育工作优秀案例之后，东莞科学教育再获国家级荣誉。

紧扣党中央、国务院和教育部等部门关于科学教育的指导意见和要求，东莞随即研究起草《东莞市全国中小学科学教育实验区建设实施方案》（简称“《实施方案》”），于2024年7月17日由市教育局等十部门联合印发，重点实施课程改革深化、师资力量提升、社会大课堂协同育人、科学素质全面提升、拔尖创新人才培养、科学教育协同发展“六大行动”25条措施。

不到一年半的时间，从“三部门”到“十部门”，从“五大任务20

□ 莞邑学子动手体验科学实验

条”到“‘六大行动’25条”，是东莞科学教育从制度设计到系统实施的全盘升级。根据《实施方案》目标，到2026年，要基本形成具有东莞特色的“上下贯通、内外融通、部门联通、人人参与”的中小学科学教育新格局，拔尖创新人才不断涌现，中小学科学教育水平全面提升，充分发挥科学教育“东莞样本”的示范引领作用，努力走在全省乃至全国前列。

全市“一盘棋”，激活发展新动能

在一体化推进教育、科技、人才高质量发展中，东莞将建设全市协同的科学教育工作体系，作为破局的关键。

从一开始，东莞就注重做好中小学科学教育的顶层设计和制度保障，着力一揽子解决工作机制、部门协同、课程体系、教师队伍、特色学校、实践基地、竞赛活动等重点难点问题。而在将科学教育实验区建设纳入全市教育发展规划后，更加强调教育、科技、财政等不同部门之间的协同实施，以及区域科技资源的整合联动，提倡各类参与主体的合作与共享。

这一原则贯穿于建设科学教育实验区“六大行动”的具体部署当中。横向看，推动科室合作、部门合作、媒体合作，如协同市教育局相关科室加强课程建设、师资提升、实验教学等，联动市科技局、市科学技术协会等部门举办科技节、开展科普研学、组织科技竞赛活动等，联合主流媒体推出专题报道、编撰专著成果等，用足相关资源，提升整体效应；推动家校合作、馆校合作、校企合作，如开展家庭科学实验、科学馆进校园、探访科技企业等活动，丰富场景场域，提升育人合力。

在2024年25项重点工作中，由教育系统牵头的有17项，其他部门组织的共有8项。其中，市林业局利用东莞6个自然保护区、21个森林公园、24个湿地公园的自然资源，全力推进自然教育科普工作；市科技局依托市科技馆常设展厅开展各系列科普教育活动；团市委组织开展“红领巾科技直通车”科普进校园活动；市农业农村局每年开展送农业科普知识进校园活动；市生态环境局全年常态化开展系列生态环境科普活动；等等。

纵向看，“六大行动”推动市镇校纵向贯通，如培育科学教育示范镇街、示范学校，建立科学教育市镇校三级教研体系，举办镇级、校级科技

□ 东莞市青少年活动中心

□ 东莞科学馆

节等，推动全市教育系统共同参与、共谋发展；推动各学段纵向贯通，如各学段学校都要求配备科普（科学）副校长、开齐开足科学课、开展实验课考核、加强科学素质评价等，推动各学段科学教育相互衔接、相互贯通。

一边夯实科学教育主阵地，一边推动全市资源共建共享，“一盘棋”统筹激活了东莞科学教育新发展的源生动力。

▶ 对标核心需求，深化内涵建设全维度推进

2023年5月，教育部等十八部门联合印发了《关于加强新时代中小学科学教育工作的意见》，以全面提高学生的科学素养，培养具备科学家潜质、愿意献身科学研究事业的青少年群体，推进教育强国、科技强国、人才强国建设为主要目标，强调“着力在教育‘双减’中做好科学教育加法”，为中小学科学教育指明了方向。

对标中央部署要求和教育发展需求，东莞在建设全国中小学科学教育实验区的过程中，全面覆盖了教育部对科学教育的核心要求，一体推进课程建设、师资提升、教学改革、社会协同育人、拔尖创新人才培养等重点环节，确保东莞中小学科学教育工作的全面性、系统性和针对性，以深化内涵建设，提高人才培养质量。

从培养路径上看，现阶段东莞从关注科学学科、科学教育转向全科育人、全面育人，通过建设科学教育全员育人课程、跨学科教学等方式，推动科学教育与人文教育相互促进，与德育、美育、体育、劳动教育相互融

□ 莞邑学子常舒鑫、李奕辰在世界机器人大赛比赛现场

合，全方位培养学生的科学素养和创新能力。

与此同时，东莞科学教育从关注少数学生、拔尖学生转向推动全体学生全面发展、拔尖人才脱颖而出，通过建设科学教育五级课程体系、建立拔尖创新人才贯通培养机制等方式，在全面提升全体学生科学素养的基础上，着力培养一批科学研究、发明创造后备人才。

例如，在深化课程改革方面，东莞探索构建科学教育五级课程体系，包括科学教育全员育人课程、科学学科基础课程、自主选修中级课程、特长发展高级课程、拔尖人才特需课程，形成课程体系基本框架，并指导首批科学教育示范镇街、示范学校培育对象建立“评估—选择—实施—评价”课程实施机制，推动五级课程落地实施。同时，创新课程教学方式方法，推进启发式、体验式、探究式学习，探索项目式、跨学科学习，分类打造150节精品示范课，提高五级课程实施质量。

在拔尖创新人才培养方面，东莞正在研究制定拔尖创新人才早期甄别和贯通培养机制，及早发现有发展潜质、特殊才能的学生，开展定制式、个性化培养，探索拔尖创新人才培养绿色通道。同时依托东莞市青少年活动中心、东莞市妇女儿童活动中心等开展“少年科学院”项目，设立少年强基班、小院士科学营等，培养后备人才。

▶ 借项目化、成果化、品牌化之力促落地生根

围绕着力提升中小学生科学素质、打造科学教育东莞样本、努力走在全省全国前列的目标任务，东莞以坚持系统推进、创新驱动、育人为本、实践导向、协同实施、持续发展为原则，将实施课程改革深化、师资力量提升、社会大课堂协同育人、科学素质全面提升、拔尖创新人才培养、科学教育协同发展“六大行动”细化为25条措施，实施课程改革、素质提升、科学活动三个“135工程”，并分阶段列明目标、实施内容及进度，以项目化实施、成果化驱动、品牌化打造深度推进落实，从而塑造发展新优势。

具体来看，在课程建设实施方面：实施“课程建设135工程”，着力构建一套科学教育课程体系，策划举办“未来课程”“品质课堂”等大赛，打造300节示范课；深化每月一主题科学探秘活动实施，开展项目化、跨学科、实践式学习；分层分类推进人工智能教育和教学应用，建设一批实验项目、示范项目和标杆项目，建设500项教学资源；创新“科普430”课后服务，推动“科普430”全覆盖，明确公办中小学每周至少开设2门相关课程；采用校内外“学分+积分”方式，开展科学素质微认证，完善学生科学素质评价。

在师资队伍提升方面：推动科普（科学）副校长全覆盖，指导学校邀请科普（科学）副校长进校开展“五个一”活动；实施“素质提升135工

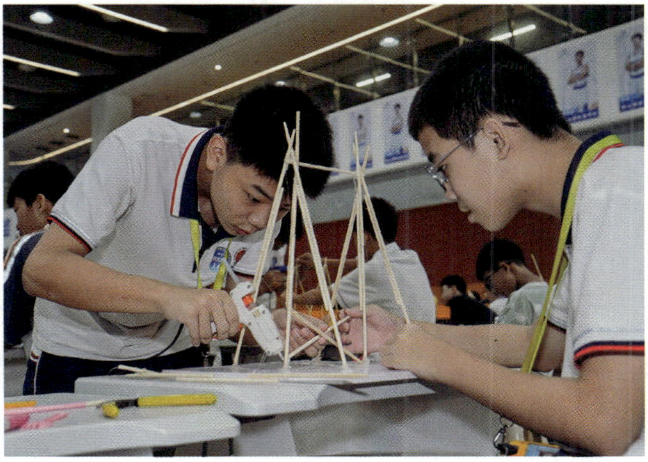

□ 东莞着力提升中小学生科学素质，打造科学教育东莞样本

□ 东莞中学松山湖学校学子在体验科创实验

程”，逐步推动每所小学配备1位具有理工科硕士学位的科学教师，举办教师实验教学、实验操作技能大赛，提升科学教师（科技辅导员）专业水平；实施科学教育领航教师培养计划，遴选培养不少于10位市级名师、50名学科带头人和200名骨干教师；鼓励教师开展科学教育创新成果研究，每年设立不少于50项的科学教育专项课题。

在科学教育协同发展方面：一是推动市域内科学教育协同发展，实施“科学活动135工程”，开展科学家（精神）进校园活动不少于100场，每年举行科技竞赛活动不少于30场，开展科普研学活动不少于500场；二是推动跨市域科学教育协同发展，打造协同组科学教育共同体，实施协同组“五个一百”工程，积极推动与港澳台科学教育的合作与交流，大力推进“科普援疆”“科普援铜”等系列行动，强化引领示范作用，不断提高东莞科学教育的辐射面和影响力。

【政策】

“六大行动”推进全国中小学科学教育实验区建设

为深入贯彻中共中央、国务院《关于进一步减轻义务教育阶段学生作业负担和校外培训负担的意见》《关于新时代进一步加强科学技术普及工作的意见》，认真落实教育部等十八部门《关于加强新时代中小学科学教育工作的意见》等要求，全面推进全国中小学科学教育实验区建设，推动东莞科学教育高质量发展，2024年7月，东莞市教育局等十部门联合印发《东莞市全国中小学科学教育实验区建设实施方案》。方案提出，通过课程改革深化、师资力量提升、社会大课堂协同育人、科学素质全面提升、拔尖创新人才培养、科学教育协同发展“六大行动”25条措施，聚焦科学教育重点领域和关键环节，实施课程改革、素质提升、科学活动三个“135工程”，探索科学教育实施有效途径和人才培养创新模式，在青少年学生心中播下科技创新的种子，着力培养中小学生的创新意识、科学精神和实践能力。“六大行动”为：

一、实施课程改革深化行动，夯实科学教育育人基础

1．构建科学教育五级课程。包括科学教育全员育人课程、科学学科基础课程、自主选修中级课程、特长发展高级课程、拔尖人才特需课程，促进学生多样化、个性化、卓越化发展。每年举办未来课程大赛，分层分类遴选建设100门精品课程，打造300节精品示范课。

2．全面提升实验教学质量。加快探究实验室建设，确保2025年实现全市公、民办中小学校探究实验室全覆盖。制定中小学实验教学指引，推动小学科学、中学物理、中学化学、中学生物等科学类学科按照课程标准要求开齐开好实验课。开展实验精品课征集遴选活动，打造100节实验精品课。

3．推进“科普430”全覆盖。遴选规范且成熟的科普课程，形成全市中小学“科普430”课程资源清单，打造300个“科普430”课后服务示范

项目。推动全市公办中小学校每周开展“科普430”课后服务课程不少于2门，实现“科普430”全覆盖。

4．开展“每月一主题科学探秘活动”。充分利用科学馆、科技馆、科技型企业、高校实验室等资源，聚焦人工智能、5G、虚拟现实、3D打印、基因工程等新兴技术，研发中小学生科学探秘活动课程，每年开展10期“每月一主题科学探秘活动”，带动教育观念、教学方式、学习方式等方面改变。

5．探索人工智能与数字化赋能科学教育。选树一批市级人工智能教育典型校，推动十所学校建成全省人工智能强校。围绕生成式人工智能应用，构建人工智能“基础+拓展+提升”课程体系，开展人工智能项目创作和竞赛活动，举办教师专题培训，提升师生人工智能认知素养和应用能力。

6．完善学生科学素质评价体系。研究制定东莞市中小学生科学素质评价标准和操作指引，全面涵盖学生课程学习、实践活动、科技竞赛等评价内容，并与学生综合素质评价体系、义务教育质量监测评价体系有效衔接。探索实施中小学生校内科学教育学分制、校外科学教育积分制，建立科学素质微认证机制，全面提升学生科学素质。

二、实施师资力量提升行动，强化科学教育专业支撑

7．推进科普（科学）副校长全覆盖。通过多种方式聘请科学家、高等院校和科研机构专家学者、企业工程师等科技工作者担任学校科普（科学）副校长，2024年实现公办中小学科普（科学）副校长全覆盖。建立学校与科普（科学）副校长的常态化联络机制，通过定期邀请科普（科学）副校长进学校，开展“五个一”活动：开设一场科学报告、参与一场科学活动、指导一位科学教师、培育一项科创项目以及对接一处校外科普资源。

8．加强科学教育教师配备。加强专职科学教师队伍建设，落实小学科学教师岗位编制，加强中小学实验员、各级教研部门科学教研员配备，逐步推动实现每所小学至少有1名具有理工类硕士学位的科学教师。加强兼职科学教师队伍建设，积极推动广大科技工作者、高校教师担任中小学科研导师或兼职科技辅导员。

9．全面提升教师科学素养。将科学教育培训纳入中小学教师继续教

育，建立“1+N”培训体系，每年对全体教师开展不少于1次全员科学教育培训；对科学教师（科技辅导员）开展N个主题式专项培训，举办教师实验教学、实验操作技能大赛，提升科学教师（科技辅导员）专业水平。实施科学教育领航教师培养计划，遴选培养10位市级名师工作室主持人，30名市级学科带头人，200名市级骨干教师（含科技辅导员）。

10．健全科学教育教研体系。在推进已有科学类学科教研体系建设的基础上，选优配强市级科学教育教研员，配齐园区、镇街专兼职科学教育教研员（辅导员）。鼓励学校成立科学教育指导小组、教研组或备课组，支持中小学校专兼职科技指导教师参与各级青少年科技辅导员专业水平认证，鼓励教师开展科学教育创新成果研究，全市每年设立科学教育专项课题不少于50项。

三、实施社会大课堂协同育人行动，提升科学教育育人合力

11．深入开展“莞邑科普研学”。联合科研院所、在莞高校、科技（科学）场馆、科普相关企业，共建100个科普实践基地。开发工业研学、生态研学、智慧研学、智造研学、非遗研学等丰富多彩的研学项目，每年系统组织科普研学活动不少于500场，打造100个科普研学精品项目。

12．推动企业赋能科学教育。倡导企业积极投身于中小学科学教育，提供包括资金、技术及设备在内的多项支持，助力中小学打造现代化、高品质实验室。加强校企深度合作，引导中小学生走进先进制造企业生产线、高新科技企业研发车间等进行观摩学习和实践操作。

13．家校社协同推进科学教育。积极推动“科普进万家”，开展亲子科学小实验、亲子科普阅读、亲子科学微调查等多元化活动，将科学教育内容融入家庭教育课程体系中。结合社区和乡村文化建设，举办主题展示、科学讲座、读书分享等多样化的科普活动，打造家门口的科学教育阵地。

14．全媒体共筑科学教育风尚。广泛宣传科普知识和科学教育理念，定期发布科普资讯、科学教育动态和成果展示，让公众了解科学教育的最新进展和成效。鼓励科学家、教育工作者、学生和家长积极参与科学教育话题的讨论和互动，形成全社会共同关注、支持和参与科学教育的良好局面。

四、实施科学素质全面提升行动，营造崇尚科学浓厚氛围

15．开展科学家（精神）进校园活动。每年举办不少于100场“科学家（精神）进校园”报告会，遴选聘请一批热爱教育事业、科学教育经验丰富的科学家、两院院士等科技人才，走进校园作科学报告、讲述科学故事、宣讲科学家精神、与学生面对面交流。

16．高水平举办中小学生科技节。打造具有东莞城市特色的中小学生科技节，举办高水平科创成果展示、名家大师面对面、“好问题”大赛、同上一节科学课等系列活动，组织学生通过“观摩+体验+研学+创造”等方式深度参与。积极邀请港澳台、省内外师生参与，促进科学教育交流合作。

17．高质量组织系列科技竞赛活动。发布年度科技竞赛活动“白名单”，打造品牌科技竞赛活动。积极组织学生参加青少年科技创新大赛、创客嘉年华、模型比赛、好问题大赛等系列科技竞赛活动。强化教练员团队建设，培育一批本土优秀教练，打造一支高素质、专业化的教练队伍。

18．建设“科学家故事众创空间”。依托中小学科学教育示范镇街培育对象及示范学校培育对象建设，通过建设科普读物专区、开设科普第二课堂、组织科普阅读活动等方式，建设一批“科学家故事众创空间”。依托数字资源公共服务平台，建设“科学家精神专栏”。组建全市科普讲师团，组织科技辅导员、共青团员、科普讲师团成员进校园讲述科学家故事。

五、实施拔尖创新人才培养行动，培育科技创新后备英才

19．探索拔尖创新人才贯通培养路径。研究制定拔尖创新人才早期甄别和贯通培养机制，及早发现有发展潜质、特殊才能的学生，开展定制式、个性化培养。依托一贯制学校、集团化办学、联盟学校等市内教育协作共同体，探索“M—N—1”（即M所小学—N所初中—1所高中）联合培养模式，促使小初高学段教学衔接和人才接力培养，构建小初高纵向贯通的科学教育大育人格局。

20．构建联合培养拔尖创新人才模式。探索高校、科研院所、科技企业资源支持拔尖创新人才培养的路径，推动中小学校与大湾区大学、香港城市大学（东莞）、东莞理工学院等高校联合培养，开展共享实验设施设备、共建科学

教育课程等合作项目，聘请名家大师进校园开设报告或讲座、指导学生进行有关实践研究等，组织学生走进高校跟随导师学习、参加科学实验等。

21．建设“东莞少年科学院”。支持东莞市青少年活动中心、东莞市妇女儿童活动中心等单位成立“少年科学院”，设立少年强基班、小院士科学营等，采用班级制、项目制、导师制方式，进行跟踪式、定制式培养。每年认定100余名“科创之星”，培养一批少年科创英才。

六、实施科学教育协同发展行动，塑造区域示范标杆

22．加强科学教育示范镇、示范校建设。按照“建设一批、发展一批、引领一批”原则，三年内遴选科学教育示范镇街培育对象不少于18个，科学教育示范学校培育对象不少于180所。推动示范镇街、示范学校在氛围营造、教育教研、课程建设、探究实验室配备、科学专职教师配备、经费投入、活动开展、辐射引领等方面先行先试。

23．打造实验区协同组“五个一百”工程。通过跨区域协作，联合实施“五个一百”工程，即开发100个科学教育普及课程，打造100个科学教育实践基地，培育100名科学教育领航教师，共育100名少年科创英才，孵化100所科学教育实验学校，推动协同组共同发展、协调发展和均衡发展，形成一批可复制可推广的典型经验和创新成果，在全国范围内发挥辐射带动和引领示范作用。

24．推动东莞与港澳台科学教育携手同行。加强与港澳台中小学科学教育交流与合作，分享科学教育工作经验和教学成果，共享科普资源、课程资源和研究项目，联合开展科普研学、科技竞赛、科技节等活动。

25．推进“科普援疆”等科学教育帮扶行动。推进“科普援疆”“科普援铜”“科普援韶”“科普援揭”等系列行动，加强对新疆图木舒克、贵州铜仁、广东韶关、广东揭阳等地的科学教育帮扶，通过线上线下相结合的方式，协助开展科学家（精神）进校园、科学教育专题研训等活动，联动开展中小学生科技节、科技竞赛、科创项目合作等活动，提高帮扶地区师生科学素质和创新能力。

第二章

实施“点亮”行动 构筑科教全域平台

核心提示

创新是科学家精神最重要的核心支柱和灵魂特质。

“科学家进校园”恰似知识与精神的火炬接力。每年百场报告会，汇聚众多学界巨擘，他们凭借渊博深厚的学术造诣，以自身科研历程诠释爱国创新等科学家精神内核，使学生深刻领悟科学探索的真谛。

“每月一主题科学探秘活动”如同开启科学实践新大门的钥匙。以自然科学、新兴科技与创新制造为经纬，整合东莞先进制造资源，携手科研平台大国重器，让学生在前沿领域的真实场景中，锻炼实践能力，融合多学科知识，感受国家科技实力之强大，增强民族自豪感。

中小学生科技节更是成为科学教育展示与交流的高光舞台。从创新启航到升级升华，两年间活动不断拓展内涵与外延。“科创思政课”、“好问题”大赛等创新环节，聚焦创新人才早期培育核心。校内科技活动与之紧密呼应，各学校立足自身特色，开展形式多样的活动，形成市、镇、校三级联动的良好局面。

科学教育“点亮”行动不仅打破了传统课堂的桎梏，还有力推动了科学教育的课堂变革，为学生创新思维的成长提供了肥沃土壤。同时，也激发起莞邑青少年投身科学、报效祖国的壮志豪情，让科学家精神在新一代的心田中生根发芽、茁壮成长。

第一节
“科学家进校园”激发学子科学志

新材料怎样改变我们的生活？材料的未来发展趋势又将如何？2024年4月9日，第十九届东莞市中小学系列科普报告会暨科学家精神宣讲活动在东莞市博立雅外国语学校举行。围绕“改变生活的新材料”的主题，知名专家、东莞第一位欧洲自然科学院院士刘治猛教授从身边常见的材料说起，谈到人类社会发展进程中以材料区分的七个时代，再到未来材料的发展趋势，为同学们带来了一堂生动有趣、干货满满的材料科普课。

这是东莞百场“科学家（精神）进校园”活动的剪影之一。自2023年以来，这项旨在激发青少年科学热情、传承科学家精神的教育盛事，已蔚然成风。数以百计的科技工作者由此步入中小学校园，超过10万人次的参与见证了知识与梦想的璀璨碰撞。这一系列活动正逐步构建起一个知识与梦想并进、精神与实践交融的科学教育生态系统，为青少年的未来发展铺设起坚实的基石，也为国家科技创新的未来培育着蓬勃的生机。

万众学子齐参与，科学家精神入校来

中华人民共和国成立以来，我国取得了诸多的科学技术成就，不断推动着中国经济社会前进，为中华民族伟大复兴奠定了重要基石。在这背后，无数科技工作者主动肩负民族国家重任，他们敢为人先、追求卓越、迎难而上，用智慧和汗水书写了一个个科学技术发展的奇迹。与此同时，凝结而成的科学家精神，亦是引领学生成长成才难能可贵的风向标。

为推动科学家精神进校园、进课堂，激发青少年科学兴趣，2023年3月16日，《东莞市推进中小学科学教育实施方案》印发，其中明确要求举办百场“科学家进校园”报告会。每年遴选聘请一批热爱教育事业、科学教育经验

□ 张书彦教授在大朗镇中心小学演讲

□ 中国科学院大气物理所研究员博士生导师、中国科学探险协会主席高登义在报告会给同学们讲述南极和北极的故事

丰富的科学家、两院院士等科技人才，走进校园作科学报告、讲述科学故事。以此培养青少年的好奇心、想象力，增强创新意识和创新能力。

2024年7月17日，东莞市教育局等十部门又联合印发《东莞市全国中小学科学教育实验区建设实施方案》，其中再次强调开展科学家（精神）进校园活动。要求出台科学报告主题清单，以主题化、系列化、课程化的方式统筹编排，推动科学家精神进校园、入课堂、启心智。

近两年来，东莞不断拓宽渠道，进行多元化资源链接，加大力度推动科技工作者等走进校园、走入课堂。

2023年8月24日，北京航空航天大学博士生导师李洪革教授亲临松山湖未来学校，以“人工智能与计算芯片”为题为400多名师生作科普讲座。这也是当年东莞市“科学家（精神）进校园——‘名家大师面对面’活动”的首场报告会。据悉，该系列活动自2023年8月起持续到同年12月，由东莞市教育局、东莞市科学技术协会主办，已邀请包括何镜堂、田刚、武向平、

□ 何镜堂院士为科学教育寄语

□ 东莞市松山湖北区学校科普（科学）副校长汪卫华院士

姚建铨、张益唐、汪卫华、刘治猛、张新长在内的8名院士，以及中国首批航天员李庆龙和陈全。精心策划之下，顶尖学者成了连接深邃科学世界与东莞学子好奇心的一座桥梁。

除此之外，各镇街（园区）、学校也充分利用资源，推动“科学家（精神）进校园”活动落地。例如，目前东莞市所有公办学校均已聘请科普（科学）副校长。在科普（科学）副校长的“五个一”职能要求下，其每年至少到学校开展一次科普报告会。此外，松山湖未来学校、松山湖北区学校、松山湖实验中学、南城街道、万江街道等多个学校和街道还常态化开展系列化的科普讲座活动。借此，各类科技工作者纷纷加入科普教育队伍，共同推动着科学家精神进校园。

从市级层面到各镇街（园区）和学校，“科学家（精神）进校园”活动持续火热开展。统计数据显示，2023年东莞共举办了“科学家（精神）进校园”活动共计150场，参与人数达76 034人次。活动范围覆盖全市33个镇街（园区）的中小学校与10所市直属学校，其中包括小学75场、初中42场、高中33场。2023年全年邀请的教授和研究员级别专家有56人。2024年共举办了203场“科学家（精神）进校园”报告会，共89 283人次参与，涵盖全市33个镇街（园区）。

▶ 开启科学之扉，点燃青春求知焰

科学博大精深，容纳无限想象。来自不同领域的科技工作者走进中小学校园，首先带来的是专业的科学知识和广阔的科学世界。从物理学的奥秘到航天技术的壮举，从数学逻辑之美到生命科学的奇迹，从环境保护的号召到人工智能的前瞻，"科学家进校园"活动以丰富多元的主题内容，涵盖了从宇宙探索到日常生活的各个方面。一场场别开生面的"科学家进校园"报告会，在知识含量"爆表"的同时，又保持了深入浅出、生动有趣的形式，不仅拓宽了学生的视野，也为他们打开了探索未知世界的大门。

巴甫洛夫说，问号是开启任何一门科学的钥匙。当我们开始提问，便意味着思考的活动已经在进行当中。而与科学工作者面对面地交流碰撞，无疑是孕育"问题"的最好温床。

从建筑中的数学美谈起，以双螺旋图案和达·芬奇的黄金分割为例，揭示数学在自然和艺术中的体现；以《几何原本》为引，深入讲解了勾股定理、柏拉图立体等数学理论，指出欧几里得几何学对后世思维形式的深远影响……2023年9月26日，著名数学家、中国科学院院士田刚受邀参与"名家大师面对面"活动，带着来自东莞普通高中的1200人共赴一趟"走进数学"的旅程。

一个多小时的讲座，不仅让学生领略了前人如何拓展数学思维边界之路，更激发了他们对数学探索的热情，现场学生纷纷向院士发出"灵魂拷问"：数学与物理的关联是什么？数学的奇妙之处在哪里？

"做数学最大的益处是少依赖于他人，可以尽可能地追求自身的兴趣所在，还会有意想不到的收获。"对于同学们心中的好奇，田刚一一解惑。他认为，掌握数学知识相当于拥有了解决问题的能力，同时数学作为更核心的、"隐形"的关键能力，有助于提升思维，寻找规律，对人类发展也至关重要。

随着科学家和科学工作者走入校园畅言分享，学生内心深处的好奇心和求知欲被一次次激活。面对飞上太空的航天员，他们想知道在太空中看地球有什么感受，太空和地面的实验有何不同；谈论"神奇的干细胞"，他们想知道干细胞能否通过人工培养获得，是否可以治疗癌症；讲起前沿的人工智能，他们会追问人类会不会被人工智能代替……每一个问题都是一颗科学种子的萌芽，悄然在同学们心中生根发芽。

“讲座让我真正认识到宇宙是浩瀚的、神秘的，也让我知道人类通过航天航空探索宇宙的背后，需要很多的努力和技术的支撑。”谈起令人印象深刻的科普报告会，东莞市第二高级中学学子何林军感慨地说，任何事情都需要不断探索的精神和坚持不懈的努力。在智慧的火花与青春的憧憬交汇处，东莞市“科学家（精神）进校园”活动犹如一座灯塔，点亮了学生们对科学的无限向往。

▶ 故事真实感人心，面传精神启智慧

科学家进校园，是知识的传递，更是精神的传承。科学家精神，是胸怀祖国、服务人民的爱国精神，是勇攀高峰、敢为人先的创新精神，是追求真理、严谨治学的求实精神，是淡泊名利、潜心研究的奉献精神，是集智攻关、团结协作的协同精神，也是甘为人梯、奖掖后学的育人精神。走入校园的科技工作者们，用自己的亲身经历为这一句句凝练的语言做出了最为生动的注解。

作为中国核事业发展的参与者和见证人，如今81岁高龄的中国科学院武汉岩土力学研究所研究员李廷芥教授，数次走入东莞校园，追忆那段难忘的“核岁月”。

翻开一张张解密的照片，他在讲座现场回忆：“每天早上吹军号，我们就跑步。在沙漠里跑步，我们穿上防护服，戴上大帽子，穿上水靴，等我们回来的时候一身汗，流到靴子里，靴子可以倒半脸盆汗水。”结合自己的亲身经历，李廷芥教授将我国的核试验历程、自己参与核试验的经历、熟悉的“两弹一星”元勋故事娓娓道来。“热爱祖国，忠诚使命，艰苦奋斗，无私奉献，集力创新，勇攀高峰”，这些当年为国家国防事业献青春、洒热血的奋斗往事，让马兰精神在那一刻变得具象化。

从某种意义上来说，科学家（精神）进校园活动，就像是广大科技工作者的“追梦故事会”。在这里，同学们有机会听到各个领域科学家真人现身说法。

譬如，中国首批航天员陈全以亲身经历向同学们讲解航天员如何进行

选拔、训练，以及在太空中的生活和工作等内容，展示了“特别能吃苦、特别能战斗、特别能攻关、特别能奉献”的载人航天精神。又如，著名数学家张益唐院士在讲座中重温自己在“孪生素数猜想”上取得重大突破的过程，如数家珍般向师生们深情地分享自己在数学道路上的探索，展示了他对数学和真理的孜孜追求与纯粹热爱。再如，带领学生们走入璀璨神秘的光学世界的同时，著名激光与非线性光学专家姚建铨院士还结合自身成长、求学和科研经历，告诉大家如何将“谦逊、勤奋、求实、创新”的精神品质化为务实的行动。此外，还有更多的科技工作者，将科学家前辈的生动事迹一一宣讲。

除了聆听科学家的故事，从感性层面体悟科学家精神，讲座现场也不乏理性层面的探讨，众多科技工作者纷纷提出了自己对科学家精神的见解。

“目前为止有那么多伟大的数学家、科学家为全球作出杰出的贡献，在科技发达的今天，我们还能做出些什么研究？”对此张益唐院士认为，人类的问题是无穷无尽的，只要拥有“敢为天下先”的精神，不断探索新问题，开辟新道路，都能做出一些成绩。

“洞察力、想象力和行动力是科学创新的三大关键能力。”在讲座《材料的发展与创新能力培养》中，上海交通大学材料科学与工程学院副院长杭弢鼓励学生们要敢于“猜”出好的理论，敢于在无意中发现重大成果；要敢于拥有惊人的想象力，勇于挑战未知；更要有持之以恒的行动实践力，将创新理念转化为实际成果。

每一次报告会都是一次心灵的触动，每一句话语都是对未来的启迪。伴随着科学家故事的流传，对于科学家精神，东莞学子也逐渐形成了自己的理解。“常怀好奇之心，积极动手实践，并且持之以恒地进行科学研究，就是难能可贵的‘科学家精神’。”在一堂题为《超短脉冲激光与极端物理条件》的科学家精神主题讲座后，来自莞城建设小学五年级的学生周锦炎说出了自己的思考。和他一样，科学家精神正潜移默化地刻入无数东莞学子的心间。

随着科学家（精神）进校园活动的持续深化，东莞青少年正被赋予更多灵感与动力。科学故事和科学家事迹如同星辰，将深刻隽永的科学家精神照进同学们的心中，正引领着万千学子走向更广阔的天地。

第二节 “科学探秘”引领课程精品潮

走进顺丰物流园，了解人工智能的原理及应用；深入航空航天生产线，探索“莞产飞机”和“东莞智造”的奥秘；参观生命科学实验室和生物标本馆，开展生命科学实验和探索活动……这是东莞市举办“每月一主题科学探秘活动”的生动缩影，也是东莞市实施课程改革深化行动、夯实科学教育育人基础的真实写照。

为深入贯彻党的二十大精神，聚焦“科技创新+先进制造”目标定位，以高质量发展为主线，大力推进东莞市中小学科学教育，自2023年3月起，东莞市持续举办“每月一主题科学探秘活动”，带领中小学生揭开人工智能、虚拟现实、基因工程等前沿科技的神秘面纱。截至2024年8月，系列活动已持续开展十三期。

学科实践深融合，铸就主题科学嘉会

2023年3月，东莞正式启动科学教育“点亮”行动，逐渐实现市、镇、校三级科学教育活动全覆盖，营造热爱科学、崇尚科学的良好氛围。通过深入实施科学教育“点亮”行动、构建学校科学教育体系、深化教师科学素质提升工程、推进拔尖创新人才培养行动、加强科学教育品牌建设五大任务共20条举措，东莞将打造全市协同的中小学科学教育工作体系，推动中小学科学教育高质量发展。

作为东莞科学教育“点亮”行动特别具有亮点的设计——“每月一主题科学探秘活动”给全市师生定期带来了一场场主题式科学盛宴。

“科学教育要注重学习兴趣的培养，引导更多青少年将来从事科技事

□ 东莞打造全市协同的中小学科学教育工作体系，推动中小学科学教育高质量发展

□ 东莞每年开展 10 期“每月一主题科学探秘活动”，带动教育观念、教学方式、学习方式等方面改变

业。”东莞教育高质量发展专家咨询委员会顾问委员、中国教育科学院国际与比较教育研究所原所长王素坦言：“科学教育在培养学生学习兴趣的同时，还应让学生对科技行业有更多深入的了解，增强学生从事与科技相关职业的意愿。科学教育要让学生有机会了解真实世界中的科技事业和从业人士，培养学生的学习兴趣，并消除学生的职业偏见。”

为此，东莞市以跨学科、项目式、体验式学习理念为指导，结合当前科技热点和发展前沿，充分利用科学馆、科技馆、科技型企业、高校实验室等资源，聚焦人工智能、5G、虚拟现实、3D打印、基因工程等新兴技术，研发中小学生科学探秘活动课程，每年开展10期“每月一主题科学探秘活动”，带动教育观念、教学方式、学习方式等方面改变。

2023年，根据《东莞市推进中小学科学教育实施方案》，东莞市教育局共举办了10场科学探秘活动，主题包括天文探秘、人工智能探秘、航空航天探秘、生命科学探秘等，紧贴科技热点和前沿，学习过程生动活泼，深受同学们的喜爱，激发了同学们对科学的兴趣和热爱，培养了同学们的创新精神和实践能力。

继去年10期活动顺利开展后，2024年东莞市“每月一主题科学探秘活动”继续启航。

▶ “三维六秘”启导，沉浸式探寻科学真谛

教育、科技、人才是全面建设社会主义现代化国家的基础性、战略性

支撑。实现创新人才自主培养的需求尤为迫切，基础教育阶段的科学教育肩负着培养青少年科学兴趣、树立科学志向的重要使命。

“每月一主题科学探秘活动”以自然科学、新兴科技和创新制造三个维度为主线，每年共推进10个主题活动，让学生全面了解科学技术的发展与应用，培养他们的科学素养和创新精神。

每期活动按照“困秘—解秘—探秘—知秘—用秘—展秘”六个环节进行设计。在“困秘”环节中，目的是引发学生对科学探索的好奇心和兴趣，并带领学生探索科学在日常生活中的应用和作用。在“解秘”环节中，介绍科学的概念和应用场景，展示科学的应用案例和效果，并讨论科学在生活中的意义和价值。在“探秘”环节中，介绍基础科学原理和发展历程，展示科学在不同领域的应用案例，探讨科学对社会的影响和作用。在“知秘”环节中，引入实验和实践，向学生介绍基础科学原理，并让学生亲身体验科学的探索和实践过程，培养学生的创新思维和动手能力。在“用秘”环节中，通过小组讨论、实践演练等形式，让学生深入了解科学技术的应用和创新发展，并促进他们的创造性思维和实践能力的提升。最后，在“展秘”环节中，让参展学生分享他们的科学探索成果，展示他们的创新成果和应用场景。

宇宙有多大？水的净化过程是怎样的？“莞产飞机”如何造？带着这些疑问，同学们走进天文馆、自来水厂、航空航天企业、综合细胞库，体验人工智能分拣功能、水体检测、近距离观鸟、纸艺创作……一场场主题

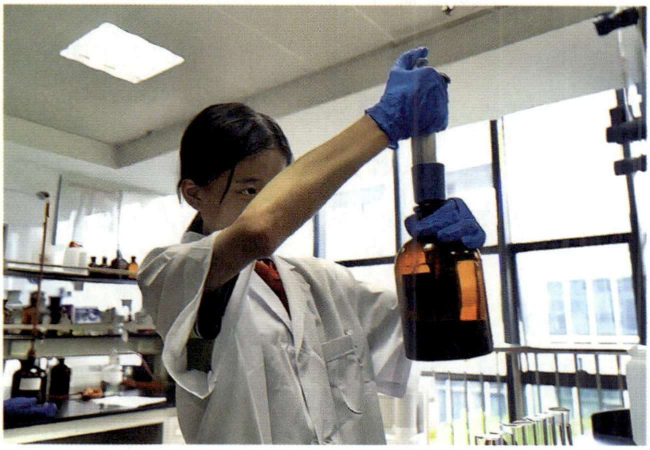

□ “每月一主题科学探秘活动”第四期，同学们在水厂体验余氯检测、浊度检测等一系列实验数据检测

式科学盛宴，让同学们学在其中、乐在其中。

在专业科技工作者的指导下，系列活动以“快递”“潮玩”“莞香”“新型材料”等为载体，通过“困—解—探—知—用—展”六个环节任务驱动，以互动体验开启探秘之旅。课程涉及科技、生物、天文、美术、经济、数学等学科知识，将优质科普资源串珠成链，打破课堂教学的时空局限，将观察、审美、表达、探究、实践嵌入学习过程中，打造沉浸式互动体验空间，让学生身临其境体验探索科学奥秘乐趣。

主题多元焕彩，师生共进促成长

自2023年3月科学教育“点亮”行动启动以来，东莞已持续开展“每月一主题科学探秘活动”，以镇校为承办主体，推动科学教育校本精品课覆盖全市。

活动主题涵盖了航空航天、人工智能、生命奥秘、东莞制造、环境保护等多个领域，通过专家讲座、科普展览、互动体验等多种形式，让同学们在轻松愉快的氛围中感受科学的魅力。

“通过这次活动，我不仅了解到潮玩是如何设计、制作并销售的，还学习到了黄道十二宫的天文知识，我觉得非常充实有意义。本学期我还参加了学校的‘潮玩创意手工坊’，并且手绘设计了一个IP形象，参加了探秘活动后，我萌发了更多的灵感，回去后我要继续完善我自己的设计。”在参加完由石排镇牵头承办的第三期“东莞制造主题”科学探秘活动“探秘潮玩之都”后，石排镇中心小学学生李芷晴收获满满。

沙田镇牵头承办的“每月一主题科学探秘活动”第二期“人工智能探秘”主题活动结束后，沙田镇中心小学的李嘉乐同学分享道：“通过这次学习，我知道了图像识别已经广泛应用在我们的现实生活中，带着疑问走进新兴科技，我探究了人工智能是如何改变生活的，我相信人工智能必将引领我们走进更美好的未来。”

此外，该校信息教师陈运娇说：“信息科技课堂要基于真实问题，在真实生活情境中实现育人价值。从课程设计到课堂教学再到实地参观快递企业的流水线，我和学生一起探索了常规快递背后的新兴技术，学生在科

□ 东莞市中小学“每月一主题科学探秘活动”第二期，同学们共上一堂别具一格的“人工智能—图案识别”课

学教育探秘中寻找学习的快乐，而我自己也受益颇多。”

科技创新是推动社会进步的重要力量，而青少年是科技创新的未来之星。未来，东莞市将继续深化“每月一主题科学探秘活动”，不断丰富活动内容，创新活动形式，充分调动全市中小学校师生参与科学实践活动的积极性，为广大师生提供激发兴趣、探究钻研的平台，营造“人人关注、人人参与”的良好科学教育氛围，为培养创新型科技人才贡献东莞力量。

第三节

盛办“科技节”点亮学生创意激情

策划全市中小学同上“科创思政课”、举办“好问题”大赛、开展“科创之星”认定、遴选首批人工智能实验学校；在“探大国重器”研学成果展上，同学们对着中国空间站、港珠澳大桥、散裂中子源、海南环岛高铁等大科学装置、大工程模型侃侃而谈；“三模一电”展示活动中，航空航天、航海模型、车辆模型等高水平科技成果十分酷炫，令人眼花缭乱……

2024年10月18日至19日，以“科创未来，强国有我”为主题，东莞市举办了2024年中小学生科技节。这也是东莞连续第二年高规格、高水平、高质量举办中小学生科技节。

科学教育是建设科技强国的重要内容和关键途径，是培养科技创新人

□ 2024 年 10 月 18—19 日，2024 年东莞市中小学生科技节在东莞松山湖未来学校举行。图为科技节现场

才的基础，关乎国家长远发展大计。一直以来，东莞高度重视中小学生创新意识、科学精神和实践能力的培养，将举办中小学生科技节作为推进科学教育的一项重要举措，为学生和教师提供了展示和交流的平台，激发他们的创新热情和实践能力。

同时，各校积极开展精彩纷呈、形式多样的科技节活动，培养学生的科学素养和创新思维，为学生未来成长成才、投身科技事业打下良好的基础。

▶ 打造科学教育盛会，彰显城市发展担当

2023年3月，东莞市教育局、市科技局、市科学技术协会联合发布了《东莞市推进中小学科学教育实施方案》。该方案旨在通过深入实施科学教育“点亮”行动、构建学校科学教育体系等五大任务共20条举措，推动全市中小学科学教育氛围更浓、基础更实、机制更活、成色更足。其中，举办中小学生科技节是其中一项重要举措。

以激发学生学习兴趣为导向，积极创设平台情境。2023年9月26日，东莞市首届中小学生科技节在千呼万唤中启动。本次活动采用“1+1+8”模式，通过一场高规格的科技节启动仪式，一场高水平的科学教育成果展示及体验活动，以及八大高质量的科学教育主题活动，联动莞港澳图四地师生，打造高规格、高水平、高质量的系列科学教育活动。

□ 2023 年 9 月，2023 年东莞市中小学生科技节在东莞中学松山湖学校举办

自2023年年初，全市中小学科学教育的推进实施被列入2023年政府工作报告和市政府一号文重要任务，科学教育相关工作被纳入“2023年东莞市十件民生实事”；到2023年3月，全市中小学科学教育“点亮”行动全面启动，《东莞市推进中小学科学教育实施方案》正式出台；再到2023年9月首届中小学生科技节的成功举办，这一系列科学教育“组合拳”，彰显了东莞构建科学教育品牌、提高人才培养质量、以推动共同进步和发展为使命、助力城市高质量发展的信心和决心。

科技节活动具有承上启下的重要节点价值——除了活动本身动态呈现出很高的参展水平、参与热情以及很好的融合氛围外，还通过启动“名家大师面对面”活动、科学家故事众创空间、东莞少年科学院、中小学科普援疆等一系列开放性的项目和活动，创造各种有利条件，共享跨区域的优质

□ 东莞市中小学生科技节是集中展示学生科学教育成果的节日，各个镇街的学校在科技节现场交流

□ 东莞市中小学生科技节激发学生对科学知识、科学技术的学习和探索兴趣，培养实践能力和创新精神

科学教育生态，“跨”出科学教育的新高度。

时隔一年，“科创未来，强国有我——2024年东莞市中小学生科技节”接力举办。秉持高立意、高规格、高质量原则，这届科技节带来了更多惊喜：

更有力的组织——围绕学生创新发展的“问—思—研—创”这一主线，从2023年的“1+1+8”模式升级为六大板块共14项活动，创意更多，形式更新，使激发学生创新潜能、厚植科技报国情怀的针对性更强。

更丰富的内涵——全市中小学同上“科创思政课”，探索“科创思政”立德树人新机制；举办首届东莞市中小学生“好问题”大赛、开展“科创之星”认定，强化拔尖创新人才早期识别与培养；遴选首批实验校，推动生成式人工智能技术赋能科学教育……2024年东莞市中小学生科技节“跳出活动办活动”，着力拓展科学教育的内涵与外延。

更开放的格局——从2023年的“四地”到2024年的“十一地”，东莞以建设全国中小学科学教育实验区为契机，以推动共同进步和发展为使命，持续扩大跨区域交流范围和影响，深入构建跨区域的优质科学教育生态，推动科学教育协同发展。

教育是文化传承和交流的纽带。通过举办全市中小学生科技节，东莞

□ 2024 年东莞市中小学生“好问题”大赛

从常态上搭建一套科学教育的交流、教研和竞技平台。以建设全国中小学科学教育实验区为契机，未来东莞还将发挥带头作用，推动实施协同组“五个一百”工程，打造协同组科学教育共同体，积极推动与港澳台科学教育的合作与交流，大力推进“科普援疆”“科普援铜”等系列行动，不断提高东莞科学教育辐射面和影响力。

东莞市中小学生科技节是集中展示学生科学教育成果的节日，东莞市教育局表示，要将科技节打造成为东莞的特色城市节日。

▶ 提质校内科技活动，夯实科普教育根基

按照《东莞市全国中小学科学教育实验区建设实施方案》，到2026年，基本形成具有东莞特色的“上下贯通、内外融通、部门联通、人人参与”的中小学科学教育新格局。

以东莞市中小学生科技节为载体，打造市、镇、校联动的科学教育活动，高水平科技活动点燃师生科学热情。在科技节科学教育成果展中，全市33个镇街（园区）、市直属学校、科普基地、研学基地集中参与，全方位展示出了东莞中小学科学教育高水平成果。各镇街（园区）使出“十八般武艺”，通过典型项目、案例展示、特色活动及多平台搭建，共同营造浓厚的科学教育氛围。当同学们带着好奇心、想象力和探求欲沉浸其中时，科学的种子就已经在他们的心中生根发芽。

在高水平活动中互动交流、在高水平活动中学习提升，进一步涵养全市中小学子的科学素养。为培养学生的好奇与探究，各级各类学校开展的校内科技活动，如一个个点承载起学生的想象和探索实践，为东莞科学教育高质量发展筑牢基础。

以百年老校东莞中学为例，科技节系列活动是学校科技教育课程体系的重要部分，是实施素质教育的有效途径。至2024年，该校已成功举办了三十二届科技节活动。“科技节中的各项活动既是学校各学科领域教育教学的延伸，又是一堂生动、鲜活的实践课。”东莞中学相关负责人表示。

第三十二届科技节开展期间，学校物理科组先后组织高一“镜堂班”和高二“数理实验班”的同学到松山湖材料实验室和中国散裂中子源进行

□ 东莞市第七高级中学的学生在做火箭发射实验

参观学习，将学生对科学的兴趣和热爱从课堂延伸到课外，为学生未来的成才与发展奠定基础。

科技是梦想的翅膀，校园则是创新的摇篮。正如东莞中学举办了30余届的科技节，东莞各学校结合自身特点和学生实际需求，打造具有学校特色的科技活动，已经成为新常态。

“这次的飞行体验，让我对航空航天产生了浓厚的兴趣，希望未来我能有机会从事航空航天相关的职业。”2024年6月1日，一架炫酷的直升机空降东莞市第七高级中学（简称“东莞七中”）足球场，吸引了不少师生、家长上前围观，这是该校第十三届文化科技节的重磅活动之一。立足“科创高中”打造，东莞七中每一年都会为学子举办一场盛大的文化科技节，以学生为中心，让学生全程参与活动的策划组织，通过丰富的活动安排，以科学点亮学生梦想。

科学教育可以“走出去”，也可以“引进来”。在东莞市可园中学2024年校园科技节活动上，东莞科学馆“流动科学馆”的“追光之旅”巡展亮相可园中学，通过30件互动展品和45米的图文展览，围绕光学的发展历程，带领学生开启一场从初识光、理解光到探索光、运用光的奇妙“追光之旅”。

在2024年上半年，东莞科学馆“流动科学馆”巡展共17场，走进多所

□ 东莞科学馆的“流动科学馆”进入校园

学校校园科技节，为学校带去了“追光之旅”“神秘电磁”等主题流动展品、科学实验对对碰活动、科学秀表演等科普配套活动，让学生在互动体验中感受科学魅力。

在一项项校园科技系列活动中，东莞市中小学生启迪了智慧、开阔了思维，感悟科学的神奇力量，在体验中学习、在探索中发现、在实践中创造，一粒粒科学的种子已经悄然播种在他们的心田。

科技兴则国兴，少年强则国强。接下来，东莞将积极搭建科技创新平台，继续推进科技节活动，让学生深入理解科学，激发学生对科学的兴趣，提升学生科学素养，培养出更多具有创新精神和实践能力的优秀人才，推动东莞科学教育高质量发展。

第四节

“资源整合”拓宽社会科普路

汇聚了全市200家各类科普场馆（所）信息，10条研学路线，实现了在1个小程序上完成信息检索、预约打卡、活动咨询等多项智慧功能……2024年9月19日，在东莞城市科学节启动仪式上，东莞电子科普地图首次发布，市民在微信上搜索“东莞市科普地图”即可使用。

科学教育是一场需要多方力量共同参与的宏大叙事。东莞电子科普地图的推出，不仅为市民提供了一个便捷的科普教育入口，更是一个全市科学资源整合的集中体现，是东莞在科学教育领域迈出的重要一步。

整合全市的科学资源，意味着将分散的科普力量集中起来，形成一股强大的科学教育合力。这不仅让科学教育的触角延伸到城市的每一个角

□ 2024年9月19日，在东莞城市科学节启动仪式上，东莞电子科普地图首次发布

落，更让科学知识的种子在孩子们心中生根发芽。在多方联手之下，一个多元化的、充满活力的科学教育“社会大课堂”正越来越壮大，与此同时，也为构筑科学教育全域平台补全了一块“社会拼图”。

□ 东莞市科普地图微信小程序界面

▶ 科普研学，感受“大国重器”魅力

松山湖材料实验室的尖端研究、中国散裂中子源的深邃探索、3D打印技术的创新实践、潮玩IP设计的创意火花、人工智能的前沿探索……东莞，拥有得天独厚的科学教育资源。如何将这些资源转化为触手可及、生动可感的科学教育体验？科普研学正是有益的探索。

在东莞，科普研学不仅仅是一句口号，还是一场全方位的实践。为积极推动科普研学实践活动开展，东莞市教育局加强顶层设计和研学指导，一方面联合多方开发丰富多彩的研学课程，推荐精品科普研学路线和公益性科学教育研学点，为科普研学实施提供参考选择；另一方面组织编写科普研学指南，开展科普研学课程培训，提高学校和研学点科普研学课程开发的质量。

各地科普研学开展火热。例如，厚街镇推出7大系列3条中小学生的研学主题路线，其中涉及传统产业、非遗传承、健康食品、视力健康、贵重金属、生命教育等丰富的主题内容。石排镇打造“红石四线十景”科普研学品牌，推出了多条公益性科普研学精品线路，涉及东莞制造、质量检测、非物质文化遗产、潮玩IP设计、自然景观等主题内容。松山湖打造了“周六科普秀”“自然科普活动”“行走课堂”“环湖研学之旅”“多彩科普课堂”等一批特色科普品牌，推出教育科研、自然生态、生命健康、人文历史、航空航天、人工智能等主题路线。通过精心设计的研学路线，科普场馆、科技企业、科研机构等被一一串联，分散于全市各地的科学资源与教育得到了充分结合，学生们能够近距离接触科学，感受科技的魅力。

□ 东莞学子走进中国散裂中子源

□ 厚街学子参加科普研学活动

“大国重器”是科普研学难能可贵的重要资源。2024年，东莞市积极响应国家科普号召，围绕探秘国家重器、大工程的主题，精心策划并开展了一系列全市性的科普研学活动。这些活动以自然科学、航空航天、智能交通等特色领域为切入点，旨在通过丰富多样的形式，引领中小学生深入探索我国科技发展的辉煌成就。

从广东的中国散裂中子源这一国际领先的科研设施，到深中通道这一世界级跨海集群工程；从贵州的“中国天眼”（FAST）探索宇宙奥秘的壮举，到贵州钢绳在材料科学领域的卓越贡献；从江西的C919大飞机翱翔蓝天的壮志，到盾构机在地下工程中的神威；还有湖北的北斗卫星导航系统引领全球定位的辉煌，以及“三峡氢舟1号”在新能源领域的探索……学生们通过实地考察、专家访谈、资料搜集等多种途径，全方位、多角度地深入了解了大国重器的历史渊源、科技原理以及背后的创新故事。

活动中，学生们通过“观摩+体验+游园”等多元化方式深度参与，不仅亲眼见证了科技的魅力，更在实践中激发了爱国精神、科学兴趣和探究意识，有效培养了他们的动手能力和创新精神。

三箭齐发，创新家校社协同育人

科普研学的开展无疑大大拓宽了学生科学探究的场域。而科学教育的蓬勃发展，还离不开家庭的温暖滋养与社会的广阔天地。

在推动家校社协同育人方面，东莞同样不遗余力。在《东莞市全国中小学科学教育实验区建设实施方案》中就明确提出，要落实家庭教育中的科学教育环节，增进家庭、学校与社会的教育协作。

为此，东莞各学校也作出了诸多探索。例如，寮步镇中心小学通过组织科普主题亲子活动等方式引导家庭教育中的科学教育环节——在假期作业超市中，通过组织学生做家庭实验、科技手抄报、科技笔记等，帮助家长了解科学教育的重要性，鼓励他们在家中也能支持孩子的科学学习和探究。

长安镇第二小学则积极探索“市镇家校”四方协同育人新模式。学校

□ 长安镇第二小学筹划启动“家庭科学实验室”项目。2024 年 9 月 20 日，首期 100 个家庭的代表齐聚学校报告厅，参加“家庭科学实验室”项目培训活动

在市教育局、长安镇委镇政府、霄边社区、涌头社区的大力支持下，试点探索“市镇校”三方共建科学教育实验学校，致力于成为全省知名科创品牌学校。与此同时学校还创新家校联动，打造家校共育“小小科学家”等创新模式，常态化开展“家校科学教育”大讲坛、亲子科学教育研学等活动。

家校社协同育人还可以体现在多元体验的课程建设上。莞城中心小学分别构建了馆校共建课程、家校共建课程、校外研修课程。其中，该校设立的少年科学院最早由学校和东莞市科学技术博物馆共同筹建，随着合作单位的不断拓展，现如今已有包括东莞市科学技术协会、东莞科学馆、东莞市林学会、松山湖材料实验室、东莞理工学院、东莞中学、溢星空科普实验室等在内的多家机构共同参与课程共建。

通过建立家庭、学校、社会三方协同的育人机制，东莞在科学教育方面逐渐形成了一个全方位的教育网络。三者相辅相成，正共同绘制出一幅和谐共生的育人画卷。

多方参与，开辟校外科学课堂

作为教育重要阵地，学校在组织学生活动方面有着天然优势。而独立于学校之外，科学教育亦大有作为。

《东莞市全国中小学科学教育实验区建设实施方案》中就明确提出，将支持东莞市青少年活动中心、东莞市妇女儿童活动中心等单位成立“少年科学院”，设立少年强基班、小院士科学营等，采用班级制、项目制、导师制方式，进行跟踪式、定制式培养，强化项目式、探究式学习，培育青少年的问题意识和创造力。

2024年12月21日，由东莞市科学技术协会指导，东莞市青少年活动中心主办的第三届东莞“小院士峰会”暨科技创新后备人才培育活动环节三——“双师专项指导”在东莞市青少年活动中心举行。当天，32名第三届“小院士”培养对象确定分组，选择导师与项目。

值得一提的是，这项高端指导计划汇聚了高校学者、科研院所专家以及资深科技名师等精英。在接下来的时间里，“小院士”培养对象们将在导师的指导下，开展为期数月的研究性学习活动，并将于2025年4月底进行成果汇报。届时，他们将通过研究报告、科创作品、演讲等形式进行学习成果展示。这不仅为青少年提供了一个探索科学奥秘、培养创新能力的优质平台，而且通过塑造独特的教育品牌，加强了社会对科学教育的重视。

此外，东莞还推出了诸多社会化科普教育品牌，通过品牌的力量，将科学教育推向更广泛的社会层面。以松山湖为例，园区坚持活动育人，打造特色科学教育品牌活动，如每周开展一期“周六科普秀”、自然科普活动、“奋进吧！松湖少年”和“行走课堂”环湖研学之旅等。其中，松山湖“周六科普秀”入选“全国100个社区科普典型案例”，被列入东莞市2024年儿童友好“十件实事”，并荣获东莞市妇儿工委办颁发的“东莞市儿童友好城市建设优秀案例”之“最佳案例奖”。

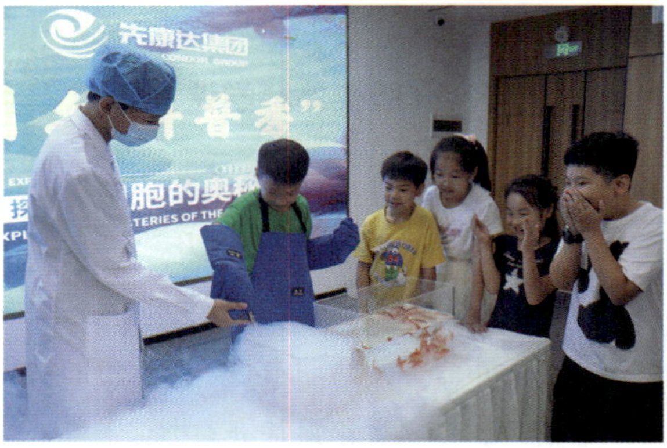

□ 2024 年 9 月 16 日，由松山湖中部片区党委主办的“周六科普秀”活动再次走进广东先康达集团旗下的东莞综合细胞库，带领松山湖北区学校的孩子与家长们一道探索神奇的细胞世界

□ 2024 年 3 月，松山湖南部片区“行走课堂”环湖研学之旅正式启航，活动内容涵盖物理、天文、化学、生物等诸多学科领域

按照“1+N（一品牌多中心）”“多元参与”的原则，松山湖整合市、园区、社会上的科普资源，持续开展多元化、高质量的科普惠民活动，不断满足群众的精神文化需求和提升全民科学素质。自2023年3月11日开展首期活动以来，截至2024年3月共举办58场活动，涵盖亲子类、专业技术类、大中型活动类、大科学装置类等四大类，共约5.4万个家庭、9.7万人次参加。

这些品牌活动不仅为市民的科学文化生活注入了新的活力，更将科学教育转化为一项人人可及、普及性强的社会活动，从而在全社会范围内勾勒出一幅生动的科学教育发展蓝图。

【案例】

从“好问题”探东莞市镇校三级科学教育全覆盖

著名教育家陶行知曾说：“发明千千万，起点是一问。”一个好问题能有效激发出学生的求知欲望和创新潜能，更是推动科技进步和社会发展的不竭动力。

为落实《东莞市推进中小学科学教育实施方案》，推动东莞市全国中小学科学教育实验区建设，激发学生的好奇心与科学探索实践主动性，培养学生问题意识、观察能力、创新思维和问题解决等综合能力，在2024年暑假前夕，东莞市教育局面向全市中小学生推出了“好问题”大赛，通过初赛、复赛、决赛等环节，层层筛选，寻找最会提问的莞邑少年。

本届“好问题”大赛历时近四个月，比赛共设置三类奖项，分别为莞邑乐问奖、莞邑好问奖、莞邑知问奖，比赛结果于2024年东莞市中小学生

□ 比赛通过初赛、复赛、决赛等环节，层层筛选，寻找最会提问的莞邑少年

科技节启动仪式上公布。

其中，莞邑乐问奖5名（小学2支、初中2支、高中1支）、莞邑好问奖5名（小学3支、初中2支）、莞邑知问奖10名（小学6支、初中1支、高中3支）。此外，结合复赛线上展示互动点赞，还评选出10个最佳问题人气奖。

为了把科技创新的种子播进青少年心中，自2023年3月启动了科学教育“点亮”行动以来，东莞不断通过平台搭建和活动开展，致力于为全市中小学生营造良好的科技环境氛围。东莞连续两年高规格、高水平、高质量举办中小学生科技节，推动实现市镇校三级科学教育活动全覆盖，也进一步帮助广大学子在多样化活动中找到兴趣，发展特长。

自上而下策划执行、自下而上鼓励参与，可以说本届“好问题”大赛，正是东莞市镇校三级科学教育活动全覆盖的典型缩影。一方面，比赛收到近5000个投稿作品，来自全市各级各类学校，覆盖小、初、高三个学段，实现全市33个镇街（园区）全覆盖；另一方面，通过周密策划和强有力执行，比赛还采用涵盖“活动设计—培训助力—宣传推广—评选评优—成果孵化”的全链条、广参与、多维度的活动模式。以问题启迪智慧，也为同类型科学教育活动开展提供可参考、可借鉴的经验。

□ 比赛收到近5000个投稿作品，覆盖小、初、高三个学段，实现全市33个镇街（园区）全覆盖

第一，从活动策划组织来看，大赛由东莞市教育局教研室牵头，借助市镇校三级覆盖的教研体系，为活动的顺利推进和教研培训提供助力。大赛共设计了数学与思维、生命科学、物质与化学、物理学、天文学、地球科学、技术与工程、人工智能共8个问题领域供学生参考，按小学组、初中组、高中组进行问题征集，可个人参赛，也可以2—3人组队参赛。由此，为不同兴趣、不同学段、不同能力的孩子提供个性化的参赛途径，他们可以选择最适合自己的方向和方式进行。

第二，从宣传推广来看，东莞市教育局充分联动各级各类媒体，发挥主流媒体的传播优势，建立教育系统内、外互补的传播途径和传播优势，实现“1（教育部门）+1（媒体机构）＞N”的传播效果。与此同时，充分利用好各媒体的特色，结合比赛周期，策划推出不同主题、不同类型的栏目，扩大活动影响力和效果。比如比赛初期，联动东莞广播电视台《城市的声音》栏目，在黄金时段推出“好问题大赛，家校联动可以这样做”访谈节目，邀请教育专家、东莞名师交流碰撞，为家校联动支招；复赛阶段，联动南方报业传媒集团东莞分社，推出“好问题”复赛——线上展示活动。通过视频或图文并茂方式，展示广大学子问题提出的背景与缘由，分享他们的探究过程以及解决问题的思路和建议，也进一步推动家长、公众参与互动。

第三，从比赛评选制度来看，本届“好问题”大赛充分借助东莞科学教育资源优势、科普（科学）副校长制度等，力邀业内专家、行业精英加入担当评审，力求从初赛、复赛到决赛均做到公正、公开、客观。经过一个暑假的征集，活动共收到来自全市广大中小学生的近5000份投稿，最终共计230个作品成功进入复赛环节进行线上展示，20个问题成功进入决赛参与现场答辩。完善的评选制度，让每一个环节皆有章可循。

第四，从成果孵化来看，接下来东莞将采取系列措施，巩固和孵化“好问题”大赛成果。一是把本届比赛的“好问题”形成清单，为学校开展项目式学习、开展科学探秘活动、开展创新教育等提供参考；二是对获得“莞邑乐问奖”和“莞邑好问奖”的10名学生，进行“好问题”小院士联合培养和“好问题”成果孵化指导等；三是把“好问题”汇总成册，进行推广和宣传，扩大影响力和成效。

每一个脑洞大开的问题，都是激发好奇心和探索欲望的开始，也是培养学生发散性思维、创新思维、解决问题能力的开始。“好问题”大赛决赛邀请了中国科学院物理研究所教授魏红祥、华南理工大学教授文尚胜、华南农业大学教授邹恩、广东工业大学副教授张祺、东莞理工学院教授刘治猛等5位专家教授担任评审，并对每组选手的问题及阐述进行点评，就问题内容进行答辩提问。

现场，专家教授对于活动的举办表示了充分的肯定。“所有的创新和发明都来源于问题，所以这次东莞市举办‘好问题’大赛的意义是相当重要的，而且据我所知东莞也是广东省内第一个举办‘好问题’大赛的城市，为东莞点赞。”文尚胜表示，选手们提出的问题都相当好，不仅贴近社会热点、生活实际，还具有一定的前沿性、先进性和现实性，“中小学生可能不一定做得出某一个实际的产品，但‘好问题’大赛的举办对学生想象力、求知欲、好奇心的培养是很有帮助的”。

□ 为获奖学生颁奖

2024年东莞市中小学“好问题”大赛莞邑乐问奖、莞邑好问奖、莞邑知问奖获奖名单

序号	姓名	学段	学校	好问题	拟奖
1	文梦清	小学组	东莞市光明小学	我们是否可以利用人工智能技术来辨识动物之间沟通的语言呢？	莞邑乐问奖
2	孔佳琪 陈文昊 邓晓宁	高中组	东莞市塘厦中学	是否可以通过转基因技术使绿道植物在夜间发光，从而节省城市照明资源？	莞邑乐问奖
3	程嘉沐	小学组	东莞市万江第三小学	能不能借助蜘蛛网的材料与结构特性发明一种防护网？	莞邑乐问奖
4	宋文晞 陈艺元	初中组	东莞中学初中部	如何减少异味，提高效率，从而更有效地推广厨余堆肥呢？	莞邑乐问奖
5	莫　昱	初中组	东莞市可园中学	如何结合人工智能、物联网和海绵城市理念解决东莞市城区内涝问题？	莞邑乐问奖
6	黄羿鸣 罗月欣	小学组	东莞市博立雅外国语学校	使用蜂窝橡胶结构，能否防止桥梁断裂事故发生？	莞邑好问奖
7	巫心语	初中组	东莞市东华初级中学	在数字时代，能否运用脑机接口技术，实现网络资源脑内共享？	莞邑好问奖
8	周骏烨	初中组	东莞市东华初级中学（生态园校区）	如何让火灾得到及时扑灭从而减少人员伤亡与保障财产安全？	莞邑好问奖
9	邓凯元 张恒博	小学组	东莞市石排镇实验小学	污水处理厂可以将废水转化为有用的水，那么噪声是否也同样可以利用，将它转化为有用的声音呢？	莞邑好问奖
10	翁宗楷 周隽羽	小学组	东莞市莞城英文实验学校	能不能把大气中的二氧化碳保存到寒冷的海底，并以此来控制全球变暖和海洋酸化呢？	莞邑好问奖

（续表）

序号	姓名	学段	学校	好问题	拟奖
11	詹叶蕊	高中组	东莞市第七高级中学	在治理城市雾霾的过程中，如何平衡短期治理成效与长期可持续发展之间的关系？	莞邑知问奖
12	时延昇	小学组	东莞市松山湖第一小学	在超高温天气中，如何有效实时监测并预防热射病呢？	莞邑知问奖
13	李思圆 曾梓鸣 袁　欣	高中组	东莞市塘厦中学	随着新能源汽车的市场占有率越来越高，未来电动汽车报废后大量的废旧电池要如何处理才更有价值？	莞邑知问奖
14	杨刘扬	小学组	虎门镇中心小学	人工智能可以代替歌唱家吗？	莞邑知问奖
15	赖鲲安 刘金国	高中组	东莞市第七高级中学	现今的电池车“替代风尚”真的比燃油车环保、安全、更具有性价比吗？	莞邑知问奖
16	梁　晨	小学组	东莞市常平镇土塘小学	如何利用人工电磁场改变台风行驶路线？	莞邑知问奖
17	陈建翰	初中组	东莞外国语学校	增加植被覆盖率能否减缓城市热岛效应？如何合理利用城市建筑外墙增加植被的覆盖率呢？	莞邑知问奖
18	陈建希	小学组	东莞市大朗镇巷头小学	智能机器人真的能懂我们的心情吗？	莞邑知问奖
19	王伟锋 赖叶琦	小学组	东莞市石排镇中心小学	未来人工智能医疗站能否遍布各个小区？	莞邑知问奖
20	解喆予	小学组	东莞市东城虎英小学	人工智能在航空领域有什么应用？	莞邑知问奖

2024年东莞市中小学“好问题”大赛线上展示十佳人气奖获奖名单

序号	姓名	组别	学校	好问题
1	杜灏阳 封伟志 张颢铭	初中组	东莞市南城商务区北部学校	在恶劣天气下，如何保障户外工作者的安全?
2	尹向荣 郭扬灵	小学组	东莞市高埗镇冼沙小学	国产大飞机C919为什么不选用3D打印或一体铸造?
3	边夏辉	初中组	东莞市寮步镇香市中学	为什么植物会进行光合作用?
4	刘恬歆	小学组	东莞市凤岗镇实验小学	人类能发明“哄睡仪”保证小朋友的睡眠时间吗?
5	淳俊涛	小学组	东莞市水霖实验学校	可以设计一个仿生鱼鳃呼吸器吗?
6	陈一笑 陆一凡	初中组	东莞松山湖未来学校	如何利用现代智能技术来研发一款专门针对鹰嘴蜜桃的病虫害识别系统?
7	何梓琦	小学组	东莞市东城第六小学	如果不保护环境，地球会变得怎么样?
8	黄羿鸣 罗月欣	小学组	东莞市博立雅外国语学校	使用蜂窝橡胶结构，能否防止桥梁断裂事故发生?
9	周栩滔	初中组	东莞市东莞中学初中部	有通用型镶嵌式车载小型新能源汽车智能灭火消防装置，用来改造汽车，增加其安全性吗?
10	李嘉庆 余凯霖 吴树圳	初中组	东莞市东城中学	电子烟对戒烟有帮助吗?

【展示】

“科学家进校园”报告会集锦

让科学家走进校园，为各校师生讲解科学知识、点燃学生科学热情，这是东莞市为推动科学教育作出的重要举措。

根据《东莞市推进中小学科学教育实施方案》，东莞将每年举办百场“科学家（精神）进校园”报告会，遴选聘请一批热爱教育事业、科学教育经验丰富的科学家、两院院士等科技人才，走进校园作科学报告、讲述科学故事、宣讲科学家精神、与学生面对面交流。

2023年全市共举办了150场“科学家（精神）进校园”报告会，共有76 034人次参与，涵盖了33个镇街（园区）的中小学校与10所市直属学校。其中小学75场、初中42场、高中33场。2023年全年邀请的教授和研究员级别专家有56人。2024年共举办了203场“科学家（精神）进校园”报告会，共89 283人次参与，涵盖全市33个镇街（园区），共邀请了129名专家，其中国家航天员2人，教授和研究员级别专家50人。以下为部分报告会的精彩集锦。

田刚院士带领东莞师生“走进数学”

2023年9月26日，名家大师面对面活动在东莞中学松山湖学校举行，著名数学家、中国科学院院士田刚受邀分享，带着来自东莞普通高中的1200人共赴一趟“走进数学”的旅程。这次活动是2023年东莞市中小学生科技节系列活动之一。

数学与物理的关联是什么？数学的奇妙之处在哪里？……对于孩子们心中存在的疑惑与好奇，田刚娓娓道来：“做数学最大的益处是少依赖于他人，可以尽可能地追求自身的兴趣所在，还会有意想不到的收获。”

讲座现场，田刚从“身边能感受到的数学之美”开始，用通俗易懂的语言介绍了建筑中的数学，通过讲解国外古建筑屋顶使用的双螺旋图案，以及达·芬奇画作中运用的“黄金分割”定律等数学理念，展示了数学通过自然和艺术表现的美。

“田刚院士的讲座让我更加走近数学，发现了数学在生活各方面中的应用，我们要努力突破自己，享受数学，未来为国家的发展贡献自己的力量。”东莞中学松山湖学校学生谢志豪说，讲座让他意识到数学能够应用到社会生活的方方面面，让他受益匪浅。

□ 田刚院士带领东莞师生“走进数学”

中国科学院副研究员赵祺带领东莞学子探秘古生物学

为提升青少年的科学素养，普及科学知识、弘扬科学精神、传播科学思想、倡导科学方法，2023年11月22日，东莞市东城实验中学特邀请中国科学院副研究员、博士生导师赵祺作科普专题讲座。

赵祺从“什么是骨组织学”展开，结合骨组织学的历史，用通俗易懂的语言让同学们对“骨组织学”这个相对陌生的概念有了基础的认识。传统的古生物的研究是通过研究骨骼的表面形态结构了解到基础结构，骨组织学能解决很多传统形态学不能解决的问题，为获取更多信息提供了窗口。骨组织学的深入研究，有利于对生物的骨龄、性别、生长发育阶段、生活方式、新陈代谢率等方面的了解和判断，深化骨组织学在古生物学的应用。

讲座内容生动有趣，浅显易懂，同学们认真聆听，仔细做笔记，对骨组织学、恐龙、化石等方面的内容积极思考，并纷纷举手踊跃提问，赵老师对同学们的提问一一做了详细的回答。讲座让同学们受益匪浅，开阔了视野、增长了知识，更启迪同学们树立崇尚科学的理念和乐学善思的探索精神，开启了学生心中的科学之门。

□ 东城实验中学科普讲座《骨组织学在古生物学中的应用》

姚建铨院士为学子讲述“追光”之路

2023年12月7日，由东莞市教育局、东莞市科学技术协会主办的2023年东莞市科学家（精神）进校园——“名家大师面对面”活动在东莞市第一中学（简称“东莞一中”）新报告厅举办。中国科学院院士、著名激光与光电子专家姚建铨走进东莞一中，为现场一千余名学子作了主题为“从智慧海洋的研究及产业中看创新的重要性”的现场报告，介绍了人类在“光”之路上的深入探索和取得的突破，给同学们带来了许多启发，展现了科学研究的无穷魅力。

姚建铨以幽默风趣的语言向在场的师生介绍了自己的人生经历，拉近了与同学们之间的距离。通过姚建铨的成长、求学和科研经历，同学们深切地感受到了他身上那种科学家的精神特质：谦逊、勤奋、求实、创新。姚建铨也将这四个词送给东莞一中的同学们，并谈到这四个词是他不懈追求的目标，希望同学们以此激励自己不断进取。

随后，姚建铨就“智慧海洋物联网如何架构”“‘激光’技术通信如何在海洋中实现”“新一轮科技革命及光电信息科学技术的发展如何带动海洋智慧产业的创新”等让学子充满无穷好奇的疑问，抽丝剥茧，逐步解答，给在座一千余名师生展示了一个璀璨无比、神秘动人的光学世界。

□ 中国科学院院士为学子讲述“追光”之路

张益唐院士在东莞中学开讲“我对数学的追求”

2023年12月16日上午，由东莞市教育局、大湾区大学（筹）主办，东莞中学承办的“院士专家入百企进百校（东莞中学）——院士专家大讲堂”在东莞中学体育馆隆重举行。活动当天，东莞中学体育馆汇聚了华人数学家、美国加州大学圣塔芭芭拉分校数学系教授张益唐，中国科学院院士、北京师范大学—香港浸会大学联合国际学院校长、东莞市大湾区高等研究院副院长汤涛等数学学术领域的顶尖人才，同时也聚集了来自东莞市多所学校的2300多名莘莘学子，进行了一场思维火花的碰撞与交流，见证了学术之火的点燃与赓续。

张益唐以“我对数学的追求”为主题开展讲座，他分享了自己的学习经历和研究成果，向师生们展示了数学的魅力和价值，以及自己在数学道路上的探索和追求。同时，他向大家简述了“孪生素数猜想”“哥德巴赫猜想”等数学领域难题，以及自己在“孪生素数猜想”上取得重大突破的过程，让全体师生感受到他对数学乃至真理的孜孜追求与纯粹热爱。

随后，张益唐还与同学们进行了互动和交流，耐心地回答同学的问题，并与他们分享了自己的经验和建议。他说：“我希望我的经历和思考能够对你们有所启发和帮助。我相信，只要你们保持对数学的热爱和探索，就一定能够在数学的世界中找到属于自己的答案。”

□ 院士专家大讲堂在东莞中学开讲

国家首批航天员陈全为东莞学子带来一堂“太空课”

“我想上太空，看下太空上有没有嫦娥和玉兔”“我想在天空上种花种草”……2024年5月27日，2024“院士专家东莞行”系列活动之航天精神进校园启动，本次活动邀请了国家首批航天员陈全到东莞市南城第一初级中学进行分享。

讲座中，陈全围绕“仰望星空脚踏实地——中国航天事业与航空精神”主题，从自身经历出发，带来了一堂点燃梦想的“太空课”，为全场师生讲述航天员“飞天”的精彩故事，弘扬航空航天精神，激发师生热爱科学、崇尚科学、探索未知的热情和兴趣。

“我们经常会看到、会听到宇航员在圆满完成任务后的鲜花和掌声，但大家可能很少留意到他们在成功的背后经历的艰辛、流过的汗水，甚至承担的风险。”鲜花和掌声背后，是紧张繁重的专业课学习和不为常人所知的严酷训练。超重耐力训练中，在高速旋转的离心机里，宇航员要承受难以承受的重力加速度……在“航天选拔与训练”的环节中，学生们在陈全的介绍下了解到航天员背后“不为人知”的一幕。

本次航天精神进校园的活动不仅是一次科普教育的盛会，也是一次激励青少年追逐梦想、勇攀科学高峰的精神盛宴。活动为促进青少年科学素养提升，大力弘扬爱国、创新、求实、奉献，协同育人的科学家精神提供了一个交流平台，让更多的学生能够了解前沿科学，点燃埋藏在心底的科学火种。

□ 2024“院士专家东莞行”系列活动之航天精神进校园

多位知名科学家与莞港澳台侨师生共话航天梦

2024年6月15日，2024年“筑梦航天　行进湾区”莞港澳台侨青少年交流实践活动在东莞市文化馆星剧场启动，并同步启动第四届“中国航天梦”莞港澳台侨征文比赛，500多名莞港澳台侨师生集聚一堂，聆听航天知识科普讲座，共同了解、感受中国航天事业的辉煌成就。

“3、2、1，点火……”随着大屏幕上的火箭冉冉升起，观众席也拉起巨型海报，本届活动正式启动。启动仪式上，中国首批航天员兼教练员、中国航天员中心原副主任、合肥太空科技研究中心主任李庆龙结合自身经历，生动地介绍了我国在航天员选拔以及训练科目等方面的航天知识。

随后，首批中国农业科技园区专家，航天育种（杨凌）种质资源研究中心主任，陕西省航天育种工程技术研究中心主任、首席科学家郭锐，则介绍了太空育种、空间科学实验与现代农业的发展。

现场500多名学生认真聆听、记录，在互动环节积极提问，大大满足了学生对航天科技的求知欲。

□ 中国首批航天员兼教练员、中国航天员中心原副主任、合肥太空科技研究中心主任李庆龙

□ 航天育种（杨凌）种质资源研究中心主任，陕西省航天育种工程技术研究中心主任、首席科学家郭锐

【展示】

“每月一主题科学探秘活动”精品课

科学教育能激发青少年好奇心、想象力、探求欲，有助于培养青少年学生创新意识、科学精神和实践能力。2023年3月16日，东莞市中小学科学教育专题新闻发布会召开，市教育局、市科技局、市科学技术协会联合发布了《东莞市推进中小学科学教育实施方案》（简称“《实施方案》”），其中，“每月一主题科学探秘活动”是《实施方案》的重要内容。

“每月一主题科学探秘活动”按照“困秘—解秘—探秘—知秘—用秘—展秘”六个环节设计，以自然科学、新兴科技和创新制造三个维度为主线，每年共推出10期主题活动，涵盖物理、化学、生物、地理等自然科学领域，以及人工智能、物联网、区块链等新兴科技领域和包括3D打印、智能制造等创新制造领域，引导学生了解科学技术的发展与应用，培养他们的科学素养和创新精神。

值得一提的是，“每月一主题科学探秘活动”覆盖了东莞全市的小学、初中和高中学校，以评价为驱动、课程为抓手，有效激发学生的好奇心、想象力和探究欲，充分调动师生的参与性，促进中小学校之间实践经验的共享交流，夯实东莞市热爱科学、崇尚创新的文化氛围。

“每月一主题科学探秘活动”精选展示

2023年东莞市“每月一主题科学探秘活动”十大主题

序号	主题	活动内容	承办单位
1	天文探秘	《纵观宇宙，益智明心》科学探秘样本精品课发布，《望远镜之前的天文学》专家主题报告	东莞松山湖未来学校
2	人工智能探秘	走进顺丰速运公司，了解“人工智能——图案识别”如何帮助智能快递高效分拣	沙田镇教育管理中心
3	探秘石排潮玩	走进永捷工业区和城仕（东莞）文化科技有限公司，通过动手设计捏塑潮玩IP，感受石排潮玩魅力	石排镇教育管理中心
4	探秘生命之源	走进东莞市水务集团供水有限公司第六水厂和生命科学中心，探索水的奥秘，感悟水的重要性	东城街道教育管理中心
5	航空航天探秘	走进东莞航空航天产业的相关企业，深入“智造”生产线，探索“莞产飞机”和“东莞智造”的奥秘	东莞市第七高级中学、东莞市第八高级中学、东莞市青少年活动中心松山湖分中心
6	环保科技探秘	走进东实循环经济环境教育基地和垃圾焚烧发电厂，体会科学技术在处理生活垃圾中发挥的巨大作用	麻涌镇教育管理中心
7	科技赋能，“智”造未来	走进先进智能装备的企业科普基地，了解智能机器人的应用和发展，体验智能机器人的工作原理	大岭山镇教育管理中心
8	探索生命科学奥秘	走进银瓶山，近距离观察鸟类，感受生命的多彩；走进东莞市综合细胞库，学习干细胞的储存及广泛用途	谢岗镇教育管理中心
9	香意传承	走进沉香博物馆、香博园、牙香街沉浸式体验，从历史渊源到文化内涵，从制作工艺到鉴别方法，品味莞香独特韵味	寮步镇香市小学
10	科技创新	走进熵基科技股份有限公司、东莞先进陶瓷与复合材料研究院，感受科技对生活生产的影响	塘厦镇教育管理中心

2024年东莞市“每月一主题科学探秘活动”十大主题

序号	主题	活动内容	承办单位
1	绿美东莞探秘	走进街道的绿化项目、公园和植物园，了解城市绿化的重要性，通过纸艺创作培养环保意识	南城街道教育管理中心
2	科学家精神探秘	走进相关场馆，与科学家面对面交流，了解科学家的奋斗历程和科研成果，激发对科学的兴趣和热爱	莞城街道教育管理中心
3	新型材料探秘	走进松山湖材料实验室，参观新型材料生产线，了解新型材料的种类、特性及在现代科技中的作用	东莞市松山湖第一小学
4	探秘未来都市	走进溢星空生命科学实验室，亲身探究科技如何与能源和谐共舞，从而实现环境的可持续发展	东莞市南城商务区北部学校
5	探秘自然资源	聆听两场“解秘”讲座，深入了解净水及污水处理的奥秘；走进小河村新基净水花园，对“花园式生态型地埋式污水处理站”进行实地考察	道滘镇教育管理中心
6	人造天体探秘	走进厚街科普馆，了解人造天体的种类、原理和应用，组装火星车并了解其结构及特点	东莞市茶山镇第二小学
7	智能制造探秘	走进厚街镇慕思健康睡眠股份有限公司，实地探查智能制造技术在床垫生产中的应用，感受智能制造的便捷和高效	厚街镇教育管理中心
8	智慧农业探秘	走进智慧农业示范区，了解智慧农业的技术、设备和应用，体验智慧农业的高效和环保	东坑镇教育管理中心
9	生命科技探秘	走进生命科学实验室，了解生命科技的最新进展和应用，参与生命科学实验，培养对生命科学的兴趣和热爱	东莞中学初中部
10	无线通信探秘	走进无线通信企业，了解无线通信技术的原理、应用和发展趋势，体验无线通信的便捷和高效	长安镇教育管理中心

天体物理学博士主讲“天文探秘”

2023年3月29日下午，东莞市中小学“每月一主题科学探秘活动”启动仪式及首期探秘活动在东莞松山湖未来学校举行。首期探秘课程由东莞松山湖未来学校教师——北京师范大学天体物理学博士于斌主讲，以天文探秘为主题，为全市师生带来一场精彩纷呈的科学探秘精品样本课。

“宇宙有多大？”“地球和月亮的相对大小是什么样？”每当仰望星空，同学们总是充满好奇，天文探秘课程就从回应孩子们的好奇开始。

启动仪式发布了第一期主题“天文探秘”之松山湖未来学校《纵观宇宙，益智明心》科学探秘样本精品课。本期天文探秘课程的主要设计者于斌介绍了课程设计思路。课程围绕该校“品质生活力”“创新学习力”“未来创造力”的课程目标，以“困—解—探—知—用—展”六环节任务驱动，以学生团队项目化学习的方式实施，实现学习空间多样化、学习评价综合化。课程充分利用东莞松山湖未来学校的天文航天展馆资源。该展馆融合建筑、艺术、科技等元素，配备VR、AR等设备，满足学生天文探秘活动中的科普学习、智能互动、动手实践等需求。

□ 天体物理学博士主讲“天文探秘”

探秘潮玩，感悟本土潮玩魅力

东莞市中小学“每月一主题科学探秘活动”第三期“探秘石排潮玩”活动在石排镇举行，12支探秘小分队走进永捷工业区和城仕（东莞）文化科技有限公司，通过动手设计捏塑潮玩IP，感悟石排潮玩之魅力。

石排潮玩课程以“潮玩”为载体，通过“困—解—探—知—用—展”六环节任务驱动，以互动体验开启探秘之旅。课程涉及科技、美术、天文、经济、数学等学科知识，让两大探秘基地优质科普资源串珠成链，打破课堂教学的时空局限，将观察、审美、表达、探究、实践嵌入学习过程中，打造沉浸式互动体验空间，让学生身临其境体验探索科学奥秘乐趣，充分满足学生在探秘活动中的科普学习、智能互动、动手实践的需求，提高动手能力，培养探究品质和团队精神。

石排镇福隆小学教师梁永恒、俐噢公司设计师李康荣分别为大家揭秘黄道十二宫、二十八星宿相关知识。其中，设计师分享了潮玩设计理念，以原创潮玩“青龙”的设计历程为案例，展示了传统文化基因和当代审美取向相融合的潮玩形象。

本次潮玩探秘活动通过整合多学科知识，以沉浸式体验的方式，让同学们有更强的参与感，既让大家全身心投入，也能引人思考、寓教于乐。

□ 探秘潮玩，感悟本土潮玩魅力

探秘生命之源，感悟水的重要性

东莞市中小学“每月一主题科学探秘活动”第四期“探秘生命之源”活动在东城街道举行，6支探秘小分队走进东莞市水务集团供水有限公司第六水厂和生命科学中心，一同探索水的奥秘，感悟水的重要性。

身边的水质怎样？水的净化过程是怎样的？水污染如何治理？带着对水的疑惑，探秘小分队进入水厂参观学习，并在生命科学中心开展实验探索，通过“困—解—探—知—用—展”六个环节任务驱动，亲身体验探索生命之源的乐趣。

参观第六水厂过程中，教师给同学们讲解了水厂工艺流程图。同学们徒步参观了第六水厂的平流沉淀池、臭氧制备车间、深度处理综合池等，认识到水厂运转系统的复杂以及城市用水供应的不易。

同学们在第六水厂内参加了“珍惜水资源”科学实验课程，通过原水水样过滤实验学习了过滤系统的运作机制。此外，同学们还在水厂内的化学实验室进行了余氯检测、浊度检测、离心机离心水样操作等一系列实验数据检测，切身体会到了水务工作者的艰辛与不易。

为了更好地感受充满创新的“探秘”进程，同学们还来到生命科学中心进行了水体检测、过滤水实验、净水剂实验等实操实验，观察实验现象，学习与水相关的科学知识和实验技巧，更深入理解了水净化的原理和方法。

□ 探秘生命之源，感悟水的重要性

凌云壮志逐梦蓝天，探索“莞产飞机”的奥秘

东莞市中小学“每月一主题科学探秘活动”第五期“凌云壮志逐梦蓝天”活动顺利举行。3支探秘小分队相约走进东莞航空航天产业的相关企业，深入“智造”生产线，探索“莞产飞机”和“东莞智造”的奥秘，通过校企联动，共同开展一场以“航空航天”为主题的科学探秘活动。

远在祖国西北边陲的新疆生产建设兵团第三师图木舒克市第一中学（简称“新疆三师一中”）的科普社团队伍也在同一天走进被誉为“兵团北斗产业发展先锋，导航合作国际桥梁”的新疆北斗工业技术研究院，异地同步开展这场探秘活动。

参加活动的探秘队伍围绕“‘莞产飞机’如何造？东莞航空航天相关产业造什么？用什么材料制造？怎么设计？飞行员和航天员需要掌握什么技能？他们在天上想解决个人卫生怎么办？”等“困秘”问题，以实地参观、研究、调查和实践的方式，走进航空航天相关企业和场馆寻找答案，以此拓宽他们的航空航天科技视野，激发他们的航空航天兴趣和科创潜能，真切体会“解秘、探秘、知秘、用秘、展秘”的科学探究过程，从而培养品质生活力、创新学习力和未来创造力。

新疆三师一中探秘队伍则走进中国航天北斗西北应用中心，在讲解员的科普介绍中了解北斗的发展历史、系统组成及定位原理和应用，参观人造地球卫星、天地应用、天地往返、星月之旅、天宫探秘等展示，感受祖国在航空航天建设中的伟大成就。

□ 凌云壮志逐梦蓝天，探索“莞产飞机”的奥秘

走进银瓶山，探索生命科学奥秘

东莞市谢岗镇不仅有银瓶山的秀丽风光，更有无数珍稀动植物与人共舞。东莞市中小学“每月一主题科学探秘活动”第八期走进谢岗这片生机勃勃的生态宝库，一起探索生命的奥秘。

观鸟活动现场，孩子们近距离观察各种鸟类的形态、颜色、行为及生活习性，感受生命的多彩。通过活动，孩子们领略了大自然的魅力，了解鸟类及其栖息地的生态环境，从而更好地增强学生的保护环境意识。

在《地球生命的起源与进化》讲座中，国家自然资源首席科学传播专家徐世球带同学们追溯生命的起源，探索生命的奥秘。

为了更深入地了解生命科学，同学们来到了东莞市综合细胞库，学习干细胞的储存及广泛用途，参观液氮罐存放过程，并体验金鱼复活实验。

为了让学生观察肉眼看不见的微观世界，活动还设有中小学生“大手拉小手”同上一节实验课。孩子们在显微镜下观察一滴水、草履虫的应激反应以及洋葱细胞的质壁分离，更直观地了解生命的组成和奥秘，感受生命的神奇和美丽。

活动结束后，孩子们总结学到的知识，并制作了一些关于生命科学的手工作品。作品包括生态绘画、显微镜下的微观世界、鸟巢模型、昆虫模型等。这些作品不仅展示了孩子们的创意和才华，更体现了他们对生命科学的热爱和探索精神。

□ 走进银瓶山，探索生命科学奥秘

探莞香之源，明莞香之秘

东莞市中小学“每月一主题科学探秘活动”第九期“香意传承”莞香探秘活动顺利举行。东莞市寮步镇香市小学科学探秘团走进沉香博物馆、香博园、牙香街沉浸式体验，从历史渊源到文化内涵，从制作工艺到鉴别方法，品味这款传统香料的独特韵味。结合现代审美和科技，设计出独具特色的莞香文创产品，让更多人了解莞香文化和非遗技艺的传承与发展。

探秘团队围绕“莞香隐藏着怎样的文化内涵？它为什么适合在东莞种植？它是怎样结香的？它有哪些种类？它有什么用途？如何制香及鉴香？”等困秘问题，开启莞香探秘之旅。同学们先来到中国沉香文化博物馆，从沉香历史、中国香文化、香习香俗等不同角度，感受沉香文化的巨大魅力。

同学们在香博园实地考察莞香的生长环境，辨别莞香树的种类，用精密pH试纸测种植莞香土壤的酸碱度，观摩学习莞香生产加工、精油提取等工艺流程。

在寮步镇香市小学的校园里种植了上百棵十年树龄以上的莞香树，有着40年采香经验的李文甫先生带领学生们在校园里寻香、采香。同学们穿上汉服感受香道，感悟莞香的精神，在牙香街感受古色古香的岁月痕迹，学习制作莞香倒流香、线香，观看挑香、理香、各种香品。

探莞香之源，明莞香之秘

走进新型材料，探秘材料科学背后的奇妙

怀揣对未知世界的好奇，松山湖第一小学（简称“松湖一小”）分队率先开启松山湖科技产业园区科学探秘之旅，正式拉开了东莞市中小学“每月一主题科学探秘活动”第三期“走进新型材料”活动的序幕。

科幻电影《流浪地球2》中的超级运输工具——太空电梯，以其独特的魅力走进了公众的视野，激发了松湖一小孩子们的好奇心和无限遐想。孩子们沉浸在对太空电梯材料的想象中，试图将电影中的壮丽构想转化为触手可及的现实。

在教师的带领下，同学们踏入了国家级松山湖材料实验室。柯海波老师生动科普材料的发展历程，深化了同学们对材料演变的认知，同学们了解了能在多种极端环境下保持稳定性能的创新材料——非晶合金，其独特原子结构、严谨制备过程和卓越性能，为材料科学带来无限可能，也为孩子们打开了认识新型材料的神奇窗口。

孩子们通过亲自探究，在实验中领略非晶合金材料的独特风采。非晶合金作为一种全能型材料，具有巨大的应用价值和市场潜力。了解和探索后，孩子们大胆想象，结合非晶合金的一项或多项性能特点，设计了一件件具有独创性和实用性的作品。

最后，孩子们在作品分享中诉说着他们对非晶合金这一新型材料的探索心得与创意灵感，希望通过自己的小小举动，为新型材料的应用打开新的思路，激发更多创新火花，共同推动科学技术的进步与发展。

□ 走进新型材料，探秘材料科学背后的奇妙

水润童年，探秘生命之源

水，是生命之源，润泽万物，维系着地球的生态平衡与人类的生存发展。中小学“每月一主题科学探秘活动”第五期以“探秘自然资源：水润童年，环保同行”为主题在道滘镇济川小学举行。济川小学的同学们开展了丰富多彩的探秘活动，他们在活动中深入了解水资源，强化环保意识，并通过创意物化、践行节水行动，为守护绿水青山贡献力量。

同学们围绕水资源相关话题展开热烈讨论。有的同学结合在自然水域考察中发现的水质污染问题，提出“如何有效治理水污染，恢复水域生态环境”的问题；有的同学根据家庭用水统计数据，思考日常生活中推广节水器具的方法。带着这些疑问，同学们从校园出发，将探秘活动延伸到家庭和社区，开启了一系列探索实践之旅。

东莞市净水设备公司技术人员蔡惠颐来到济川小学四楼报告厅，带领同学们探索净水科技和健康饮水的奥秘。为了让同学们深入了解东莞市污水处理的奥秘与技术创新，东莞市政府特聘的水污染治理现场指挥部技术专家查保全教授向同学们介绍了东莞道滘首座生态埋地式污水处理厂。“解秘”讲座后，同学们来到小河村新基净水花园，对“花园式生态型地埋式污水处理站”进行实地考察。

两场引人入胜的“解秘”讲座和一次启发性的“探秘”实践活动点

□ 探秘自然资源：水润童年，环保同行

燃了学生们的探究热情。在科学教师任超玲与美术教师宁飞的双师课堂指导下，同学们将学到的知识和方法应用在实际问题中，帮助美术教师解决美术课堂上水彩笔换色导致的水浪费与水污染问题，设计制作了具备节水功能或净水功能的“洗笔神器”。此外，同学们还利用课余时间设计制作了其他种类的节水创意作品，比如鱼菜共生鱼缸，自动浇水装置、节水手抄报等。这些创意作品不仅展现了同学们的创新思维，也体现了他们对节水和水资源保护的深刻理解。

走进厚街科普馆，探秘人造天体

2024—2025学年东莞市中小学“每月一主题科学探秘活动”第六期（总第十六期）在东莞市茶山第二小学（简称“茶山二小”）举行，茶山二小的同学们满怀着对宇宙探索的憧憬和热忱，开启了一次人造天体探索之旅。

在科幻电影《火星救援》的奇幻场景里，“坚韧不拔”的火星车激发了茶山二小同学的探索欲与无穷畅想。他们不禁思索，此时正在火星执行任务的火星车“祝融号”，长久面临沙尘肆虐，不时遭遇巨石阻碍，它是如何在恶劣的环境下工作的？火星车的能源从哪里来？在当下的科技境况中，怎么把火星上的信息传回地球？同学们沉浸于对火星车的思考中，期待把脑海中的奇妙设想演变为切实可行的实际方案。

在教师的带领下，茶山二小的同学们一同前往厚街科普馆，各类人造天体模型与介绍展板如历史的画卷般徐徐展开。其中，同学们特别参观了赫赫有名的火星车“祝融号”，它是我国探索火星的重要工具，能够对火星局部地区的土壤厚度和次表层岩石地质结构进行就位巡视探测。面对火星车“祝融号”，同学们充满了好奇，提出了许多疑惑。

在科学室，同学们开动脑筋，通过小组合作完成了火星车“祝融号”的组装，他们带着自己组装成功的火星车到阳光下试行。成功试行

☐ 走进厚街科普馆，探秘人造天体

后，同学们与“火星叔叔”郑博士直播连线，提出的问题一一获得解答。郑博士在解答的同时，鼓励同学们通过自己的创新与实践，思考如何让火星车在火星过得不那么苦。

郑博士的激励唤起了同学们的创新意识，他们开始积极琢磨怎样助力火星车在火星过得更好。大家围坐一处，聚焦火星车的防护屏“金钟罩”展开讨论，一个个实在的点子接连涌现。郑博士对同学们的奇思妙想与精巧构思给予了高度赞扬，并分享了一系列“让火星车在火星过得不那么苦”的现有举措，同时勉励大家继续保持对科学探索的热情，秉持坚定不移的执着信念，在未来的科学探索之路上砥砺前行。

走进本土企业，探索智能制造的奥秘

在科技日新月异的当下，智能制造成为制造业发展的重要方向。东莞市中小学“每月一主题科学探秘活动”第七期（总第十七期）以“智能制造，创造未来”为主题，在东莞市厚街镇竹溪小学举行。竹溪小学的同学们开展了一系列有趣的探秘活动，在活动中认识智能制造业的重要性和发展前景，在心中种下了创新的种子。

校园中，几个小学生围坐在一起讨论。一位同学分享道，他家里最近换了一个新床垫，不仅能带来舒适的睡眠体验，还非常智能，能够记录他的睡眠数据。同学们开始琢磨，智能床垫到底是怎样生产出来的？生产过程中真有机器人参与吗？这些机器人是怎么精准组装床垫，保证每个细节都做到最好的呢？

同学们满怀好奇与期待走进了科学实验室，迫不及待地想要寻找答案。何智敏老师耐心解答了他们对“智能制造”概念的疑惑，让同学们对自动化、智能化的生产流程有了初步认识。随后，刘敏玲老师进一步介绍了“无人生产”的先进理念，通过视频和图片展示，让同学们看到科技怎样改变生产模式，提高生产效率。

在教师的带领下，同学们来到厚街镇慕思健康睡眠股份有限公司，对“智能制造”进行实地探秘。智能制造车间内，机器人和自动化设备

□ 走进本土企业，探索智能制造的奥秘

正在忙碌地工作，精准地完成每一个生产环节。同学们被这种高效、智能化的生产方式深深震撼，不禁发出阵阵惊叹。参观环节结束后，同学们来到了会议室，聚焦“对比床垫智能制造和人工制造的区别及其优势”这一主题，开展了一场别开生面的小讲座和讨论。

在“用秘”环节，刘敏玲老师引领同学们探索智能制造的奥秘。她对比了人工制造与智能制造在床垫生产“贴面料”“围边”等工序的特点，让同学们直观感受到智能制造在效率、精度及成本控制上的优势。

随后，同学们挑选出自己感兴趣的产品，尝试结合TRIZ（发明问题解决理论）原理，着手设计与之相对应的智能制造设备。从最初设计思路的艰难构想，到将TRIZ原理巧妙地融入其中，每一个步骤都凝聚着同学们的智慧与努力。最终，每位同学都绘制出了一份独持的创意表，展现出自己对智能制造的理解与思考。

【展示】

“科普研学”的东莞行动

松山湖材料实验室、中国散裂中子源、3D打印、潮玩IP设计、人工智能……如何充分利用东莞这些得天独厚的科学教育资源，让科学教育可触可感？东莞科普研学在行动。

2023年5月，教育部等十八部门联合印发《关于加强新时代中小学科学教育工作的意见》，强调要切实做好教育助学、中小学生校外研学工作。2024年3月22日，广东省教育厅等十七部门印发《关于加强新时代中小学科学教育工作的实施措施》，同样强调要“走出去”开展实践活动，鼓励组织中小学参与研学实践，落实研学工作经费保障等。

2023年，东莞大力推进中小学科学教育工作，推出科学教育20条，并将科普研学工作作为其中重要抓手，鼓励学校带领中小学生走出校园，置身科普基地沉浸式体验科学的魅力。一年来，东莞市开展科普研学活动约500场次。形成的研学成果、研学报告超过1000份。

顶层设计：三管齐下加强科普研学统筹指导

东莞市教育局加强顶层设计和研学指导，积极推动市内学校利用得天独厚的科学教育资源，开展“科普研学”实践活动。

一是鼓励学校带领中小学生走出校园，走进科普基地，开阔眼界、增长见识、探讨学习；同时，联合高等院校、科研机构、科技企业、校外教育机构等单位，开发工业研学、生态研学、智慧研学、智造研学、非遗研学等丰富多彩的研学课程，推荐一批精品科普研学路线，凸显“科技创新+先进制造”的城市魅力。

二是编写科普研学指南，主题包括“科学+教育科研”“科学+智能制造”“科学+生态农林”“科学+非遗文化”“科学+传统产业”五大类，并精选东莞市33个公益性科学教育研学点，涵盖了多个科学领域，为学校和家长开展科普研学提供参考选择。

三是开展科普研学课程培训，提高学校和研学点科普研学课程开发的质量，同时开展研学课程案例评比、交流等活动，形成浓厚的科普研学氛围。

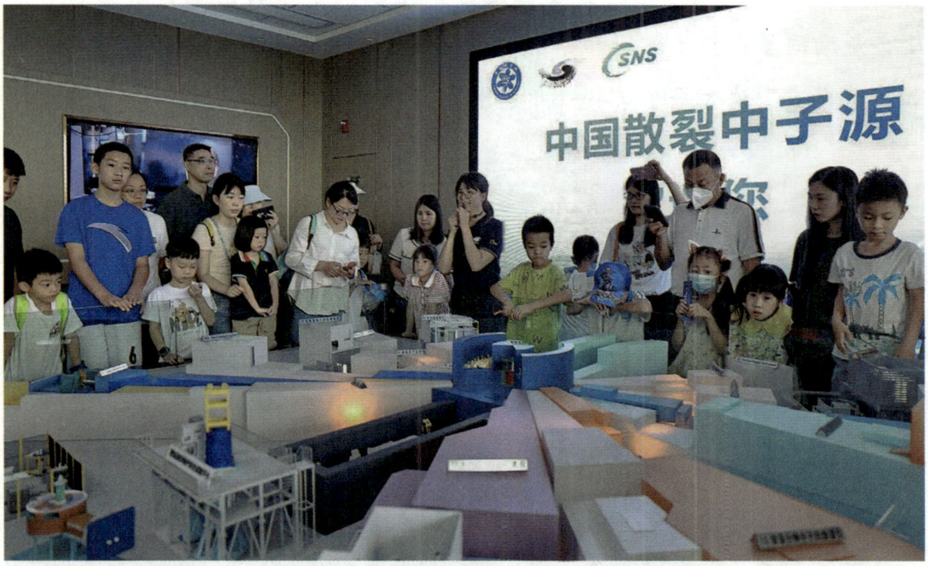

□ 东莞的中小学组团到中国散裂中子源参观学习

学校实践：促进课本知识和生活经验深度融合

宗旨为丰富实践育人途径，全面推进素质教育，促进课本知识和生活经验深度融合，着力提高学生社会责任感、实践能力。市内学校在开展科普研学方面，呈现主题化特点。

一是以科技专题探索为主题。其中项目包含3D打印、潮玩IP设计、人工智能等。例如3D探索研学课程，其内容主要是走进先进的3D打印实验室，了解3D打印的行业趋势，深度体验现代技术的研发，学会用科学的方法探索和解决问题。东莞松山湖中心小学五年级2023年秋季开展了以“探究3D打印”为主题的研学，东莞市麻涌镇大步实验小学教育集团大步实小校区六年级开展秋季开展“探索3D，解锁科技”的主题研学。又如潮玩IP专题研学，以动手设计捏塑潮玩IP为主，目的是感受潮玩魅力。石排12支探秘小分队走进永捷工业城和城仕（东莞）文化科技有限公司，开展“石排潮玩的秘密”为专题的研学活动，受到孩子们的欢迎。

二是以科技强国为主题。研学课程以探寻国之重器、世纪工程、航天航空设备，挖掘背后科学家故事、了解重器或工程对国家的战略性意义，感受祖国在党的领导下日益富强趋势，增强同学们的民族自豪感和自信心，激励同学们努力学习和钻研，为祖国的未来付出自己的力量为主。例如东莞市虎门镇太平小学4—6年级2023年秋季开展以“走进科学世界点燃

□ 松山湖北区学校的学生到松山湖材料实验室进行科普研学

科技梦想”主题研学，宣扬“科技兴则民族兴，科技强则国家强”思想。东莞市麻涌镇第三小学4—6年级开展“胸怀报国凌云志，共筑科学强国梦”为主题的秋季科普研学活动，东莞松山湖未来学校初一、初二学子走出校园，前往珠海，开展了为期三天的“科创强国追风少年”主题科普研学活动。

三是以“东莞制造”为主题的工业研学。研学课程以东莞高新企业、东莞龙头产业、东莞优势资源参观体验为主，目的是弘扬企业家精神、创新精神、工匠精神、劳模精神。为助力东莞工业研学课程发展，各方协同发力。课程方面，2023年12月5日，配合市文化广电旅游体育局在2023年东莞市工业研学交流会上，遴选发布“解码睡眠科学，探索超级工程”等9个市工业研学精品课程，打造工业研学的东莞样本，对市内学校提供工业研学课程参考。学校层面，工业研学也成为市内学校开展科普研学热门之一，例如东莞市莞城实验小学六年级开展以“科普教育东莞制造”为主题的科普研学，让同学们体会到匠心独具、精益求精的制造精神，激发自身的学习动力。

镇街行动：充分利用本土资源打造研学亮点

□ 东莞松山湖打造特色科普品牌活动，绘制科普研学地图

东莞各镇街充分利用本土场馆资源，结合各自产业特色，打造各镇特色研学线路，精心研发科普研学课程，形成一镇一特色、亮点纷呈的研学工作格局。

一是推动项目式研学课程。研学课程内容主要是让学生在实践操作中学习知识、锻炼能力、提高素质。通常包括科学考察、文化探究、社会实践等多个方面，涵盖了自然、人文、社会等多个领域。例如高埗镇充分利用本土资源，与成铭热熔胶博物馆、东莞市唯美陶瓷博物馆、东莞市昌兴茶叶仓储有限公司等开展校馆合作，开发项目式研学课程，并作为推动科学教育发展的一大亮点。

二是推动公益科普研学。研学课程内容以参观实验室、博物馆、科技中心等为主，也包括讲座、研讨会、实验课等形式。通过这些研学课程，学生可以更好地理解科学知识，并将其应用到现实生活中。例如石碣镇开展“东聚成长课堂”公益科普研学活动，带领孩子们参与石碣镇少年官生命科学实践课、参观东莞科学技术博物馆、参观鳒鱼洲国企文创园，寓教于乐，启迪智慧，让孩子们主动揭秘生活中各种科学奇妙原理，激发全社会的创新热情和创造活力。

三是推动研学进企业。研学进企业课程主要通过参观企业车间、产品展示、互动交流等，让学生们与产品制造过程亲密接触，近距离了解高效的工业机器产品成果，提升青少年对产业科普的认知。例如东坑镇开展以“文明东坑奋进‘百千万工程’——新时代文明实践集中活动日科普研学进企业活动”为主题的科普研学活动，营造浓郁的科普研学氛围，展示东坑先进制造业成果。

精品建设：开展多区域、多师制联动科普研学

2023年9月，东莞市教育局邀请香港、澳门、新疆（图木舒克市）学子，参与莞港澳图中小学生“点亮未来”科学营，通过为期4天的研学之旅，四地师生通过参观、互动、探讨、体验等多种方式，走进松山湖材料实验室、中国散裂中子源、鸦片战争博物馆、广东东江纵队纪念馆等具有东莞城市特色和科创底蕴的研学点，体验科技魅力，感受历史变迁，促进文化融合，增进民族情谊。2023年4月开展的“行知莞邑——东莞市中小学生科普研学公益活动”，来自不同学校的13位科技骨干导师带领160名对科学有浓郁兴趣的中小学生，相继走访广东科学中心、太粮米业等科普基地，开阔眼界，启迪科学智慧，取得系列成果。

为持续推进东莞科普研学，接下来，将实施“1+1+10”行动，其中第一个“1”指的是开展一次科普研学课程建设交流活动，第二个“1”指的是汇编一本科普研学精品课程集，最后的“10”指的是将推动市内学校开展10场经典科普研学活动。

□ 东莞将通过实施“1+1+10”行动，持续推进科普研学

延伸：《中国教育报》头版关注报道东莞科普研学

中国教育报
ZHONGGUO JIAOYU BAO
2024年2月7日 星期三
新春走基层
地下2400米的坚守
冒着热气儿的新春
种下爱阅读的种子
教育部认定148个学前教育普及普惠县
广东东莞推行科普研学让学生体验科学魅力
行走课堂 又"学"又"研"

□《中国教育报》头版关注报道东莞科普研学

2024年2月7日，《中国教育报》头版以《广东东莞推行科普研学让学生体验科学魅力——行走课堂又“学”又“研”》为题，关注报道东莞科普研学。报道指出，东莞开展了多区域、多师制的科普研学活动，活动主题丰富、内容多样，致力打造“行走的课堂”，让更多学生在研学中体会科学与文化的魅力，又“学”又“研”——航天种子谷里，学生们兴高采烈地听着讲解介绍，时不时举手提问；3D打印实验室里，他们兴奋地观察、记录，不时发出惊叹声……

这样的生动场景近日发生在广东省东莞市，孩子们正在参加科普研学活动，感受着科学的魅力，享受着探索的乐趣。2023年，东莞大力推进中小学科学教育工作，鼓励学校带领中小学生走出校园，置身科普基地，沉浸式体验科学的魅力。一年来，东莞市积极推动市内学校利用科学教育资源，开展科普研学活动约500场次。

科技强国、非遗传承、生态农业……科普研学活动主题丰富，内容多样。为了实现科普研学活动“多面开花”，东莞市教育局联合高等院校、科研机构、科技企业等，开发研学课程，推荐一批科普研学精品路线。同时，东莞市教育局组织编写科普研学指南，并精选东莞市33个公益性科学教育研学点，为学校和家长开展科普研学提供参考选择。

在东莞市教育局的支持引导下，多所学校的研学活动开展得如火如荼。东莞市南城阳光第五小学开展了以“探秘智慧农业”为主题的科普研学。在东莞市现代农业科技园，学生们时而低头听着讲解，时而观察、实践，积极主动地思考问题的答案。“整个活动就相当于一节‘行走课堂’，激发同学们探究农业科学的兴趣和热情，大大突破了传统课堂的局限。”南城阳光第五小学校长林万锋介绍。

“东莞特色”也成为科普研学活动的一大亮点。东莞市教育局组织开展以“东莞制造”为主题的工业研学，鼓励学校与东莞高新企业、龙头产业、博物馆等合作，在研学中让学生们更直观地感受“东莞力量”。

此外，东莞市开展了多区域、多师制的科普研学活动，让更多学生在研学中体会科学与文化的魅力。师生们走进中国散裂中子源、鸦片战争博物馆、广东东江纵队纪念馆等，在互相交流中开阔视野。“这种研学方式可以充分利用多地区、多领域的专业教师资源，让不同地区、不同背景的学生享受优质科学教育。”东莞市教育局相关负责人介绍。

科普研学并非一般的参观活动，不能“只研不学”“只学不研”。作为一种研究性学习和旅行体验相结合的校外教育活动，如何把握“玩”与“学”的尺度，引导学生在科普研学中收获知识、提升技能？南城阳光第五小学在组织科普研学活动时，通过对研学基地实地调研、考察，再根据参与学生的年龄特点和学情制定针对性的研学方案，力求让学生在研学中有目标感。

“科普研学让‘书本是孩子的世界’变成‘世界是孩子的书本’。”东莞市教育局相关负责人表示，科普研学的开展让科学教育知识和课堂所学与生活经验深度融合，提高学生创新思维和实践能力，培养学生的跨学科综合能力。

第三章

以科学素养为核心
推进课程建设与教学变革

核心提示

随着"双减"背景下的科学教育加法持续推进，东莞积极致力于深化课程改革、实验数字化提升、课后服务和评价体系等多个关键维度协同创新、相辅相成，为学生精心打造优质的科学教育生态环境，有力推动科学教育向高质量发展迈进。

五级科学课程体系如知识金字塔，从科学类国家课程稳步拓展至拔尖人才课程，精准匹配学生层次，保障分层与个性化教学。各镇街依托自身特色构建区域课程体系，各学校深度融合五级课程，极大提高教育质量。

2023年，东莞率先实现科学类探究实验室公办中小学全覆盖，推进实验室数字化转型。部分学校引入智能设备与系统，实现实验设备远程监控、数据自动采集分析，提升实验教学效率与质量。各镇街积极落实实验室管理、应用、研究与评价等工作。

"科普430"课后服务成为科学教育关键阵地，各镇街、学校结合自身优势与学生兴趣开设特色课程，同时整合资源，邀请院士专家举办讲座，组织校外实践，激发学生科学兴趣。

在科学素养评价体系构建上，从多维度综合评估学生科学素养到聚焦过程性评价，从运用多元评价到"1+X"模式及学分制，东莞学校大胆创新，不断提供评价最优解。

第一节

搭建五级课程体系，探寻“教与学”无限可能

在新时代的浪潮中，科学教育正经历从传统知识传授向创新能力培养的转变。中小学科学教育不仅要夯实学生的知识基础，也要培养学生探索性、创新性思维品质，更要发挥其在拔尖创新人才培养上的重要作用。这一变革正给传统教育带来新的挑战。

时代的车轮滚滚向前，教育改革的步伐从未停歇。为了夯实科学教育的基础，构建科学教育新生态，东莞大胆走上了科学课程体系探索之路——

以培养中小学生科学素养和创新能力为课程目标，以跨学科实践、项目式学习为设计理念，东莞结合“科技创新，先进制造”的城市特色，统筹全市科技场馆、高新科技企业、科研院所等资源，构建了面向全体学生、重点聚焦拔尖人才的五级科学课程体系，通过构建五类课程实施模式、五维课堂教学方式，确保科学知识的现场传授和科学素养的全面提升。

以开放的姿态，迎接教育的明天。随着五级科学课程体系的提出，东莞正以课程建设为核心引领中小学科学教育内涵发展，同时点燃科学课堂上“教与学”的无限想象。

以五级课程引领，实现分层育人新突破

中小学科学教育是一项系统工程，课程建设也需要整体性谋划、系统性落实。2023年5月17日，教育部等十八部门联合印发了《关于加强新时代中小学科学教育工作的意见》，其中就明确提出要“重视体系化设计安排，助力不同阶段有机衔接”。

为推动中小学科学教育发展、培养科学创新人才，当前东莞正着力打造“莞邑科学教育五级课程体系”，力求科学教育课程开发从散点式探索迈向系统化构建，纵向推进小学、初中、高中教育学段贯通、课程贯通、资源贯通。它不仅是教育发展的必然趋势，也是东莞响应科学教育体系化呼唤的关键举措。

所谓“五级课程”即科学教育全员育人课程、科学学科基础课程、自助选修中级课程、特长发展高级课程、拔尖人才特需课程。“五级课程”解读如下：

第一级国家学科全员育人课程，高度契合新课程标准中“面向全体学生，立足素养发展”的核心理念。通过开展科普讲座、举办科技节等普及性科学活动，有效激发学生对科学的兴趣，培育学生的基础科学观念，增强学生的社会责任感，进一步强化爱国主义情怀。

第二级科学学科基础课程，对应国家课程中的必修内容，全面覆盖物质科学、生命科学、地球与宇宙等领域，充分体现了课程的“基础性、普及性”特征，为学生构建起系统且扎实的科学知识根基。

第三级自主选修中级课程，严格遵循“选择性”原则，学生可依据自身兴趣，自主选择主题科学探秘、人工智能机器人、创新技法等课程，从而有效满足学生个性化发展需求，助力学生挖掘自身潜能，实现差异化成长。

□ 莞邑科学教育五级课程体系

□ 东莞市第十一中学机器人课堂

第四级特长发展高级课程，与高中选择性必修和大学先修课程相对接，适合学有余力的学生开展深度学习。该课程着重强化科学思维与探究实践的有机融合，以研究性学习和小课题研究为主要开展形式，深度培养学生的科研能力与创新精神。

第五级拔尖人才特需课程，紧密对接“强基计划”“英才计划”的人才培育需求，通过课题研究、竞赛辅导等方式，实现对学生的个性化培养。课程突出知识深度与创新素养的相互融合与高效实施，致力于为国家培育具有深厚学科功底与卓越创新能力的拔尖人才。

不难看出，这一课程体系力求推动科学教育有层次地发展，不仅确保每个学生都能在适合自己的层面上得到个性化发展，同时谋求构建科学的人才发展梯队模式，以期更好地发现和培养科技创新人才。课程体系构建的思路清晰，着眼深远。

通过分层、分类、分阶段的教学设计，五级课程为学生提供了更加丰富和立体的学习体验。五级课程体系的构建，不仅仅是课程内容的简单叠加，它更是一种教育理念的革新。随着这一体系在各类育人场景中的应用，不同教育教学主体正凝聚形成多层次育人的共识，为多元协同育人提供保障。

通过在少年科学院实施五级课程，开设科技创新、机器人与人工智能、科技模型创新、信息学编程等各学科的小院士研修班等，利用周末及寒暑假进行集中研修，实现小初高的贯通培养。通过在普通高中实施五级课程，在文化学习之余开展拓展型、研究型、创新型科学教育，对科技特长生和高水平社团进行专项培养，对学生进行多元化的科学素质与创新意识培养，为高等学校输送德智体美劳全面发展的科创后备人才。通过在中学生“英才计划”实践活动实施五级课程，安排同学们分组进入不同研究领域的科研团队，亲自动手参与科研实践课，与专家们共同完成科学实验，沉浸式体验科研环境，实现多元协同培养。

▶ 借区域校际之力，构建创新课程群新格局

莞邑科学教育五级课程体系，是在全市宏观层面打下课程布局的基础之上提出的，但东莞的科学教育实践却绝不局限于统一的模式，而是鼓励各镇街、各学校根据实际情况，打造具有区域或学校特色的课程体系。

以“炫科创酷未来”为口号，长安镇依据“1248N”方案建设具有长安镇特色的科学教育课程体系；松山湖高新技术产业开发区聘请院士作顾问，根据各学校的办学特色，结合学生兴趣，打造各具特色的科学教育课程，深化课程建设……在镇街（园区）层面，目前33个镇街基本上已形成具有镇街特色的科学课程体系。

着眼于学校，作为课程实施的重要主体，学校从五级课程体系出发，进行了更多丰富多元的课程探索。在落实好科学类国家课程的基础上，根据设施设备和师资情况，各校也通过自建、引进和购买等方式，建立健全五级科学教育课程体系，并通过常规课、社团课、集训课、“430”课后服务等方式实施。

在“无痕·觅自然”课程体系下，石排镇实验小学做科学课程“加法”，推出普及类课程、体验类课程、选修类课程、研究类课程、竞技类课程。学校着力推进“天文·科技”跨学科课程体系构建，并自主研发“天文·科技”教育的教学手册，尝试打破学科边界，通过天文与多学科知识互动，培养学生的综合能力和实践能力。

长安镇第二小学打造了“一核两翼三全”式科学教育课程体系，全面推进国家课程校本化与校本课程个性化。其构建的“创享城”全域课程体系涵盖“创基认知课程”“创展探究课程”“创行活动课程”三大板块，将科技教育融合、推广到全学科的教育，同时凸显STEAM特色，保证全体学生和谐且有个性地发展，力促有潜质的科技特长生优势发展。

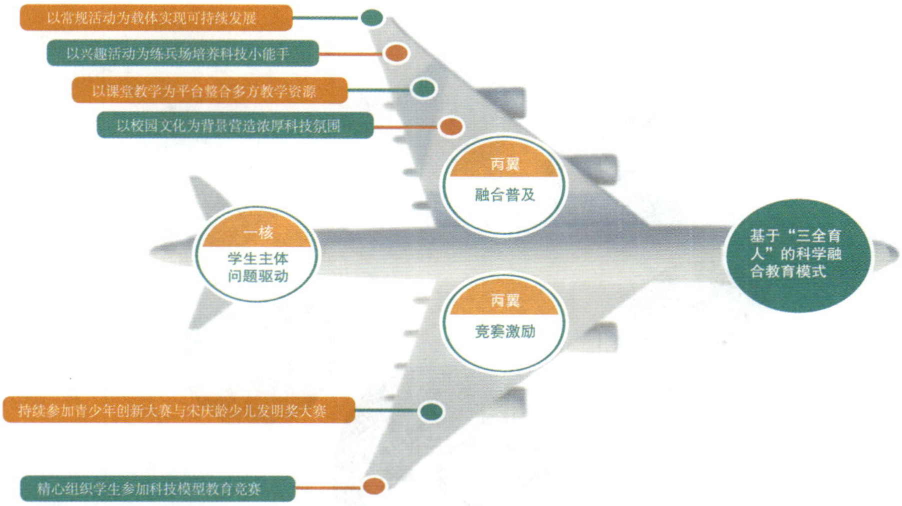

□ 长安镇第二小学科学教育模式图谱

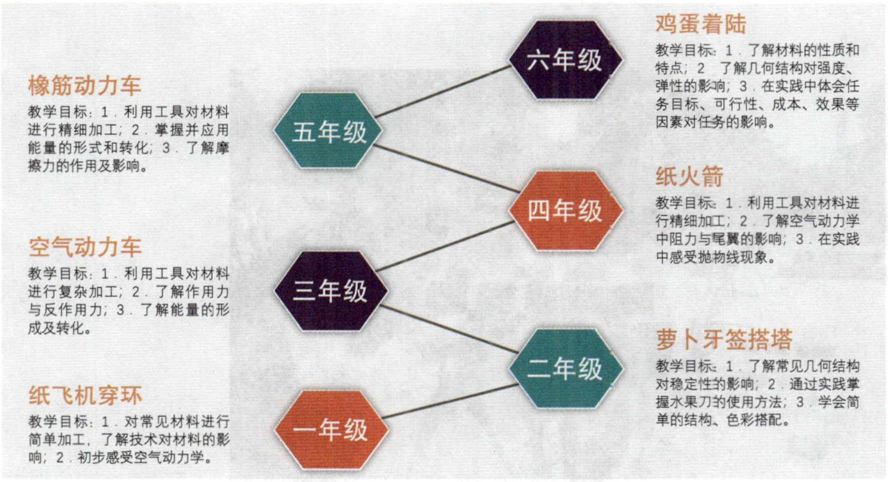

□ 长安镇第二小学科学系列课程

基于分层培养、分类实施的课程设计目标，东莞中学搭建了“1339”科技教育课程体系，其中具体包括“1”核心：拔尖创新人才培养；“3”路径：国家课程、校本课程、活动课程；“3”特色：教育簇群、跨学科融合、基于分层培养的普及教育；“9”品牌：数理思维课程（镜堂班）、人文素养课程（容庚班）、科技创新课程、AI与机器人课程、航模与无线电测向课程、信息学奥赛课程、科技节系列活动、学生社团活动、博士科普讲坛活动。

□ 石排镇实验小学“无痕·觅自然”课程体系

□ 东莞中学松山湖学校天文观测课程

松山湖未来学校则以“基础型”“拓展型”“优能型”三类进行科学素养课程体系建设。其中，基础型分为科学类、技术类和综合类，拓展型分为国家选修和校本选修，优能型则包括学科竞赛、科创特色、科学研究以及大学先修课程。与此同时，学校还建立了课程任务图谱，按照“品质生活力”“创新学习力”“未来创造力”三大领域以及27项细分能力，对课程逐一进行培养任务的拆解，力求课程对于学生能力培养的全面和精准。

在课程体系建设之上，东莞中学松山湖学校建成了八大科学教育特色课程群，包括人工智能课程、基于STEAM的技术课程、研究性学习课程、STEAM教育课程、创新创客课程、天文观测课程、未来科学家课程、信息生物学奥赛课程。

可见，五级课程体系下沉至各大中小学校园，不仅使科学教育形成体系，更与学校自身课程体系进行了有机融合，有效助推整体教育质量的进一步提升。

促实践创新下沉，催生科学课堂新风貌

走在长安镇实验小学的校园里，道路两旁的白兰树、黄花风铃木总是让人赏心悦目。然而如果再仔细端详，不难发现，枝丫上的鸟窝似乎与自然形成的有些许不同。它们都出自本校四年级的学生之手，这也是该校开设的“悦探鸟巢——帮鸟儿建个家”跨学科校本课程的成果之一。

□ 长安镇实验小学的科学教育跨学科校本课程公开课

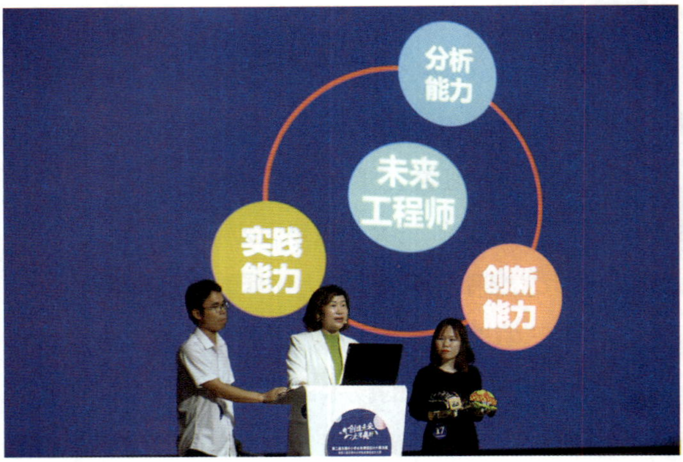

□ 东莞未来课程大赛为东莞科学教育的持续发展提供动力

据了解，该跨学科课程以科学课程为主线，融合信息技术、数学、劳动、语文和美术等课程的内容，学生以项目式学习方式进行跨学科调研、探究、实践，为鸟儿建人工鸟巢，并应用于校园中，后期还需进行不定期的观测，检验测试人工鸟巢的效果并加以改进完善，使人工鸟巢真正服务于实小校园环境中，让校园生态环境保持丰富多样化。

“学校开发的科学教育跨学科校本课程，内容指向真实而复杂的问题，强调运用不同学科知识的整合解决问题，需要学生经历长周期的探究学习历程。”长安实验小学相关负责人表示，此类课程运用跨学科整合性理解解决实际问题，然后以项目式学习的要素实施，最终还会将项目化成果公开发表和物化。

事实上，跨学科教学、项目式学习等课程组织方式在科学课程之中的运用并不少见。2019年开始，东莞以国家级未来教育试验区、未来学校和未来课程为重要依托构建“未来教育”战略，尤其通过连续举办课程大赛，成功唤醒并激励全市教师积极投身于未来教育的探索浪潮中。

从未来课程到品质课堂，教师们宛如教育创新的火种，将课程创新和变革的精髓带回校园，基于合作学习的智慧课堂改革，加强创造教育课程体系建设，在STEM课程、项目式学习、校本课程精细化等方面持续发力，从而实现校内的广泛辐射与拓展，催生了更多富有创意的课程设计主题，这也为东莞科学教育的持续发展注入源源不断的发展动力。

除此之外，在探索实践的基础之上，东莞科学教育已凝结形成包括双师教学、虚拟实验课、混合式教学、翻转课堂、社会实践、科学家报告、馆校合作、训练与竞赛等在内的10种典型实施范式。例如，塘厦第二高级中学引进高校资源打造的水中机器人项目即采用混合式教学，课程分为线上和线下双轨模式进行。线下利用综合实践课程实施教学，线上通过莞易学平台配套开展学习。这些课程不仅丰富了学生的学习内容，也提高了教学的有效性和趣味性。

多样化的课程形式也给科学教育学习方式变革提供支撑，如自主学习、合作学习、探究学习等都有可能在科学教育课堂呈现。以东莞市松山湖横沥实验学校为例，该校的“创造性劳动”课程将劳动、科学、创客体系融合，其中开展的太空农场课程“我是农场小主人”就让学生协助管理农场，参与到园区管理、打理任务中，极大地激发学生主动参与项目学习的热情，有效培养了学生的自主管理和合作沟通能力。

从阅读课到实验课，从实习课到研学课，当课程体系落地转化为一堂堂具体的课程，科学教育的无限活力也随之迸发。校本课程精华不断涌现，执教一线持续创新，是五级课程体系生命力的体现，亦将为学生提供更加丰富和高质量的科学教育体验。

第二节

完善素养评价体系，领航创新人才培养之路

学生科学素养是科学教育实施的核心目标，它不仅关系到学生个人的知识积累和思维发展，更是国家创新能力和竞争力的重要基石。作为科学教育追求卓越发展的“导航仪”，高质量的科学素养评价体系不仅指引着教育的前进方向，而且深刻地融入了科学教育高质量发展的当代议题之中。

如何真正发挥评价育人导向和反馈改进作用？怎样建立科学有效的评价体系？什么样的评价方式更符合现代科学教育的要求？诸多问题引领之下，东莞对完善科学素质评价体系进行了积极探索，力求打造具有东莞特色的中小学科学素质评价体系。

▶ 全面测评，精准反映学生科学素养水平

传统的评价体系常常被批评为过于侧重学生对知识的掌握和记忆，而未能充分认识到创新能力在学生全面发展中的重要性。这种单一的评价模式往往导致学生在追求高分的同时，忽视了对解决问题、批判性思维和创造性思维能力的培养。但随着社会对创新人才需求的日益增长，教育界逐渐认识到，仅仅依靠传统的知识掌握程度来评价学生是远远不够的。

因此，建立一个多元化的评价标准，不仅要关注学生的知识掌握，还要重视其创新能力、实践技能和综合素质，这已经成为教育改革的必然趋势。通过评价体系的革新，学生将被激励去探索未知、挑战传统，从而在学术和个人成长上都取得更加全面的进步。

首先，摒弃单一的、片面的评价标准，建立一个更加科学合理的评价

体系，意味着要从更加丰富的维度对学生科学素养进行全面评估。

以沙田实验中学为例，该校以全面反映学生的科学素养水平为核心目标搭建的评价体系，囊括了科学知识、科学思维、科学方法和科学态度四大方面。除了考查学生对科学知识的掌握，还会通过解答科学问题、进行科学推理和论证等方式评价学生的科学思维能力；通过实验操作、数据分析等方式评价学生运用科学方法解决问题的能力；通过观察学生在学习科学过程中的表现、交流和合作等方式评价学生的科学态度和价值观。

“我们的评价体系不仅仅关注学生的考试成绩，更注重学生的实际操作能力、发现与解决问题的能力，以及创新精神和科学素养的综合发展，将着力培养拥有生活力、自主力与创造力的知行合一‘三力’学子。”沙田实验中学相关负责人介绍，在评价体系设计上，学校注重多元化的评价方式，期望能更全面地展示学生的科学素养水平，同时也能更好地激发学生的积极性和创新精神。

其次，评价的全面性不仅体现在涵盖广泛的评价指标，还在于从单一学习成果评价转变为结合动态学习过程的综合性评价。

改革针对传统评价的弊端包括过度依赖标准化考试、忽视个性差异、过分强调结果等问题，塘厦第二初级中学采取了多元化评价方法，着重强

□ 沙田镇的小学生在练习车模的使用

调过程性评价。在注重学生学习过程中的表现的同时，学校重视教师的人文关怀——通过日常观察和记录，不仅了解学生的学习状态和进展，也关注学生的情感体验和价值观的培养。通过多元化评价方式的融合，最终对学生的学习态度、能力、成果等形成全面、客观的评价结果。

▶ 点面兼顾，平衡素质综合与个性发展

多元化评价标准的建立是学生科学素养评价体系改革的必然趋势。而多元化评价标准的实施，则意味着教育者需要设计出更加灵活和全面的评估工具，这些工具能够准确反映学生在不同领域的成就和潜力。同时，这也要求教育者和学校管理者重新思考教育的目标和方法，以确保教育过程能够真正促进学生的全面发展。

“传统的笔试评价方式可能会限制学生科学素养的全面展示。因此，学校会探索包括实验操作、科学项目、口头报告、小组合作等多种评价方式，以更全面地评估学生的科学素养。”莞城中心小学相关负责人介绍，学校基于“一把尺子保公平，多把尺子促个性”的原则对学生科学素养进行综合评价。

所谓“一把尺子保公平”，即面向所有学生统一评价，在全校引入更多跨学科主题学习、课程资源开发、项目式学习方法，比如说各年级分级开展综合性项目式学习活动，鼓励学生动手实践，在科学探究实践中培育学生的问题解决能力、社会适应能力以及严谨认真的科学态度与责任。

而“多把尺子促个性”则指的是，关注学生的个性化特征，创设多样化的评价标准、评价方式，组织和鼓励学生参加各类科学竞赛和活动，如科技创新大赛、创客嘉年华等，为他们提供个性化成长的渠道。与此同时，学校还坚持多方协同的共治逻辑，尊重社会、学校、学生、家长等多元主体的地位，坚持多元主体“全面参与”“协商对话”的评价理念，推动多元主体共同参与科学教育评价。

无独有偶，长安镇第二小学也采用了类似的评价方式。为解决传统评价体系不适用于新兴科技融合教育这一难题，学校创建了“1+X”评价模式，其中“1”指传统笔试，“X”指针对学科点的技能操作试、口试、低

年级游考、项目式考核完成情况等相结合，综合评价学生的学习效果。

值得一提的是，该校还探索建立学生科学教育学分制，试点开发“互联网+学生科学素质评价系统”，采取积分与星级制度客观评价学生科学素质。同时，通过设立“小小科学家”“校长科学创新奖”“年度科技创新人物”等荣誉称号激励优秀学生，并存档记录，通过评价推动学生科学素质提升。

▶ 科技助力，大力推动评价体系数智化

完善科学素质评价体系不仅能发挥其育人导向的作用，引导学生沿着正确的学习路径前进，同时也通过评价反馈机制，为教育实践提供持续改进的依据。而现代化信息技术的飞速发展，则为这一目标的实现提供了强有力的技术支持。越来越多的学校投入评价体系数字化的探索之中。

信息技术的应用使评价过程更加高效和精准。以茶山中学为例，该校携手科大讯飞共同开发并逐步建立了融合信息技术的数字化教育评价改革系统。这一系统利用先进的大数据分析、人工智能算法等技术手段，实现了对学生学习数据的精准采集、实时分析与反馈，教师也可以借此系统及时了解学生的学习状态与潜能，调整教学策略，使教育评价更加科学、高效且个性化。

教学数据的即时反馈，在当下的课堂中就能及时生效。而经过对无数个课堂、作业、实践等方面的数据采集，学生的学术表现和各项科学素养等就能得到更为全面和细致的评估。这种全过程的评价方式，有助于及时发现和解决教育过程中的问题，促进学生的全面发展。

“灵动少年智能评价系统”是寮步镇河滨小学在大数据背景下构建的科学评价体系。这一系统的开发淘汰了原有的“灵动少年成长评价手册”，使评价手段从纸质登记转向智能化生成。据了解，它能根据学生不同年级的年龄特点，制定低、中、高三个年级不同的评价标签，对学生进行全员、全过程、全方位、多层次、伴随式采集的数据记录，动态生成学生个人成长雷达图等可视化图表，呈现学生各大领域的发展状况，并在期末智能化生成每位学生的个性化综合评价报告。

□ 黄江镇第二小学的智能车对抗赛

与此类似，谢岗中学将评价模型与学校办学理念深度结合，建设起了“兼善少年成长评价”系统。借助多端互联与数据智能技术，该系统能实现数据的全面互通与互联，清晰展现科学教育过程及学生成长历程。同时，该系统将“可视化”作为信息技术与科学教育深度融合的核心策略，通过构建将学生在各年级科学教育方面的学习情况纵向评价的可视化数据体系，为学生发展提供合适的轨迹的同时，也为学校的教育教学提供科学的决策依据，从而推动教育教学从经验型向科学化逐步转变。

从评价维度的丰富，到评价方式的创新，再到数字化的应用，更为全面、多元、精准的学生科学素养评价体系正在一个个东莞校园中“破土萌生”。随着评价体系的完善，我们有理由相信，未来东莞学子们将能够在一个更加开放、包容和富有挑战性的环境中成长，在多维度的评价中激发出自身更多的创新潜能。

第三节

实验室软硬件双提升，彰显东莞科学教育“加速度”

实验室作为科学实践与科普体验的重要场所，是科学教育的主阵地。

实验室建设是教育装备建设的关键环节，更是东莞市学校标准化建设的核心组成部分。它直接支撑着学校科学教育活动的开展、国家课程体系的完善以及创新人才的培养。为全面推进科学教育，实验室建设必须先行一步，实现全覆盖，并满足科学教育的全面需求，甚至适度超前布局。

2023年2月20日，东莞市教育局发布《关于推进我市普通中小学校科学类实验室建设全覆盖的通知》，正式拉开全面推进实验室建设的序幕。截至2023年12月底，全市公办中小学校已完成194间科学类实验室的升级改造，并新建171间，总计365间，实现公办中小学科学类实验室全覆盖。一年时间，东莞以约3000万元的财政投入，新建、改扩建365间实验室，展现了教育先行、创新驱动的“东莞速度”。

系列举措不仅体现了东莞对科学教育的高度重视，更彰显了其在教育领域的创新精神与高效执行力。通过实验室的全覆盖建设，东莞为科学教育的全面推进奠定了坚实基础，也为培养未来创新人才提供了有力支撑。

▶ 三个标准引领，推进中小学探究实验室建设

为加快推进中小学科学类探究实验室全覆盖，东莞市政府将“实现公办中小学科学类探究实验室全覆盖”列为2023年主要工作目标，并将其纳入市政府十件民生实事项目，同时写入《2023年各镇街推动基础教育高质量发展任务书》，确保政策落地实施。

“实现公办中小学科学类探究实验室全覆盖”的目标是要求全市各公办普通中学、小学至少配置一间科学类实验室（或探究实验空间）。对于尚未建设的学校，需根据相关指引在2023年内按标准完成建设；已建成的学校则需对照指引，结合自身办学条件、特色和教育教学需求，进行配置升级。园区、镇（街道）及市直属学校需通过多种形式筹措资金，加快科学类探究实验室的建设步伐，确保2023年全市公办中小学至少建设或完善1间科学类探究实验室，并计划在2025年实现全市公、民办中小学校科学类探究实验室的全覆盖。

为进一步规范实验室建设，东莞市教育局于2023年2月正式印发《东莞市普通中小学科学类实验室建设指引（试行）》，推出“标配版”“适配版”“高配版”三个建设标准指引。其中，“标配版”旨在满足科学类课程实施的基本实验需求，列出了必须配置的基本教学设施设备及实验仪器清单；“适配版”则是在标配版的基础上，为有条件学校提供更高要求的配置清单；“高配版”即创客类探究实验空间，旨在推进东莞中小学科技创新教育实践活动，培养学生的创新精神和实践能力，为全面提升学生的核心素养而提出的建设参考方案。

该指引涵盖了小学、初中、高中三个学段的45种科学类实验室或器材

□ 东莞市第十一中学的创客实验室

场室的配置清单，为全市中小学校实验室建设提供了科学依据。各学校可根据自身办学条件、特色和教育教学需求，选择适合的建设版本，遵循“全面科学、均衡优质、因地制宜、适度超前”的原则，建设或升级科学类探究实验室。通过分层分类的标准化建设，东莞为中小学科学教育的全面提升奠定了坚实基础。

▶ 全方位布局，达成管理应用研究评价全覆盖

既加强建设，也做好应用。在推进科学类探究实验室建设全覆盖的同时，始终坚持“建设与应用并重”的原则，强调实验室的管理、应用、研究与评价的全覆盖。通过进一步完善科学实验教学体系，创新实验教学方式，规范实验教学实施，提升教师实验教学能力，保障实验教学条件，健全实验教学评价机制，并加强实验教学研究与探索。让科学类探究实验室不仅仅是硬件设施，而是真正成为学生培育探究精神的土壤、播撒创新种子的平台、点亮智慧之光的火焰。

自政策发布以来，茶山镇根据东莞市中小学校科学类探究实验室建设指引，全力推进公办义务教育学校科学类课程探究实验室全覆盖。据统计，茶山镇4所公办中小学共拥有科学类探究实验室43间，2023年完成改造

□ 茶山中学的实验室

15间、新建3间，并全部投入使用。值得一提的是，茶山镇不仅超前完成了全镇公、民办中小学校科学类探究实验室的全覆盖，还实现了专职科学教师的全面配备。

随着实验室建设的升级，茶山镇中小学校的科学实践活动更加丰富多彩。学校充分利用实验室的空间和硬件设施，培养学生的科学素养。通过打造科学实验室、科技教育体验馆、科技连廊等科学教育场所，开设科普名家大讲堂、科学探究与实践大赛、校园科技节等活动，茶山镇在丰富校园文化“软场景”中展现了实招，为学生提供了多元化的科学实践平台。

无独有偶，随着科学类探究实验室提质升级的完成，黄江镇中小学在科学类探究实验室提质升级的基础上，充分发挥实验室的科普教育资源优势，开展了多项集趣味性、知识性、娱乐性于一体的科普活动。例如，黄江镇第二小学将科技课程与课后服务相结合，开设航海模型、航空航天模型、智能机器人、善美泥塑软陶、乐高机械搭建等丰富多彩的“430课程”，培养学生创新能力、合作能力、动手能力和逻辑思维能力；黄江镇中心小学组建VEX IQ机器人、青秧·创客、水火箭、航空航天模型、少儿科幻画、图形化编程队等11个科技活动社团，为学生搭建多样化的科技活动平台；黄江镇长龙小学则以航空航天为特色，成立了科技小组，举办

□ 莞城中心小学的模拟飞行课程

了50米水火箭打靶、手掷飞机直线距离赛、木牛流马竞速等活动，激发学生对科技的兴趣，锻炼他们的观察能力和动手能力。这些丰富多彩的课程和活动，不仅让学生在轻松玩乐中感受科学的魅力，还真正实现了寓教于乐、寓学于趣，助力“双减”政策的落实，进一步激励青少年崇尚科学、热爱科学。

科学类探究实验室的建设是基础，而科学课程的有效开展离不开教师的专业能力。为了加强中小学科学教师队伍建设，推动科学教育高质量发展，高埗镇采取了一系列组合拳措施：从培养到引进，“强专业”与“扩规模”并行，增加师资的有效供给；通过“精准化培训”与“公—民联研”并举，构建在职小学科学教师的专业发展支持体系，全面提升教师的实验教学能力。

东莞各镇街通过“硬件+软件”双管齐下的方式，不仅建好了科学类探究实验室，更充分用好这些资源，培养学生的探究精神，提升学生的科学核心素养，为营造良好的科学教育生态贡献力量。这一系列举措展现了东莞在科学教育领域的创新实践与卓越成效。

▶ 借智能化场室，助力实验教学数字化发展

当前，“鼓励运用新技术、新方法、新材料，探索数字化设备、器材在实验教学中的应用”“探索人工智能与数字化赋能科学教育”等理念，已被写入《东莞市全国中小学科学教育实验区建设实施方案》。东莞通过智能化场室建设，充分利用数字化资源，进一步提升中小学实验教学的开展频次和扩大学生覆盖面，推动科学教育向数字化、智能化方向发展。

东莞市茶山镇第二小学（简称“茶山二小”）在党支部书记、校长张茂良的带领下，开启学校“科学兴校”的发展之路。其中，数字化手段和工具成为学校科学教育的重要法宝。茶山二小充分利用国家、省市的科学教育数字化资源，引入虚拟仿真实验，从课堂入手改变师生“教”与“学”的方式，探索数字化赋能科学教育的创新路径。

茶山二小科学科组长刘美霞以电路图设计为例，分析虚拟实验教学的优势。在传统教学中，教师需先指导学生绘制电路图，再由学生动手操

□ 凤岗镇的学生在进行无人机竞赛

作；而借助数字化平台，教师可以直接在电脑屏幕上绘制电路图，并通过小灯泡的点亮实时验证电路是否成功。刘美霞表示："虚拟实验教学的高度互动性和可视化特点，不仅可提高课堂效率，还能激发学生的学习兴趣和积极性。"她强调，传统实验教学注重实物操作和感官体验，而"虚拟实验+传统实验"的协同教学模式，实现了课堂的优势互补，既培养了学生的实践能力，又提升了科学思维的训练效果。

依托科学实验室和虚拟仿真实验的助推，茶山二小的科学教学从感性走向理性，学生的科学思维锻炼更加可视化。学校通过数字化赋能科学教育，探索出一条薄弱校实现"弯道超车"的成功道路。2024年10月，茶山二小成功入选广东省首批中小学科学教育示范校。

茶山二小的探索历程，是东莞推动科学教育数字化建设的一个缩影。近年来，东莞市教育局大力推动数字化教学资源和实验室建设，通过数字技术融合小学科学实验，由全市统一提供虚拟仿真实验资源，为学生打造虚实结合的探究学习环境。

大朗镇黄草朗小学科学教师陈桂芳对此深有体会。以往，她只能通过文字和语言向学生描述实验流程和操作环节，学生难以形成直观、感性的认知。如今，学校引入数字化实验教学资源，帮助教师开展立体化教学。陈桂芳在课堂上以生活现象导入教学，通过视频与现场实操相结合的方式，演示实验操作流程。她表示：“学生边看边学，能够更清晰地了解实验原理和操作步骤，学习积极性显著提高。”

深入推进全市公、民办中小学校科学类探究实验室全覆盖，进一步发挥教育数字化的优势，东莞着力构建人人、时时、处处的科学教育新体系，让广大学生乘“数字化快车”奔向科学殿堂，为科学教育的未来发展注入强劲动力。

第四节

开展“科普430”服务，锻造专业课后教育内容

2024年7月，120余件真实海洋动物标本从大连出发，历经3000千米的长途跋涉，安全抵达东莞科学馆。当月12日，“哇！鲨鱼”寻鲨探秘科普展在东莞科学馆盛大开展，让学生深入了解海洋生态与鲨鱼这一神秘物种，为他们带来了一场海洋奇观体验。

该活动是东莞市教育局、东莞市科学技术协会等多部门联合主办的主题展，同时也是东莞推进“科普430”课后服务课程建设的缩影。为进一步落实“双减”政策，在教育“双减”中做好科学教育加法，自2023年以来，东莞利用“430”课后服务的时间培养中小学生科学素养、创新精神和

□ 东莞科学馆开展“哇！鲨鱼”寻鲨探秘科普展

实践能力，将科学教育与课后服务结合，开展形式多样、丰富多彩的“科普430”课后服务。值得一提的是，“推动公办中小学‘科普430’实现全覆盖”还入选东莞市2024年民生实事项目。

聚力课后服务，筑牢科学教育重要阵地

课后服务作为学校教育的组成部分（延伸环节），是彰显办学特色、落实全面育人要求、满足学生多样化学习需求的重要举措。根据《关于进一步减轻义务教育阶段学生作业负担和校外培训负担的意见》要求，各地积极推进课后服务体系建设：一方面通过“430”课后服务切实减轻家庭教育负担；另一方面着力完善特殊教育服务体系，为有特殊需求的学生（包括残疾儿童等群体）提供个性化支持，推动优质教育资源均衡配置，真正实现“让每个孩子都能享有公平而有质量的教育”目标。

近年来，东莞积极推进“430”服务，除了组织学生完成作业、加强面批讲解等，还结合实际开发文艺、体育、劳动、阅读、兴趣小组及社团活动，探索课后服务“5+2”模式。目前，东莞义务教育校内课后服务已经实现两个“全覆盖”，课后服务质量全面提升。

而东莞对“430”课后服务的探索不止于此，2023年3月，东莞率先发布《推进中小学科学教育实施方案》（简称“《实施方案》”）五项20条举措，其中就包括开展“科普430”课后服务。

科学教育对培养创新人才至关重要，也是实现我国高水平科技自立自强的重要基础。而科学教育的第一步，就是激发孩子的好奇心，“科普430”课后服务将科学教育和“430”课后服务相结合，利用“430”课后服务的时间培养学生科学素养、创新精神和实践能力，提高中小学生的科学素养和强化其科学技能，扩展其科学视野，促进他们对科学的兴趣和热爱。

那么如何落实推进？《实施方案》提出，探索建设全市中小学科普课程资源清单，遴选一批规范、成熟的科普课程，推荐给学校选用；加强科普教育课程研发指导，开发特色多样的科普校本课程，建设一批“科普430”课后服务示范校；学校加强学生科技社团和科普类兴趣小组建设，

□ 塘厦第二初级中学的学生参与水中机器人制作及下水实验

联合科学馆、科技馆、青少年活动中心、少年宫等社会资源，丰富“科普430”课后服务的形式与内容；充分发挥学生家长等社会各界人士的作用，组建“科普讲师团”，为科普教育提供菜单式服务；鼓励非学科类校外培训机构等社会组织参与提供科普教育课后服务等，将“430”课后服务打造成为科学教育的重要阵地。

▶ 依托特色课程，打造课后服务全新样态

在“双减”背景下，“科普430”课后服务课程有了更广阔的空间。东莞各镇街（园区）、各学校在《实施方案》的基础上，从课程建设出发，将科普教育与传统教育相融合，以更优质、更丰富的课程满足学生多样的兴趣爱好需求，培养学生的动手能力、合作能力、逻辑思维能力和创新能力。

提起编程，大多数人都认为是枯燥乏味的。石龙镇实验小学则以科普、思维为方向，开创C++“慧编程”创新型课程，该课程以C++编程语言为载体，从数学逻辑出发，以“程序与算法”为导向，完美地将数学与编程结合起来，加强学生数学建模能力启蒙，培养他们的计算思维。同时，课程还注重培养学生的创新思维和团队协作能力，为学生未来的学习和生

□ 莞城和阳小学探索的“科普 430”课后服务项目课程：乐趣自然——自然生态探究课程

活发展打下坚实的基础，培养未来创新型拔尖人才。

走出去，与大自然来个“亲密”接触，这是莞城和阳小学探索的“科普430”课后服务项目课程：乐趣自然——自然生态探究课程。包括校园内的和阳小院种植课程、趣味观鸟课程、生态特色课程，校外的莞城生态环境教育实践基地课程、自然生态拓展课程。通过有趣的课程活动，引导学生对人与自身、人与他人及人与自然的和谐共生关系有更加深刻的认识和理解，了解人与自然和谐共生的理念，形成生态文明意识和生态文明价值观。

与莞城和阳小学一样，中堂镇中心小学也引导学生回归自然、欣赏自然和融入自然，丰富学生对自然事物的认知，培养他们健康的生活方式和生态文明素养，开设了“绿韵自然”自然科学类课后服务项目。近三年，学生参加自然手绘、自然观察笔记、环保知识竞赛等活动已获奖50多项。

寮步镇香城小学的“慧创人工智能”科普430项目、茶山第二小学的童创未来—少年科学院课后服务科普项目、企石镇中心小学的秋枫创客空间项目……至今，形式多样的“科普430”课后服务项目层出不穷，学生们可以根据自己的需求进行选择，真正地参与到科学科技教育课程中。

值得一提的是，为发挥示范引领作用，积极推广先进经验，东莞市教育局已组织开展市第一批课后服务示范校及示范项目评选活动，重点打造了具有特色的“科普430”课后服务示范项目32项和课后服务优秀科普课程案例143个。

整合各方资源，开展丰富科普教育实践

打开科学教育场域边界，以资源融通激活新动能。为让学生能更近距离接触科学、了解科学，“科普430”课后服务有了越来越多新的“打开方式”。依托科学馆、科技馆、青少年活动中心、少年宫等社会资源，东莞充分发挥学生家长及社会各界人士的作用，组建“科普讲师团”，为科普教育提供菜单式服务。

一方面，推动科普资源“请进来”。以黄江镇为例，2023年6月，在黄江镇科技公园城市展厅开馆一周年之际，国际欧亚科学院院士、广东省“特支计划”教学名师张新长以及广东省科学技术协会科普部部长吴仕高等一批科技领域的院士专家受邀走进黄江校园，为师生提供优质的科普教育资源。

□ 2023年6月13日，黄江镇举行院士专家科普进校园暨庆祝黄江镇科技公园城市展厅开馆一周年系列活动启动仪式

当天，“院士专家科普进校园”主题活动在黄江镇实验小学同步举办。报告会上，张新长以《实景三维、数字孪生与元宇宙赋能新型智慧城市建设》为题，充分利用寓教于乐、深入浅出的讲述方法，通过一个个鲜活的案例，带领学生畅想智慧城市的迷人之处。

另一方面，鼓励实践活动“走出去”。就在2023年12月28日，由东莞市科学技术协会、东莞市教育局主办的“神奇校车——探索未知世界”主题展览正式发车。展览以神奇校车冒险之旅为背景，让同学们“穿越”回恐龙时代的史前森林，探寻恐龙灭绝的秘密，通过“虫洞”回到现代，考古恐龙化石；化身小蜜蜂，进入“放大版花丛”，了解蜜蜂的一生……让同学们在趣味互动过程中，激发科学好奇心。

半年后，一场以鲨鱼为主题的科普展在东莞科学馆展出，展品均为真实的海洋动物标本，不仅可以展现外形，并且能够通过展示内部各器官结构揭示该物种延续至今的原因，同时以“裸展”的陈列方式面向观众，让参观者能够近距离“接触”每一条鲨鱼。

一场场别开生面、生动有趣的科普教育活动，让学生们在校内校外“零距离”感受科技魅力，激发了学生们探索科学奥秘的兴趣。接下来，东莞将继续深化科普教育阵地建设，整合高精尖资源，提升科普效能。加快科技资源科普化步伐，促进科研与科普相结合，充分利用现有的大科学装置、科研机构、高等院校和科技场馆等面向公众开展科普教育。同时，举办丰富的科技创新活动，掀起全民科技创新浪潮，针对各类群体举办形式多样的科普活动，吸引民众参与，感受科学的魅力，提高全民科学素养。

【案例】

打开脑洞的东莞“科普430”

“科普430”课后服务，着力在课程、师资、资源、形式上进行创新，使授课团队更专业、课程资源更丰富、活动形式更新颖，激发青少年好奇心、想象力、探求欲，持续增强群众获得感。比如根据办学特色，结合学生兴趣，开设创客机器人、趣味软件编程、人工智能、创新发明家、自然科学实验等课程；比如加强专兼职科普队伍建设，发挥学生家长等社会各界人士的作用，组建“科普讲师团”；比如探索建立全市中小学科学教育课程资源推荐清单，推动科学馆、科技馆、少年宫、博物馆进行馆校联动；比如丰富课后服务形式，使动手实践、探究实践、交流体验成为课后服务活动常态，将“430”课后服务打造成为科学教育的重要阵地。

东莞市中小学校开展的各类“科普430”课程，类型丰富、各具特色、创意十足，每一次课堂都是一次脑洞大开的过程。通过不断探索“科普430”课后服务新形式、新样态，持续在教育“双减”中做好科学教育加法。

镇街案例

塘厦镇：构建“读写创讲”教学新样态

为积极响应东莞市“科技创新+先进制造”城市特色，加快实施创新驱动发展战略，近年来塘厦镇教育管理中心高度重视中小学科学教育，围绕东莞市加快教育现代化“品质教育”的核心战略，以课堂教学为中心，打造“读写创讲”科技类社团教学新样态，全面推进科学教育，在全镇营造科学教育浓厚氛围。

其中，“读写创讲”教学新样态包括：“读”——科普知识阅读，“写”——写科学日记、工程笔记，“创”——创造发明、创意设计、创新

□ 塘厦镇学生参加科学教育活动

思维、探究实践，“讲”——讲科学家故事、科普知识讲解、作品分享等。通过“读写”不断积累，实现“创讲”的飞跃，推进科技与文化的全方位育人模式。

课程方面，塘厦镇立足新课程标准，创新课堂教学。镇内各校开设了丰富多彩的特色课程，例如机器人、人工智能、3D打印、编程、航空航天、无人机等。

活动方面，塘厦镇坚持每年开展“四大”科学教育活动：全国科普日活动、中小学生科技节、科学实验操作测评、科技创新大赛。以活动促进科学教育的发展，推动校际的交流。

项目方面，每校打造一个科技品牌重点项目，以重点项目带动学校科技教育的发展。如第二初级中学的水中机器人、中心小学的人工智能等。

经过不断探索和实践，科学教育成效初显。近年来，塘厦镇教育管理中心积极组织学校师生参加各级各类科技竞赛活动，取得了优异成绩。近五年获国家级奖10多项、省级奖40多项、市级奖100多项。塘厦镇教育管理中心先后被评为广东省青少年科技活动优秀组织单位、东莞市信息化教学实验镇、东莞市中小学科技教育活动优秀组织镇街，连续六年获评“东莞市青少年科技创新大赛优秀组织单位”。

学校案例

莞城中心小学：“一讲六模块”“430”科学课程体系

莞城中心小学将科学教育作为推进课后“430”服务工作的重要抓手，坚持以“科学驱动”为导向，努力探索校本课程特色化，搭建整体框架，建构课程体系，整合学校、社会和家庭教育资源，探索实践“一讲六模块”“430”科学课程体系。

“一讲”即每月开展一期“科学家大讲堂”活动，实现高端科普教育人人参与；“六模块”是指推进多维立体科学课程建设，包括学校科学教师主导的“何镜堂”少年科学院“研究型社团科学课程”、科学馆、科技馆等提供的“展示型体验科学课程”、社会科研机构提供的“实验型项目科学课程”、研学旅行机构合作的“浸润型科学游学课程”、家委会开展的家校共建“活动型生活科学课程”和“430”合作机构提供的“兴趣型实践科学课程”，共六大模块，100多项课程内容。

□ 莞城中心小学

在一堂课里，“430”教师将自学质疑、精讲点拨、拓展延伸、矫正反馈、互动探究和实践应用六个教学模块结合起来，激发学生的学习热情，加强他们对知识和技能的掌握，促进他们的思维和创造力的发展。

此外，该课程体系还采用教务全程跟踪的方式，对学生的学习情况进行监测和评估，确保学生能够取得最佳的学习效果。

中堂镇中心小学：“绿韵自然”回归自然、融入自然

孔子曰：“多识于鸟兽草木之名。”其意思是让学生亲近自然，格物致知，涵养性情。当今的孩子接触大自然活动较少，容易引发各种生理和心理的问题。为了引导少年儿童回归自然、欣赏自然和融入自然，丰富学生的自然科普知识，培养健康的生活方式和生态文明素养，中堂镇中心小学开设了“绿韵自然”自然科学类课后服务项目。

一、基地建设。学校建自然科普实践基地，里面有螺旋花园、鸟浴池、昆虫屋、探究性植物牌等，便于学生开展自然观察活动。

二、课程开发。学校对全校的综合实践活动、科学、美术教师进行自然观察的培训，再组建团队进行活动课程的开发，编写校本活动材料。

三、活动开展。导师带领学生观察校园中花草树木、昆虫飞鸟，并运用自然观察笔记、自然手绘等方式记录观察所得。

□ 中堂镇中心小学

植物探秘：使用“形色”“花伴侣”等App识别常见的植物，在观察中认识“蜜腺地图”等植物知识，探索植物与环境的关系。

昆虫王国：认识校园中常见的昆虫，如食蚜蝇、蚂蚁、玉带凤蝶、甲虫等校园常见的昆虫。

飞羽精灵：认识校园周边常见的鸟儿，开展护鸟爱鸟行动。

创意物化：通过自然观察笔记、自然手绘等创新的方式记录观察所得。开展草木染、制作观鸟屋等实践活动。

生态调查：利用所学的知识，开展校园的生物多样性调查，如植物种类调查、候鸟调查、蝴蝶观察，并开展维护生物多样性的教育。

四、活动成果。通过本活动课程，丰富了学生们对自然事物的认知，建立生态的世界观，发展创新能力，促进核心素养的发展。近三年，学生参加自然手绘、自然观察笔记、环保知识竞赛、观鸟等自然科普、环保生态类的活动，获奖50多项，如连续五年获东莞市观鸟比赛一等奖。2023年9月，在松山湖举行的东莞市中小学生科技节活动中，展示绿韵自然社团的草木染活动项目。

松山湖北区学校：引入优质教育资源搭建科学教育平台

东莞市松山湖北区学校在科学普及教育方面展现出了高度的重视与创新精神，通过积极推行“科普430”课后服务活动计划，成功搭建了一个集校内资源与校外支持于一体的科普教育平台，为学生提供了丰富多样的科学探索机会。

“科普430”课后服务活动计划不仅覆盖了物理、化学、生物等基础科学领域，还大胆尝试跨学科融合，鼓励非科学类学科教师参与，将艺术与科技、文学与科学史等巧妙结合，为学生呈现了一个多维度、立体化的科学世界。这种创新的教学模式不仅拓宽了学生的知识视野，更激发了他们对科学的浓厚兴趣与探索欲望。

在具体实施层面，学校内部科学教师团队的积极参与确保了科普项目的专业性与针对性。同时，通过与有资质、实力强大的校外科技机构合作，学校成功引入了更多优质的教育资源，进一步丰富了课程内容，提升

□ 松山湖北区学校

了教学质量。每周20余门的科普课程，每一门都经过精心设计，既注重理论知识的传授，又强调动手实践能力的培养，为学生提供了从课堂到课外、从理论到实践的无缝衔接。

“科普430”课后服务活动凭借其丰富的内容、灵活的形式以及广泛的参与度，在提升学生科学素养、促进学生全面发展方面取得了显著成效。学生们在课后时段能够深入探究自己感兴趣的科学领域，不仅增长了知识，更培养了创新思维和实践能力。

第四章

为新质生产力注入创新人才动能

核心提示

随着新一轮科技革命和产业变革不断深入，拔尖创新人才培养对国家经济社会发展的战略作用日益凸显。党的二十大报告提出，要全面提高人才自主培养质量，着力造就拔尖创新人才。这也是培育和发展新质生产力的决定因素。

东莞地处粤港澳大湾区核心区位，是支撑粤港澳大湾区建设国际科技创新中心的“种子选手”，也是建设粤港澳大湾区高水平人才高地重要支点城市之一。实现拔尖创新人才自主培育，是东莞持续擦亮“科技创新+先进制造”城市底色，在“双万城市”高质量发展的新起点上继续争先进位的关键支撑。

推进教育、科技、人才“三位一体”协同融合发展，以科学教育赋能拔尖创新人才自主培育，东莞已经开始破局。《东莞市全国中小学科学教育实验区建设实施方案》明确，实施拔尖创新人才培养行动，探索拔尖创新人才贯通培养路径，构建联合培养拔尖创新人才模式，建设“东莞少年科学院”。

“破局”需先“破题”：如何实现拔尖创新人才培养的连续性、系统性和长效性？“破题”还需“破界”：如何整合资源打通壁垒，为拔尖创新人才培养创造更大空间？以推进拔尖创新人才培养行动为抓手，东莞正在尝试蹚出一条有效路径。

第一节

贯通路径，优化拔尖创新人才早期培养

在2024年3月9日举行的第十四届全国人民代表大会第二次会议民生主题记者会上，教育部部长怀进鹏提到，在培养拔尖创新人才中，要从发现、选拔、培养和评价全过程中来理解和推进，要在不同学段中实现全过程的人才培养，要加强在基础教育阶段与高等教育有效衔接，进一步构建学段衔接的拔尖创新人才培养机制和培养体系。

北京师范大学教育学部教授周海涛曾在《中国教育报》一篇报道中表示，教育活动具有连续性，人在每一阶段的培养效果，都受到前一阶段培养基础的影响，从人智能养成的累积性规律和人发展的逻辑性来看，拔尖创新人才的培养尤其需要具有连贯性。

目前来看，幼小阶段普遍重视科学启蒙教育，具备“播科育苗”的意识，不少初中学校也在通过初高贯通课程、特长培育等探索与高中对接的路径，更有众多高中对标高校强基计划、学科竞赛等培养拔尖创新学生，但这些实践多显碎片化，尚不能满足贯通化衔接培养拔尖创新人才的要求。

□ 专家就《东莞市基础教育拔尖创新人才培养实施意见》进行论证

□ 调研组与东莞市中小学公、民办学校代表进行座谈

东莞如何寻求这一命题的解法？2023年2月起，东莞市教育局通过文献梳理、实地调研、访谈、问卷调研等方式，开展了基础教育拔尖创新人才培养路径调研，并形成详尽报告（简称“调研报告”）。2023年底，经过征集意见和专家、学校代表多番论证，市教育局制定了《东莞市基础教育拔尖创新人才培养实施意见》（简称“《实施意见》”），为东莞市中小学校积极开展拔尖创新人才培养提供指导。贯通拔尖创新人才培养路径的方向与方法，在思考与行动中逐渐明晰。

打通学段壁垒，推动中小幼纵向贯通

调研报告指出，东莞各个学校都分布有拔尖创新人才，但学段学校变换之后，培养难以持续，主要原因在于贯通培养机制还不够健全。其中有两个突出问题：首先，由于招生制度限制，在小学阶段所培养的学生可能进不了理想的初中，初中培养的学生也可能进不了理想的高中，而其他学校却未必能够对学生的专长进行继续培养，致使针对拔尖创新人才培养的通道难以打通；其次，校内段际沟通匮乏，集团校、完全中学、十二年一贯制学校贯通培养体制不全，不同学段各有教学任务，各段际教师难以形成贯通培养合力，从而使拔尖创新人才培养中断。

对此，《实施意见》在“强化中小学贯通培养”中明确：利用集团化办学、联合办学等方式，探索推动小初高接力培养，构建小初高纵向贯通的大育人格局。及早发现有发展潜质、特殊才能的学生，及时开展定制式、个性化培养，探索拔尖创新人才培养绿色通道，将该类学生送入适合其发展的小学、初中、高中。同时，依托一贯制学校、集团化办学、联盟学校等市内教育协作共同体，探索“M—N—1”联合培养模式（即M所小学—N所初中—1所高中），加强不同学段间的教研交流，促使小初高学段教学衔接和人才接力培养。

《实施意见》还强调加强与高校培养的衔接，建立中学与高校协同培养机制，将基础学科人才选拔工作前移。鼓励中学参加高校组织的夏（冬）令营、体验营、校园开放周等活动；鼓励中学与高校建立联合培养关系，在课程建设、教师队伍建设等方面形成共同体，共同促进拔尖创新

□ 茶山中学教育集团发挥小初贯通联动优势，建设了九年一贯制课程序列

人才发展；鼓励中学成立指导团队，选定特色学科领域先行发展，联合高校遴选具有拔尖特质的优秀学生，开展共享实验设施设备、共建科学教育课程等合作项目。

加强不同学段的有效衔接，课程是关键。《实施意见》围绕创新人才培养机制，鼓励学校为拔尖学生构建多元多维个性化课程培养体系，增加选修课种类和数量，试行灵活的课程选修、免修、缓修制度，允许学生超前学习衔接课程。所构建的拔尖创新人才培养课程体系可包括浓缩课程、拓展课程、特需课程。第一，对常规课程进行精简化处理，利用浓缩课程开启加速培养模式，让部分具有拔尖创新潜力的学生能够有机会超前学习；第二，在常规课程之外开设数学、物理、化学、生物学、信息技术、STEM等特色课程，通过必修课、研究性课程学习以及科创活动、学科竞赛等方式，培养学生的实践能力和创新精神；第三，建立特需课程形成导师引领制度，鼓励学校聘请科研院所、高校的专业人士、科研人员等担任学生导师，为学生提供个性化指导。

此外，东莞还强化幼儿园和小学深度合作，在学前教育阶段积极推进科学保教和课程游戏化建设，开展、总结和推广试点经验，构建完善学前教育游戏化课程体系和幼小衔接机制。如大岭山镇就将科学教育作为学前教育重要特色品牌深入推动，以科学领域为切入口，着眼于幼儿科学探究和数学认知的培养，建立了一套可复制的幼儿园科学教育游戏化课程体系，制定标准化的游戏化课程方案，包含科学教育的核心要点、游戏元素的融入方式、教学方法和评估标准，确保在全镇范围内实施的课程具有一致性和高质量。

▶ 镇校积极探路，全要素链接有机整体

如前文所言，培养拔尖创新人才要从发现、选拔、培养和评价全过程推进。这当中，如何科学地识别和选拔人才进行培养，是研究拔尖创新人才培养路径的首要问题；建立健全拔尖创新人才评价体系，则有利于提升贯通培养的持久性和有效性。这在《实施意见》中亦有指引，例如学校可将学生自主申报和教师推荐相结合，着重评估学生在创新项目报告、科研成果等方面的才能与潜质，筛选出具有拔尖创新潜力的学生参加选拔性测试考核；探索实行开放式、非标准化考核方式，强调过程性评价，综合运用观察、交流、测验、动手操作、作品成果记录等多种手段，建立拔尖学生成长档案，健全拔尖学生长周期评价服务机制。

在基础教育阶段培养拔尖创新人才，绝不是单打独斗或各自为政的行为，而是需要一以贯之、层层递进、全面发力。事实上，针对拔尖创新人才培养的衔接与贯通，东莞的镇街和学校都已在积极探索。

□ 松山湖积极构建全域协同育人大格局

“对科学兴趣的引导和培养要从娃娃抓起”，作为全市基础教育高质量发展的先行区，松山湖科技产业园区构建起包含各中小学特色的科学课程、其他学科课程、“430”课程、活动课程的全课程体系，包含面向所有学生的普及型课程、面向部分学生的拓展型课程、面向特需学生的拔尖型课程和面向特长生的荣誉类课程体系，并按规律开展科学教育全学段贯通培养，通过幼小衔接、集团化办学、少年科学院等，打破理念壁垒、学段壁垒和年龄壁垒，构建幼儿园、小学、初中、高中至大学的全过程科学教育育人培养模式，形成“学—师—教—资—评—研”六要素构建科学教育有机整体。

普通高中作为国民教育体系承上启下的重要阶段，是拔尖创新人才

□ 2023 年 12 月 7 日，东莞中学特色班“镜堂班”“容庚班”授牌仪式举行，中国工程院院士、东莞中学 1956 届校友何镜堂向学校授牌

□ 东莞中学松山湖学校开设了“人工智能的跨学科应用”校本课程

早期培养的关键时期。东莞中学组建拔尖创新人才培养“镜堂班”“容庚班”，申报学科自主招生试点学校；依托“北京大学博雅人才共育基地”“清华大学基础学科拔尖创新人才大学—中学衔接培养基地”等基地建设，发挥大学—中学衔接培养作用；依托集团化办学探索小学、初中基地学校模式，探索形成“小—初—高”贯通培养模式；开发、完善“初级课程—中级课程—思维能力拓展课程—竞赛冲刺集训”的拔尖创新人才培养课程体系，打造拔尖创新人才培养师资团队，形成拔尖创新人才培养路径。东莞中学松山湖学校将高水平人文、数理和信息自主招生和部分中考优秀学生编成人文拔尖创新班（以诚书院）和数理拔尖创新班（以真书院），按照强基类和学科竞赛类两大类进行分类培养，以导师制、研修制、小班制、贯通制培养人文数理拔尖创新人才；作为广东省首批新课程新教材实施的省级示范校，学校制定了校本化的实施方案，建立了分层分类分项的课程群。东莞市第八高级中学制定了航天航空人才培养三年规划，构建了航空航天拔尖创新型人才培养的“三阶三类”校本课程体系，并通过组织机制、三维课程、培养路径、多元评价等途径使八中航空航天拔尖创新人才培养项目规划落地。

第二节

借势借力，科创资源赋能人才联合培养

在中国教育科学研究院提供的智库和专家团队支持下，东莞松山湖未来学校设立了大学先修、合作培养等多样态课程群，其特设的“院士课程”由两院院士全程、全面、全方位指导学生开展学科拓展、融合探究、科研创造等。此外，学校先后与清华大学研究生院、北京大学东莞光电研究院等达成多项办学合作项目，与香港科技大学、南方科技大学等高校共同探索“中学—大学”拔尖创新人才培养模式，推动新工科育人理念在中学落地。

这是东莞中小学校探索拔尖创新人才联合培养的一个缩影。

拔尖创新人才培养是一项关涉教育、科技、产业等的复杂系统工程。在基础教育阶段，中小学的主要任务是从事教育教学，在科学教育领域更多的是基础性的兴趣引导触发，而高层次的发现探究则需要较多地借助外部资源。与高等院校、科研机构、科技企业等多方力量合作，无疑能极大促进科研成果向中小学教学资源的转化，让中小学生得以参与科学创新与产出的现实互动与协同，既拓宽了拔尖创新人才培养的渠道，也提高了拔尖创新人才培养的质量和效率。

作为粤港澳大湾区重要节点城市，当前，东莞正积极推进中国散裂中子源、松山湖材料实验室、大湾区大学和香港城市大学（东莞）建设，形成了大科学装置、大科研平台和高校院所的集聚态势，并拥有华为、大疆、步步高、OPPO、小天才等超9000家国家高新技术企业。独特的区位优势和雄厚的科创资源，正在为拔尖创新人才联合培养注入磅礴动能。

▶ “大手牵小手”，在莞高校发挥科教优势

2024年，“东莞理工学院服务支撑东莞高质量发展专项行动”全面启动实施，开展包括“人才培养行动计划”在内的六大行动计划。2024年4月，东莞理工学院与7家企业、协会签署战略合作框架协议，与27家单位签订实践教学基地协议，进一步深化校企合作；10月，该校和中国科学院工程热物理研究所联合创办的“吴仲华班”开班，每年将在学校能源动力、动力工程及工程热物理等相关学科专业遴选研究生，开展校所联合培养。作为东莞第一所高校，多年来东莞理工学院坚持走“应用研究型”特色发展路径，不断推进产学研融合，为东莞乃至大湾区发展培养并输送拔尖创新人才。

高校作为科技创新的策源地，不仅拥有丰富的人力和智力资源，还拥有图书馆、科技馆、高水平实验设施设备等学术研究资源，在培养青少年的科学创新意识方面具有巨大的先天优势。在东莞深入探索科学教育实施有效途径和人才培养创新模式的过程中，在莞高校的科教资源优势也在向中小学输入。

“中学阶段与本科阶段相辅相成，在不同的阶段要给予不同的确定

□ 2024 年 4 月 12 日，东莞理工学院服务支撑东莞高质量发展专项行动“人才培养行动计划”系列活动之一在松山湖校区举行（温家烨　摄）

□ 2023年5月29日，东莞中学松山湖学校与广东医科大学、东莞理工学院举行拔尖创新人才培养“高中—高校”共建启动仪式

性、稳定性和变量，中学阶段对学生兴趣、习惯、信心和梦想的培养尤为重要。”东莞理工学院党委副书记、校长马宏伟认为，人才培养要把坐标轴拉长，考虑学生终身发展，这样才能更好地看清教育发展的本质。2023年5月，东莞中学松山湖学校携手广东医科大学、东莞理工学院启动拔尖创新人才“高中—高校”共建共育，马宏伟受聘为东莞中学松山湖学校“拔尖创新人才培养工程”专家组首席顾问。他表示，东莞理工学院将通过“双高”建设模式给学生一个新的想象空间。

作为这场联动中的另一双“大手”，广东医科大学自2002年创办东莞校区以来，与本地中小学校的互动日趋频繁。例如，广东医科大学多次派出专家教授团队到莞城和阳小学，指导该校中草药课程建设，两校共同开展中草药文化课题研究，开发中医药文化活动课程。与东莞中学松山湖学校开展“双高”共建，在广东医科大学党委书记、校长卢景辉看来是一个很好的协同育人机制，既是教育改革发展的要求，也是建设创新型国家的需要。“培养人才是一个长期工程，需要从基础教育抓起。”卢景辉表示，广东医科大学将为“双高”协同育人提供师资、实验室、研究项目带动引领等支持。

□ 2024 年 9 月，香港城市大学（东莞）开学，新高校将为东莞带来更多科教资源

随着更多高校落地东莞，科教资源亦在不断加码。2024年9月，香港城市大学（东莞）开学，东莞拥有了一所世界100强高校。此前，东莞中学已与高校签订协议，双方共建国际优才生源基地、拔尖创新人才联合培养中心，将以普及讲座、教练团队交流、线上课程等形式进行深度交流与合作，构建完善基础学科拔尖创新人才培养体系。令人期待的大湾区大学开门迎新也指日可待，这所立足粤港澳大湾区，面向全中国，辐射全世界，以理工为主、精理强工的新型研究型大学，也承载着引领未来科技发展，为东莞乃至大湾区发展培育高端人才的使命。

▶ 主动“敞开门”，努力形成开放培养生态

除了高校，东莞还拥有中国散裂中子源、松山湖材料实验室、北京大学东莞光电研究院、东莞中山大学研究院、清华东莞创新中心等作为专职创新主体的多家科研机构，以及遍布镇街、数量众多的科技创新型企业，带来更加前沿、核心的科研创新资源。这几年，东莞不断整合优化科普教育资源，推进科教融汇，各中小学校也打开校门，利用自身地理优势链接

□ 莞城中心小学与东莞科学馆合作开发优质科普研学课程

□ 塘厦第二初级中学引进北大博士后傅胤荣教授一流技术和资源，打造水中机器人项目

高校、科研机构、科创企业等，多方协同探索构建开放型的拔尖创新人才培养生态。

莞城中心小学联动东莞科学馆、东莞市农业科学研究中心、溢星空科学实验室、中国科学院物理研究所等科研机构开展科普研学实践活动。其中，结合东莞科学馆的科普资源特色，根据教材选取重点核心科学概念深层开发研学项目，针对不同年龄段学生建立不同维度的优质科普研学课程体系，现开发的馆校合作课程达到了全校、全学期覆盖。南城商务区北部学校与东莞市青少年活动中心等单位结对，通过“请进来”“走出去”的方式，双向互动开展科普实践活动。

在学生的编程操控下，或黄或红的机械鱼宛若真鱼一样游动，摇头摆尾，转向灵活。塘厦第二初级中学引进北大博士后傅胤荣教授一流技术和资源，打造科创尖刀项目，开发水中机器人校本课程，参与2022年广东省中小学科技劳动教育实践活动成果推广暨2023年活动项目指导线上培训。东莞市第七高级中学“模拟飞行”特色校本课程，邀请国际宇航科学院何质彬等院士专家来校举办科普讲座，传播航空知识和航空文化，提高教师的理论水平和实操能力。

松山湖北区学校先后聘请中国科学院院士、松山湖材料实验室主任汪卫华和东莞市中国科学院云计算中心院长季统凯担任科普（科学）副校长，带领学生超5000人次近距离接触尖端科技。两位科普（科学）副校长还深入参与学校课程体系建设，指导学校科技校本课程开发，并邀请科技工作者来校开展科普讲座超过30余场。作为东莞首批人工智能应用实验学校，东莞滨海湾未来学校与华中师大人工智能教育学部签约“共建教育实习点”，共同推行人工智能教育，深度赋能人才培养。

东莞以制造业立市，人才培养是关键。依托丰厚的科创资源，东莞也将挖掘和培养拔尖创新人才的视野从中小学生拓展至全民，以激发更多创新潜能、提高全民创新能力，形成持续的创新驱动发展态势。一方面，加快科技资源科普化步伐，促进科研与科普相结合，充分利用现有的大科学装置、科研机构、高等院校和科技场馆，发挥重大科技基础设施等高端科研设施的面向公众开展科普教育功能；另一方面，通过组建东莞市科普讲师团，加强科普专业人才的培养和使用，推进科普智库建设。截至2024年年中已征集成员955人，其中院士11人，正高级及副高级职称成员450人。

第三节

筑梦未来，跟踪培养促小科学家成长

在2024年东莞市中小学生科技节上，有两拨学生格外令人瞩目，他们是东莞市首届中小学“十佳科创之星”和东莞市中小学生“好问题”大赛获奖者。中国科学院院士寄语勉励，教育名家与市领导现场颁奖，孩子们在台上闪闪发光，是“科创未来”的希望。

举办“好问题”大赛，旨在激发学生的好奇心与科学探索实践主动性，培养问题意识；认定“科创之星”，则是为了深度挖掘具有原始创新潜力的中小学生，促进中小学创新型人才脱颖而出。这是东莞在强化拔尖创新后备人才早期识别与选拔上的又一实践。不仅如此，结合“好问题”大赛和“科创之星”培育，东莞将进一步推进少年科学院实施，组织开展“小院士科学营”，探索拔尖创新后备人才的早期培养、贯通培养、集中培养和协同培养，形成富有东莞特色的拔尖创新后备人才培育机制。

事实上，成立“东莞少年科学院”的伏笔在三年前早已埋下。2021年，在市教育局等单位指导下，东莞市青少年活动中心创新开展了东莞“小院士峰会”暨科技创新后备人才培育活动，对有科学家潜质的青少年进行个性化培养，2024年该活动已迎来第三届。“小院士”的评选及跟踪培养也成为“东莞少年科学院”具体设想的重要内容之一，让“小科学家”们得以被发现，并更好地成长。

▶ 从选拔到深造，“小院士”塑造后备英才

2024年10月23日，第三届东莞“小院士峰会”暨科技创新后备人才培育活动启动报名，活动对象为有自主完成的创新发明、创意设计项目或研

□ 第二届东莞“小院士峰会”活动走进松山湖材料实验室

究论文的小学四年级以上（含职高）学生，近三年东莞市青少年科技创新大赛、青少年人工智能创新挑战赛、中小学电脑机器人竞赛、中小学学生信息科技创新大赛等比赛获奖者优先。经材料审核、现场答辩、创意展示等环节，活动将甄选出约100名有潜质、有研究成果的青少年入围，并从中选拔出约32名“小院士”培养对象。

沿袭前两届培养内容，以科技创新培训与探访高端科研场所为常规活动，分组研讨选拔、双师专项指导、少年科学论坛活动将穿插在其中进行，“小院士峰会”则是每届学员毕业、展示成果、表彰及招考的途径。其中，每学期学员将开展24—48课时的科技创新培训与8—12课时的研学内容。其中，科技创新培训以人工智能等热门高新领域为主，学习包括Python编程、机器学习、深度学习等内容，帮助学生掌握AI技术的核心知识。在研修过程中，学员以小组为单位进行学习，并在两位导师的专项指导下制作出小组研学报告，在少年科学论坛上进行汇报，以此来拓宽学生的科技视野及创新性思维。

这一模式自2021年启用即取得明显成效。首届活动吸引了50所学校近千人次参与，最终32名“小院士”培养对象形成了4份研学报告和22份科技创新作品，其中6个科技创新作品获得了当年东莞市科技创新大赛一等奖。

更重要的是，这些选拔出来的“小院士”培养对象，会被纳入东莞市青少年活动中心“小院士”研修班，开展至少为期一年的进阶学习。研修班采用“双师制”指导模式，通过聘请高校、科研院所专家、中小学名师担任导师，搭配青少年活动中心教师，常规化开展研究性学习活动，重点培养学员的科学家精神与创新能力，逐步建立科学、多元的发现和培育机制，向科技特色高中、重点大学输送科技后备英才。

2023年，在连续成功举办两届“小院士峰会”暨科技创新后备人才培

□ 2023 年东莞市中小学生科技节启动仪式上，中国科学院院士田刚为“小院士”科学营授旗

□ “小院士”培养对象在导师带领下开展项目式学习

□ “小院士”培养对象展示研学成果

育活动的基础上，东莞又创新启动了“小院士”科学营。以工业研学为主，30多名“小院士”培养对象分批次前往东莞先进制造代表企业开展研学活动，来自生物、信息技术、通用技术等不同学科领域的特级教师、学科带头人、教学能手等担任研学导师，为学员做开题指导、方法指导。两周时间内，学员们在研学导师的带领下深刻感受智能制造的魅力，体验科技创新的成果，通过头脑风暴、集思广益开展课题研究，形成了14份研学报告。

从发掘“好苗子”到系统化教学，再到项目式、跟踪式指导，“小院士”培育活动、研修班、科学营初步构建起科技创新后备人才的培养链条，也为成立“东莞少年科学院”打下坚实基础。

▶ 创新平台载体，“少年科学院”拓新致远

创新平台载体是培养创新人才、聚集创新资源的重要抓手，也是推动科技进步与创新的基础支撑。少年科学院就是向中小学生普及科技知识，培养科学意识、科学兴趣和科学精神的重要平台。国内不少城市如北京、上海、杭州、深圳、惠州都成立了少年科学院，近年来校级少年科学院更是层出不穷。

2023年发布的《东莞市推进中小学科学教育实施方案》中提到：推动校内外青少年科学院、青少年科技俱乐部、镇街（园区）少年宫建设，使

□ 东莞少年科学院（筹）召开工作研讨指导会

之成为“小小科学家”的孵化基地。是年9月举行的东莞首届中小学生科技节，启动“东莞少年科学院”项目被纳入系列活动。到了2024年，建设“东莞少年科学院”被正式写入《东莞市全国中小学科学教育实验区建设实施方案》，成为25条具体措施之一。

“东莞少年科学院”怎样建？会具备哪些功能？如何打开青少年通往科学未来的大门？尽管目前还在筹建当中，但青少年活动中心在三年前早已提出设想，我们可以从中管窥一二。

首先，在定位上，“东莞少年科学院”将团结在莞院士、科技专家、青少年科技教育工作者，构建良性的青少年科技教育生态圈，打造东莞市少年儿童科技体验乐园、科学普及窗口、科技研学实践基地，充分体现少年科学院对科技人才成长链的独特作用。

其次，在功能上，主要包括六个板块：一是青少年科技创新项目孵化，通过招考等方式将具有一定专业潜能的学生组建团队，聘请专家导师团进行系统性、专业性的知识培训，拓宽学生视野，提高综合能力，孵化少年科技创新团队；二是举办青少年科学论坛，致力于为东莞青少年建立科学与教育的多维连接，打造高品质的青少年科学表达平台；三是组织科技研学实践活动，通过探访科技场馆、科研实验室、科研企业等场所，在学科实践、劳动技能、社会实践、信息技术等各个方面带给学生丰富的实践体验，提高学生综合运用知识解决问题的能力、交流与合作的能力、创新意识与实践能力；四是实施少年小院士培养计划，并推荐参加中国少年科学院全国小院士评选，对其进行跟踪培养；五是建设科技教育资源平台，整合全市资源，吸引更多中小学校、科技企业参与到青少年科技教育中来；六是实施科学教师能力提升功能，依托专家导师团及社会资源，通过形式丰富的教研活动，全面提升东莞科学教师队伍的科学和教育素养，努力构建与教育发展相适应，满足教师终身学习需求的开放式、多元化的教师培训体系。

诚然，当下的科技进步与教育变革，给塑造未来人才带来源源不断的思考。随着科学教育实验区建设的持续深入，东莞在拔尖创新人才早期培养上势必有更多新的想法和举措，“东莞少年科学院”也在这样的期待中，被赋予更多想象空间。

第四节
竞赛激发，科创输出营造浓厚创新氛围

“基于GNNS公益共享交通与共享设备的安全教育科普宣传系统”“智能儿童车内安全监控与报警系统”“基于Kimi大模型与FunAsrChatts的AI非物质文化遗产戏剧院”……在由东莞市教育局、东莞市科学技术协会、东莞市科学技术局联合主办的2024年东莞市青少年科技创新大赛上，入围现场展评的400多项优秀作品主题丰富多彩，涉及人工智能、公益、环保、安

□ 东莞通过高质量组织科技竞赛活动，培养青少年创新意识和动手能力，激发学生创新意识

□ 2023年8月，第十八届中国研究生电子设计竞赛全国总决赛在东莞理工学院举行，这也是东莞大力推进中小学科学教育后承办的首场国家级科技竞赛

全、文化等热点话题，充分展现了选手们的科研潜质与创新精神。

围绕培养青少年的创新意识和动手能力，近年来，东莞通过高质量组织科技竞赛活动，不仅丰富了学生的课余生活，还为拔尖创新人才的培养提供了有力支持。这些活动通过多样化的竞赛形式、丰富的活动内容、广泛的参与度和专业的指导与支持，激发了学生的创新意识，提升了学生的科研能力，培养了学生的综合素质，并建立了长效培养机制，为东莞青少年科学教育从“知识输入”向“科创输出”转型发挥了重要作用。

以科技竞赛三大功能牵引核心驱动

东莞致力于探索科学教育的多元路径，以科技竞赛三大功能牵引核心驱动，为学生打造全方位的科学教育生态，即搭建多元实践平台、构筑专业支持体系、推动家校社协同，在科学教育领域走出了一条独具特色的发展之路，助力学生在科学的海洋中扬帆远航。

多元实践平台，激发创新潜能。2024年东莞市教育局公布的31项中小学科学教育系列科技竞赛活动，涵盖了智能机器人、无人机、航空航天模

□ 东莞致力于探索科学教育的多元路径，为学生打造全方位的科学教育生态

型、航海模型、车辆模型、建筑模型制作等多个领域以及数学、物理、化学、生物、信息科技等学科，这些不同类型的竞赛为学生提供了广阔的选择空间，满足了不同学生的兴趣和特长。例如，中小学学生信息科技创新大赛，引领学生走进数字世界，探索编程、人工智能等前沿技术的奥秘；中小学航空航天模型比赛，激发学生对浩瀚宇宙的向往，在制作与操控模型的过程中，感受航空航天的魅力；青少年科技创新大赛，鼓励学生从生活中发现问题，运用科学知识和创新思维提出解决方案，将创意转化为实际成果；“我是科学小达人”评选活动，以趣味化的方式引导学生展示科学知识，培养科学兴趣。

专业支持体系，护航科创成长。竞赛依托“市—镇—校”三级联动机制，扩大参与规模的同时提升质量——不仅提高了学生的参与度，也为优秀选手提供了更多展示平台，参与的学校和学生数量逐年增加，活动水平也越来越高。例如，作为东莞规模最大、层次最高、影响最广的学生信息素养提升活动，东莞市中小学学生信息科技创新大赛已成功举办24届，2024年活动共收到各镇街推选的各学段线上作品2399件，作品数量和质量都大幅度提高。

此外，通过强调专业指导与支持，不断巩固优质智力支撑，优化科学教育专业教师队伍建设。一方面，科技竞赛活动吸引了众多科技辅导员、

□ 航空航天模型比赛激发莞邑学子对浩瀚宇宙的向往

教练员共同参与，为他们提供了交流和提升的机会，有利于强化师资建设，培育一批本土优秀辅导员、教练员，锻造一支高素质、专业化的人才队伍；另一方面，活动邀请了众多专家学者进行评审和指导，确保竞赛的公平性和专业性。专家们不仅对参赛作品进行评审，还为学生提供现场指导，帮助师生整体提升科研能力和创新思维。

家校社协同，构建创新生态。科技竞赛不仅为学生提供展示舞台，更撬动学校、家庭与社会共同关注科学教育。通过竞赛，优秀学生可晋级省级、国家级赛事，与顶尖选手交流；学校将竞赛成果融入课程，推动教学改革；社会资源则为项目孵化提供支持。这种协同效应在东莞形成了“崇尚创新”的浓厚氛围，激励更多青少年投身科研实践。

从活动设计到长效育人打造实践路径

兴趣是最好的老师，科技竞赛能够激发学生对科学技术的浓厚兴趣。在参与竞赛的过程中，学生接触到各种新奇的科技项目和知识，被科学的魅力所吸引。这种内在兴趣的激发是培养拔尖创新人才的基础，它能够让学生主动投入学习和探索中，挖掘自身的潜力。科技竞赛正以其独特的魅力和影响力，点亮青少年的科技梦想。它不仅是成果展示，更是能力锤炼的过程；不仅是学生展示才华的舞台，更是培养创新人才的摇篮。

东莞通过以赛促学，强化学生综合能力的培养。参赛学生需综合运用学科知识，完成选题、调研、设计、验证全流程。例如，“智能儿童车内安全监控与报警系统”项目团队需掌握编程、传感器技术、用户需求分析等多领域技能。此类实践不仅提升科研能力，更培养团队协作、时间管理和抗压能力，为学生未来职业发展奠定基础。又以青少年科技创新大赛为例，学生们需要动手实验、制作模型、撰写研究报告，通过一系列实践活动，深入理解科学原理，锻炼动手能力和解决实际问题的能力。在竞赛中，学生还需要具备团队协作能力、沟通能力、问题解决能力等。例如，在航空航天模型比赛中，学生通常需要组成团队，分工合作完成模型的设计、制作和调试。在这个过程中，学生学会了如何与他人合作，发挥各自

□ 东莞科技竞赛覆盖小初高全学段，针对不同学段学生特点，设置差异化竞赛目标，形成阶梯式培养链条

的优势，共同解决遇到的问题。同时，竞赛还培养了学生的时间管理能力、抗压能力等，这些综合能力的提升对于学生未来的发展至关重要。

同时，针对不同学段学生特点，东莞设置差异化竞赛目标，分层设计，精准匹配需求活动。科技竞赛覆盖小初高全学段，小学阶段注重趣味启蒙，中学阶段深化科研能力，形成阶梯式培养链条。

◎小学阶段：以趣味性活动为主，如“我是科学小达人”评选，通过科普问答、小实验激发兴趣。

◎初中阶段：引入基础科研训练，如“好问题”大赛，引导学生从生活现象中提炼科学问题。

◎高中阶段：聚焦复杂项目实践，如基于AI的“非遗戏剧院”设计，培养创新思维与技术整合能力。

沿着阶梯式培养链条的思路，东莞特别注重成果孵化和长效培养。组织科技竞赛活动并不是“办完了事”，而是在竞争中激发创新活动，发现并培育具有原始创新潜力的优秀苗子。在这点上，东莞十分重视竞赛成果的巩固和孵化。以中小学生“好问题”大赛为例，最终评选出的“好问题”将提供给学校开展项目式学习、科学探秘活动、创新教育等的时候参考使用，同时对获奖学生小院士联合培养。对东莞市中小学“科创之星”建立成长档案，做好各阶段发展的动态跟踪管理，确保学生的持续发展。

此外，近年来东莞还在各类竞赛活动中充分应用数字技术，对竞赛的

□ 对东莞市中小学“科创之星”建立成长档案，确保学生的持续发展

□ 东莞中小学生“好问题”大赛为学校开展项目式学习、科学探秘活动和创新教育等提供丰富的参考主题

组织管理、竞赛过程、评审展示等各个环节进行数字化改造和创新，以提升竞赛的组织效率、公平性、观赏性以及影响力。例如，已举办四届的东莞市“我是科学小达人”活动，从发布活动信息到提交参赛作品，再到网络投票、评审打分、结果公示，均在线上完成，受到参与人员及公众的广泛认可。

《东莞市全国中小学科学教育实验区建设实施方案》明确提出，东莞将进一步推动中小学科技竞赛活动规范管理，发挥好科技竞赛活动的导向和示范作用，积极组织学生参加青少年科技创新大赛、创客嘉年华、模型比赛、“好问题”大赛等系列科技竞赛活动，积极申办省级、国家级科技

□ 在竞赛活动中融入爱国主义、集体主义教育，培养参赛莞邑学子的家国情怀

类竞赛活动。同时，在竞赛活动中融入爱国主义、集体主义教育，培养参赛学生的家国情怀，为学生未来投身科学事业夯实思想基础。相信在未来，东莞科技竞赛将继续发挥重要作用，培养出更多具有创新精神和实践能力的优秀人才，为东莞的科技创新发展注入源源不断的动力。

科技竞赛是点燃青少年科学梦想的火种，更是“科创输出”转型的关键引擎。东莞通过体系化设计、专业化支持与生态化协同，正将竞赛转化为创新人才培养的摇篮。未来，随着育人价值的深化与区域影响力的扩展，东莞有望为国家科技发展输送更多兼具创新精神与实践能力的生力军。

【案例】

“双新”背景下的东莞普通高中拔尖创新人才培养

拔尖创新人才培养虽然“阵地”在高等教育，但“大后方”在基础教育。普通高中作为基础教育的最高阶段和最后阶段，在拔尖创新人才早期培养上无疑要承担更多责任，有更多创新作为，夯实人才自主培养的质量基础。而普通高中新课程、新教材的实施，从教育理念、课程内容、教学方法、评价体系、师资建设、科研结合等各个维度，全面促进了新时代高中育人方式的变革，也为学校建立起拔尖创新人才脱颖而出、自然成长的环境，赋予了实践和改革的空间。

近年来，东莞不少普通高中对此进行了积极探索。以东莞中学、东莞中学松山湖学校、东莞松山湖未来学校的特色做法为例，来看这三所普通高中如何立足办学实际，在“双新”背景下推进拔尖创新人才早期培养。

东莞中学：打造“1339”科技教育课程体系

2022年11月，东莞中学站在建校120周年的新起点上制定未来行动方略，发布了学校高质量发展“1+1+8”行动计划，其中包括实施“东莞中学拔尖创新人才培养行动计划”，主要涵盖人才识别、贯通机制、课程建设、培养形式、资源支持、招生录取等六个方面。对此，学校设立东莞中学教育发展基金会拔尖人才培养专项，规范保障拔尖创新人才培养的师资、生源及培养方案顺利运行，对培养拔尖创新人才做出巨大贡献的教师、教练等给予强力支持，以实现拔尖人才培养可持续发展。

总体来看，东莞中学的拔尖创新人才培养尤其强调“支撑”和“资源”，以构建稳定有内涵的内生机制及优质可持续的外部助力。前者指的是健全的课程体系和创新的课堂教学评价制度，如学校打造“1339”科技教育课程体系——“1”核心：拔尖创新人才培养；“3”路径：学科融合、校本研发、活动设计；“3”特色：多学段贯通培养、多学科融合教学、多层级分类实施；“9”品牌：数理思维课程（镜堂班）、人文素养课程（容庚班）、科技创新课程、AI与机器人课程、航模与无线电测向课程、信息学课程、科技节系列活动、学生社团活动、博士科普讲坛活动。

其中，面向全体学生开设的必修课程，即“国家课程校本化”，通过“模块嵌入”和“主题式项目设计”将科技创新教育融入学科课程。面向学习兴趣高、主动性强的学生开设的活动课程，即“科技活动课程化”，通过学生社团、社会实践、研学旅行活动的课程化，让更多学生参与学习、实践和体验。面向具有一定知识和能力基础的学生开设的系列选修课程，即“品牌科技课程研发”，一是基于学生开展科技创新课题研究的过程，从“思维与技法”“项目设计”和“物联物化”三个板块进行科技创新基础课程内容开发；二是采用PBL教学方式，结合STEAM教育、活动课程等理念，对学校已有的科技类特色课程进行二次开发；三是根据场地、经

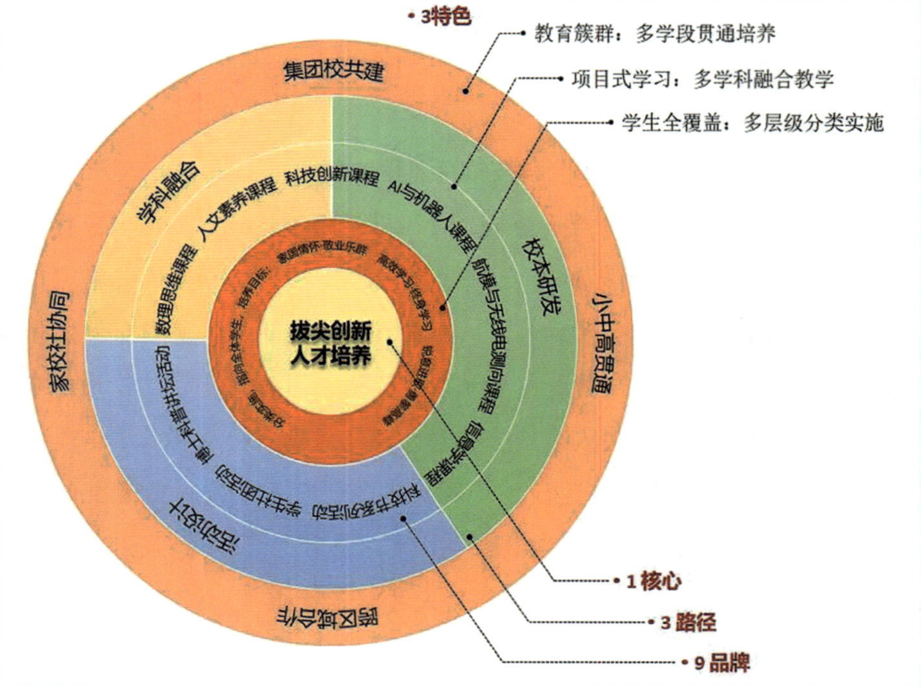

□ 东莞中学“1339”科技教育课程体系

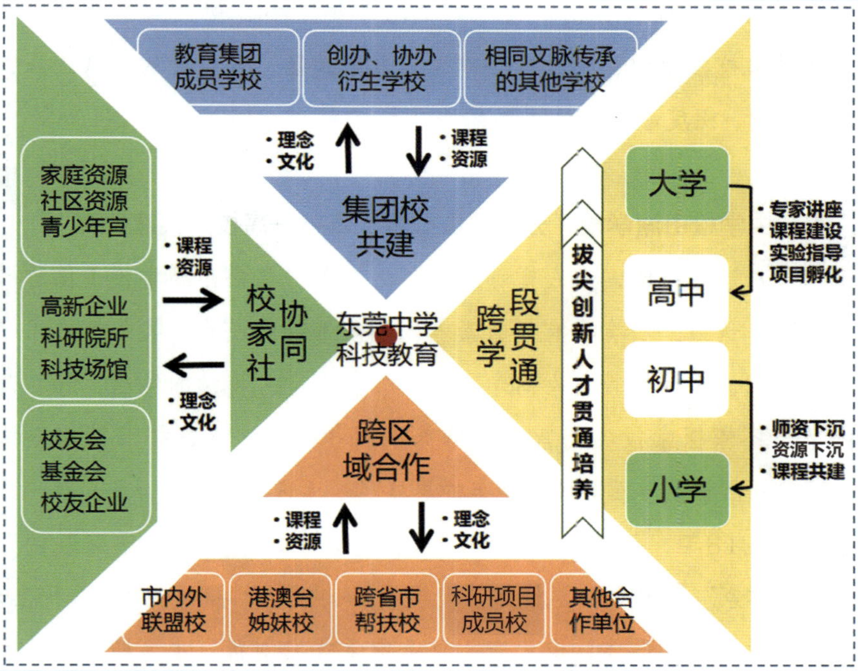

□ 东莞中学科技教育簇群

费、师资、生源等实际情况，引入较为成熟的企业课程资源，逐步实现校本化。

为强化数理特色、人文特色的拔尖创新人才培养，学校建立起“教学练测评”完备体系，结合新课程、新高考改革和选课走班管理，利用大数据分析系统，对学生的学业情况进行精准分析。

学校大力引进、培养拔尖创新人才的领军教师和奥赛学科金牌教练，由各学科主教练、学校领导及专务行政组成“竞赛部”。以此为基底，一方面，整合清华大学、北京大学等C9名校及前沿学科专业领域优质的拔尖人才培养课程资源；另一方面，鼓励并选拔学生参加清华大学、北京大学等C9名校的各学科夏令营、冬令营等活动。同时，作为全国首批北京大学博雅人才共育基地，推进多学科拔尖创新人才“中学—大学”衔接培养，探索“强基实验班”“竞赛行政班”的常规教学模式，推动竞赛培优课程化、常态化。

此外，学校坚持系统思维，创新性提出科技教育资源统整的路径——

“教育簇群”，以拔尖创新人才贯通培养统整小、初、高多学段科技课程，推动家校社协同、跨区域合作，引入多地区、多层次的教育资源，形成创新开放、深度融合的科技教育共同体。

东莞中学松山湖学校：分层递进探索“高中—高校”共建共育

“人人皆可资优，人人皆可拔尖”，东莞中学松山湖学校（简称“松湖莞中”）认为，所有具有创新素养的学生都可能成为拔尖创新人才。基于这一理念，学校把教育指向学生平衡、和谐、可持续的发展，并在此基础上坚持不懈探索拔尖创新人才培养机制和课程建设，按照面向全体学生、面向社团学生、面向拔尖学生的思路层层递进。

早在2018年，松湖莞中就与广东医科大学、东莞理工学院联动开展“未来科学家”培养项目，构建“大学导师+中学导师+研究生+本科生+中学生”五级学习共同体，成为东莞首个中学拔尖创新人才早期培养特色项目。至今，每年都有数十名中学生走进高校和研究所的实验室开展科学研究。近年来，通过携手中山大学、华南理工大学、广东医科大学、东莞理工学院，松湖莞中不断探索拔尖创新人才“高中—高校”共建共育机制，依托高校人力资源、实验室、研究课题等，持续注重课程研发与育人模式创新，完善拔尖创新人才的培养路径，打造“学术高中”特色。

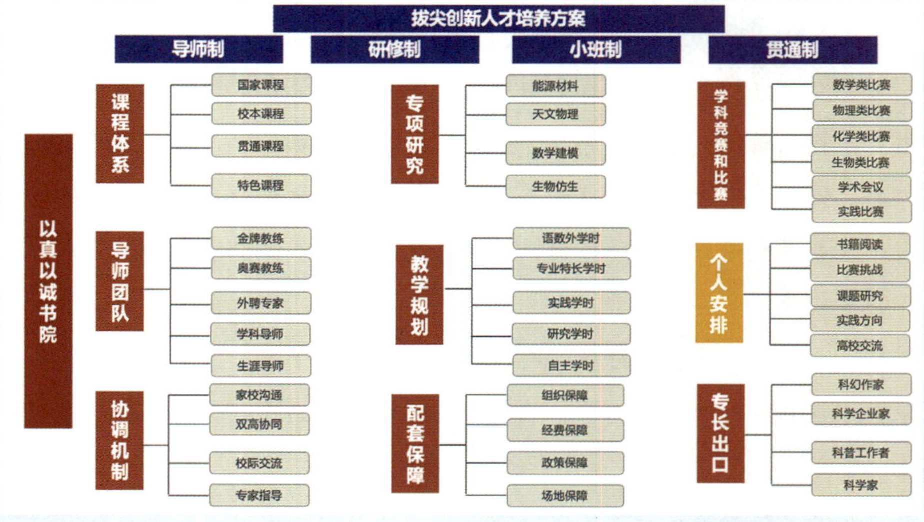

□ 松湖莞中拔尖创新人才培养方案

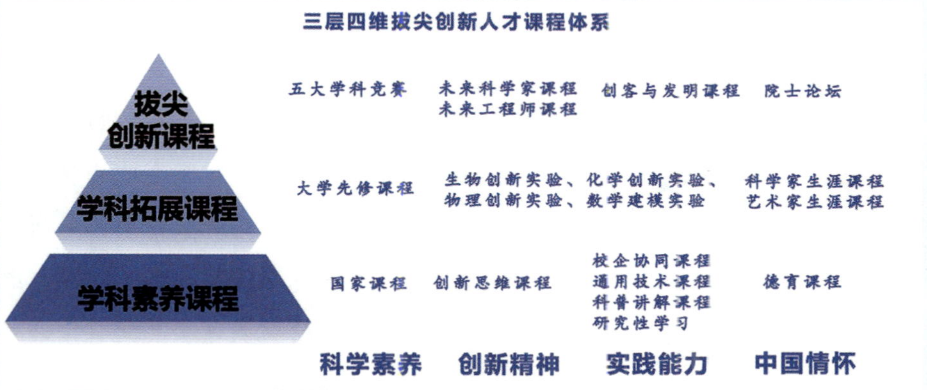

□ 松湖莞中“三层四维拔尖创新人才课程体系”

经过多年办学沉淀，松湖莞中已建立起“自主和谐，多元发展”的卓越校本课程体系，在新时期又积极打造“三层四维拔尖创新人才课程体系”，“三层”分为学科素养课程、学科拓展课程、拔尖创新课程，“四维”包括科学素养、创新精神、实践能力、中国情怀。对此，学校建设了80多间各类功能室，其中10间为STEM功能室，为拔尖创新人才培养完善教学实践条件。同时，学校还通过开展课题研究、举办校园活动、弘扬科学家精神等方式，为全体学生提升科学素养、培养创新精神创造良好氛围和广阔空间。

2023年，东莞首次在普通高中自主招生增加人文、数理类自主招生项目，完成高水平自主招生项目框架搭建，其中松湖莞中自主招生共招收26名高水平人文类学生和40名高水平数理类学生。为实施拔尖创新人才培养，学校通过“高中—高校”共建共育机制引入高校教授、博士担任导师，同时结合外聘国家级教练、本校博士工作站和资深教师，组建金牌竞赛团队。在课程设计上，则实现国家课程与校本课程有机结合、基础课程和拓展课程相辅相成、理论和实践融会贯通，拓展学生的学习广度和深度。此外，作为广东省首批实施新课程新教材的省级示范校，该校还制定了校本化的实施方案，建立了分层分类分项的课程群。

2024年初，以“为学以真　立身以诚”的校训命名，松湖莞中成立了“以真书院”“以诚书院”，整合学科竞赛、高中强基培优、初高中贯通、高水平社团等资源，以导师制、研修制、小班制、贯通制培养人文数理拔尖创新人才。为此，学校成立了书院拔尖创新人才培养专家委员会，实行校长负责制，由校内名师、校外专家以及部分家长、校友等共同组成。

立足两个书院的设立，一方面学校将开发与国家教材配套的学校拔尖创新人才培养先修校本课程以及学生测试评价体系，用好松山湖区域高校资源和科技信息平台，开展拔尖创新人才培养的综合研究；另一方面，继续注重课程研发，对接高校人力资源、实验室、研究课题，共同合作培养拔尖创新人才。

东莞松山湖未来学校：打开边界实现引领未来的融通培养

“未来教育是着眼于创新人才培养的教育。”作为东莞市委、市政府高位谋划创建的大湾区第一所未来学校实体校，以先进教育理念和创新的教育实践培养心怀家国、融通世界、引领未来的创新人才，是东莞松山湖未来学校（简称“莞未”）的使命。为此，学校聚焦“融创·未来”课程、“问学·未来”课堂、“发现·未来”评价，打开课程边界、课堂边界、教师边界、校园边界，同时以科学教育研究中心为阵地，做好科技教育和拔尖创新人才早期培养理论研究、政策研究、行动研究和实践研究，以课题推动行动，开创拔尖创新人才培育校本模式与路径。

首先，从课程领域解决跨界学习、融通培养的问题。在学校“创未来1+3+N”课程体系中，科学素养课程、场馆探究系列课程、科技社团课程是特色课程。其中，学校开设“射电望远镜”“机器人”“激光造物”等30多门科学主题校本课程，注重学生创新思维培养和创造技能训练；场馆探究系列校本课程充分利用未来展厅、天文博物馆、科技展厅、小天才科创实验室等场馆，提供情境化学习空间，让学生在解决问题的过程中激发探究科学内驱力；科技社团课程包括航模、车模、海模和创客社团等，注重培养学生探索欲和综合实践能力。

2022年10月，莞未成立“科创班”，邀请香港科技大学李泽湘教授及其团队共同开发实施实践课程。同时，学校开设“未来大讲坛”，邀请欧阳自远院士、张景中院士、汪卫华院士、武向平院士、袁锦昀院士等近十位院士进校为学子讲学；余旸、程贺、张书彦、李洪革、赖天树、杨斯崑

□ 莞未学生在松山湖材料实验室学习

等数十位科学家、专家为学生分享最前沿的科技。如今，高水平数理班、人文班、港澳班、奥赛班、强基班等也同科创班一样，邀请院士、名家、专家到校指导，为学生提供多元成才路径。

通过家校协同、校社协同、校企协同、盟校协同，学校构建了全方位协同育人的新样态。充分对接大湾区综合性国家科学中心（松山湖科学城）周边的大装置、大平台、大学府、大企业等高端资源，注重与国内外知名高校、企业和研发机构合作，构建研学课程，开展深度研学实践；与市科技馆、科学馆合作，定期举办科普进校园等活动；与清华等高校建立拔尖创新人才联合培养机制，支持学生参加清华大学、北京科技大学、东莞理工学院、松山湖材料实验室等高校、科研中心科学营，赋能学生成长。

□ 巴西科学院院士、莞未科普（科学）副校长袁锦昀（右一）与学生面对面交流

“问学·未来”课堂，是从转变学习方式的角度激发学生，解决个性化学习与创新思维发展的问题。学校基于脑科学学习理论，以学习者为中心，构建“问—学—创—评”的教学设计，贯彻就以生为本、以问启学、以学生问、合作探究、批判创新、技术赋能和多元评价的教学理念，强调呵护学生的好奇心和求知欲，培养学生的问题意识和创新精神。同时，打造基于全校师生的线上问学平台，为师生学习、交流、展示提供开放包容的新空间。

用好“指挥棒”，对拔尖创新人才早期培养具有关键意义。莞未在筹备之初就引入国内外教育智库，积极探索构建一套聚焦创新能力培养、大数据分析、学习行为证据支持的诊断性、发展性评价体系。经过四年的酝酿探索和近两年的学校实践，“发现·未来”学生素养评价系统1.0版本在2024年4月正式发布。这套系统以新版国家课程标准、21世纪核心素养5C模型为框架，借鉴国际先进评价理念及量规呈现方式，结合学校“三力”能力素养模型，形成了一套能力指标与课程任务及个性化学习证据的量规系统，从评价引领的角度为拔尖创新人才早期发现与多样化发展提供数据支持。

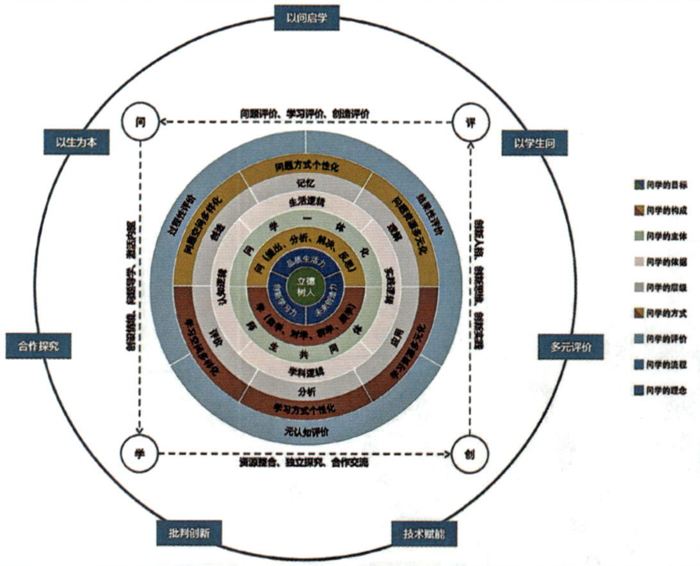

□ 以学习者为中心，莞未建立“问—学—创—评”一体化的“问学课堂”

【科创之星】

东莞市首届中小学“十佳科创之星”

在2024年东莞市中小学生科技节启动仪式上，东莞市首届中小学“十佳科创之星”名单公布。自2023年9月起，市教育局开展“科创之星”认定工作，申报对象为在指定竞赛活动名单及教育行政部门举办的科创类比赛中获得2023年省级一等奖及以上、国家级二等奖及以上的个人或排名前三的集体项目获奖者，2023年获得发明专利或实用新型专利的学生。经过组织发动和资格认定、材料评审、现场答辩三个阶段，共有269名学生符合认定条件，并经由科研专家、高校教授组成的评审团评选出“十佳科创之星”。

此项活动旨在对具有原始创新潜力的学生进行深度挖掘和主动筛选，促进东莞中小学创新型人才脱颖而出，培养更多拔尖创新人才。对评选出的“科创之星”将建立学生成长档案，做好学生各阶段发展的动态跟踪管理，同时聚焦学生的个体特长培育与全体学生的创新精神培育，发挥东莞的科技资源优势，整合多方面力量，实施科创人才的小初高贯通式培养。

姓名：吕金浩

原就读学校：东莞市嘉荣外国语学校

现就读学校：北京大学

科创荣誉：全国中学生物理竞赛一等奖（入选国家集训队）

自幼酷爱数学与自然科学。2022年高一获全国中学生物理竞赛（复赛）广东省一等奖。2023年高二获决赛一等奖，入选国家集训队，获清华大学、北京大学保送资格，且是东莞首位。同年9月获数学奥赛省二等奖。

科创格言：心有猛虎，细嗅蔷薇。

姓名：陈飞羽

原就读学校：东莞市松山湖实验中学

现就读学校：东莞市第六高级中学

科创荣誉：实用新型专利——《一种新能源热水器》

自幼对科技兴趣浓厚，小学参加学校航模车模社团，留学时受STEM课程启发，回国后积极参与科技项目，获东莞市科技创新大赛一等奖1项，拥有2项实用新型专利。其代表作“基于树莓派的语音识别与情绪分析系统”帮助缓解学生情绪问题。

科创格言：创新源于不断探索，突破源于勇敢尝试，唯有坚持与实践，才能迎接未来的无限可能。

姓名：邹心怡

原就读学校：东莞市长安镇实验小学

现就读学校：东莞市长安实验中学

科创荣誉：全国航空航天模型锦标赛第一名、全国青少年无人机大赛一等奖

对航空航天领域有着浓厚兴趣，同时凭借着出色的动手能力，在科创领域尤其是四轴无人机领域，屡获佳绩。在第七届全国青少年无人机大赛的团体赛和个人赛中均荣获一等奖，在全国航空航天模型锦标赛中夺得团体金牌，并被认定为无人机足球国家健将级运动员。

科创格言：勇于探索，敢于创新，让梦想在科技中起航。

姓名：邱麟靖

现就读学校：东莞松山湖未来学校

科创荣誉：实用新型专利——一种智能手表充电装置

一位充满热情的科技创新爱好者，发明了“智能手表万能充”等多款创新产品，并成功获得多项实用新型和发明专利。在多项科技竞赛中表现出色，荣获世界机器人大赛ENJOY AI赛项选拔赛省级一等奖，专注于探索更多创新的可能性，不断追求技术进步。

科创格言：在科技创新的道路上勇往直前，期待我的创新成果能够惠及他人！

姓名：郑健

原就读学校：东莞中学南城学校

现就读学校：东莞市虎门外语学校

科创荣誉：实用新型专利——一种新能源照明灯

掌握多种编程语言，多次参加青少年科创类赛事并获奖。参与开发了“智能废旧电池余能回收箱”“智能止鼾枕”“基于视觉识别的大货车后视镜”等作品。其中“智能废旧电池余能回收箱”项目获第九届全国青年科普创新实验暨作品大赛省赛一等奖，入围全国总决赛。

科创格言：突破边界，创造无限可能。

姓名：张钧皓

原就读学校：东莞市莞城步步高小学

现就读学校：东莞市可园中学

科创荣誉：全国师生信息素养提升实践活动创新之星

多次参与短视频和宣传片表演，并利用课余时间学习视频剪辑与编剧，主导制作的作品多次在全国及省市比赛中获奖。2023年他以自身故事制作的微视频《我的“大秘密”》代表广东省参加第二十四届全国师生信息素养提升实践活动，并荣获“创新之星”称号。

科创格言：路漫漫其修远兮，吾将上下而求索。

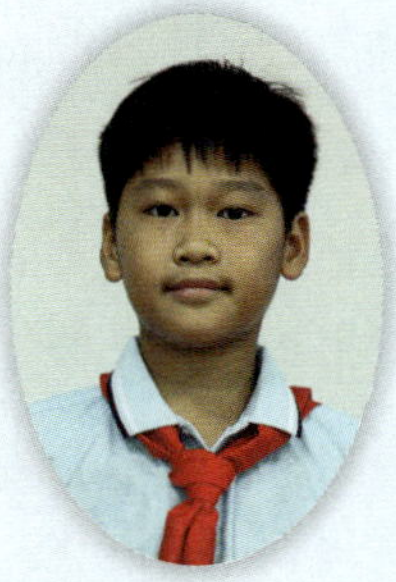

姓名：蔡颢然

现就读学校：东莞市长安镇第二小学

科创荣誉：2023年全国青少年航海模型教育竞赛总决赛一等奖

对科技模型满怀热爱。在全国青少年航海模型竞赛中连夺两项一等奖，在全国青少年无人机大赛（广东省）收获三等奖，东莞市赛拔得头筹。连续三年代表学校参赛，取得多个一、二等奖的好成绩，在智能设计活动中现场制作了承重300斤的纸凳子，彰显动手与创新能力。

科创格言：梦想不会发光，发光的是追梦的你我！

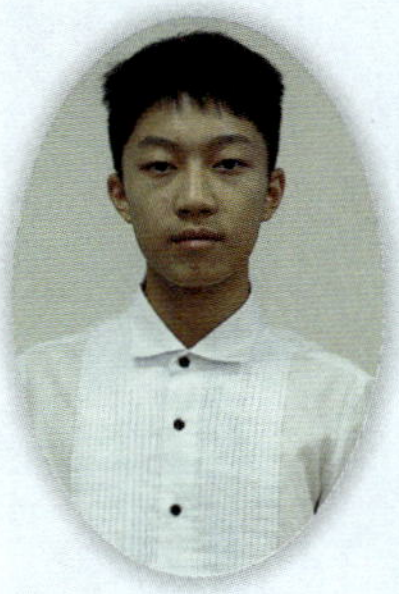

姓名：王子成

原就读学校：东莞市莞城中心小学

现就读学校：东莞松山湖未来学校

科创荣誉：2023年全国青少年车辆模型教育竞赛总决赛一等奖

沉浸在科技创新的海洋中，是一名心灵手巧的科技爱好者。在“驾驭未来”全国青少年车辆模型教育竞赛总决赛中荣获一等奖；参加广东省车辆模型锦标赛，获得1/16电动房车U12组团体金牌、1/16电动房车U12组亚军、1/10电动房车U12组二等奖。

科创格言：“想象力比知识更重要。”——爱因斯坦

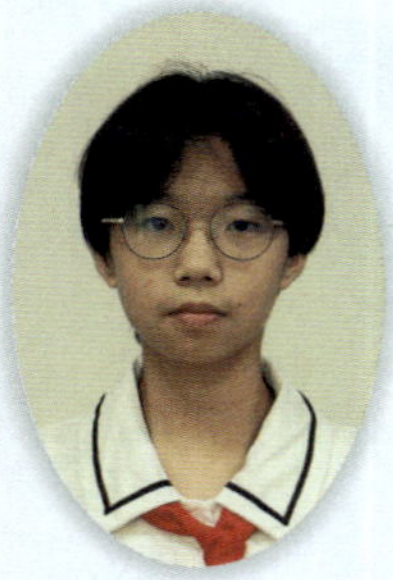

姓名： 陈叙君

原就读学校： 东莞市大朗镇实验小学

现就读学校： 东莞市大朗中学

科创荣誉： 2023年全国青少年航空航天模型教育竞赛活动一等奖

热爱科学和航空模型。2023年在“飞向北京·飞向太空”全国青少年航空航天模型教育竞赛活动，荣获手掷滑翔机直线距离飞行项目一等奖，并获初级橡筋动力飞机项目优胜奖。

科创格言： 科创的道路上，只有起点，没有终点，让我们一起探索未知，砥砺前行。

姓名： 李继铭

现就读学校： 东莞市东城旗峰学校

科创荣誉： 实用新型专利——一种新能源广告机

一位对科技创新充满热情的阳光学子。从小接触科创学习，掌握多项科创技能，通过了青少年编程教育四级测评。设计了多个作品，在东莞市多项科技赛事中荣获佳绩，目前已获得1项国家实用新型专利。

科创格言： 创造力最重要的不是发现前人未见的，而是在人人所见到的现象中想到前人所没有想到的。

第五章

锻造高素质专业化科学教师队伍

核心提示

在推进科学教育加法的宏伟蓝图中，教师队伍建设是核心支柱。东莞聚焦于此，全力出击，不断夯实科学教育的人才根基。

科普（科学）副校长制度成效初显。自2023年起，东莞近500所中小学聘任科学家、专家学者和工程师等担任科普（科学）副校长，引入资源提升学校科普水平。虽遇到了区域资源尚不均衡、时间难协调以及科普能力差异等问题，但仍持续探索解决，完善长效机制，推动科学教育发展。

市镇校三级教研体系不断健全。市级主导规划并提供政策保障，每年立项课题超50项，开展多元活动；镇级承上启下，落实政策、组织活动、协调资源；学校则强化实践教学、参与教研。各方协同，优化资源配置，全市持续举办赛事，各镇街、学校积极响应，实现三级活动全覆盖，促进教育纵深发展，提升师生能力。

高素质教师队伍建设稳步推进。东莞教育局多管齐下，计划五年培养大批教育人才。在教师培养上，落实编制、强化培训、完善荣誉体系；各镇街因地制宜，万江创新课堂、常平构建培养体系、石碣提升教学质量；整合资源，借科普（科学）副校长指导、校外科普基地与企业联动，提升教师专业素质，为科学教育筑牢师资保障，推动教育高质量前行。

第一节

东莞首创，让科学家培养未来的科学家

“生活中充满了各式各样的流体，如水、蜂蜜、挤出来的牙膏……事实上，看似普通的流体也有其神奇之处，例如柔软的口香糖能砸开椰子，黏黏的面糊能挡住飞来的子弹。”日前，一场别开生面的科学实验课在松山湖实验中学举行，学校科普（科学）副校长、松山湖材料实验室的尚宝双博士以“神奇的流体”为主题，通过课程演讲与互动实验相结合的方式，让同学们深入了解流体的性质分类、形成原理及实际应用。

科学教育是培养科技创新人才、提升全民科学素养、营造科学文化氛围的重要基础。科普（科学）副校长则在科学教育中发挥着桥梁与纽带的重要作用。2023年以来，东莞市的中小学校密集增设“新岗位”，科学

□ 东坑镇举行 2023 年全国科普日宣传活动暨科普（科学）副校长聘任仪式

家、高等院校和科研机构专家学者、企业工程师等科技工作者陆续上任，成为学校的科普（科学）副校长。

如今，科普（科学）副校长发挥专业所长，走进学校、走进课堂，为师生带来一场场科普盛宴；他们对接科学教育优质资源、深度参与学校科学教育、赋能学校科学课程设计；他们开展科学教师素养提升培训，为教师提供科学领域的新知识和新方法，更好地弘扬科学精神和科学家精神。

▶ 中小学校配备科普（科学）副校长

“如果我们不上去，永远不知道上面有什么。只有当你走到科学的最前沿，你才会知道原来世界是这样的。”2023年3月17日，中国科学院高能物理研究所特聘青年研究员、中国散裂中子源缪子加速器专家鲍煜为莞城中心小学的同学们带来主题科学讲座《中子、光子、缪子——大装置探索小世界》，带领学生探索神秘的微观世界。

就在前一天，东莞市推进中小学科学教育新闻发布会和“点亮”行动启动仪式在莞城中心小学举行。会上公布了东莞市第一批16所中小学校科普（科学）副校长名单，其中有科学家、高等院校和科研机构的专家学者、有来自企业的工程师等，都是来自各行各业的科技工作者。被聘任为莞城中心小学科普（科学）副校长的鲍煜名列其中，还有中国科学院院士、东莞市松山湖材料实验室主任汪卫华，北京大学计算机学院教授、大湾区大学（筹）教学负责人李晓明等在列。

科技发展日新月异，对科学教育也提出了新的要求。为着力打造东莞市中小学科学教育工作体系，推动中小学科学教育高质量发展，根据《东莞市推进中小学科学教育实施方案》，要求建立科普（科学）副校长制度，指导各中小学校配备科普（科学）副校长，深化教师科学素质提升工程。值得一提的是，该制度是东莞首创。

该方案提出，全市各中小学校配备科普（科学）副校长，可聘请科学家、高等院校和科研机构专家学者、企业工程师等科技工作者担任。建立学校与科普（科学）副校长的常态化联络机制，定期邀请科普（科学）副校长进校园，开展科学专题讲座、科学实践指导等活动。科普（科学）副

□ 学校科学副校长聘任仪式

校长为学校科学教育出谋划策，协助学校制定科学教育发展规划等。

在此之后，东莞中小学聘任科普（科学）副校长的节奏持续加快，一批科研人员、专家学者成为学校科学副校长。“当前，东莞已经有近500所中小学校聘请了科普（科学）副校长，一定程度上提升了各学校的科普工作专业化水平，对推动东莞市科技与社会发展的深度融合有着重要的作用。”东莞市教育局相关负责人说。

▶ 对接引入更多优质科学教育资源

专家学者参与中小学科学教育工作，举办科普讲座、报告会等是最为常见的科普教育形式。如今，拥有了科普（科学）副校长头衔的专家学者可以更好地发挥自身优势。科学家们直接参与到科学教育中，不仅能提供专业建议服务于学校发展，还能通过丰富的经验指导未来的科学家成长。

2023年，从事人工智能制造业多年的赖文峰被聘任为东坑镇首批科普（科学）副校长，这也是他第一次以讲师的身份，站上三尺讲台为中小学生们讲授科普知识。“当初我投身于人工智能行业，是因为我相信科技可以改变我们的生活，现在我站上讲台，也是希望用自己的微薄之力，将这份科技的力量传递给我们的下一代，从而加快实现我们整个民族的伟大复兴。”赖文峰如是说。

如今，东坑镇已聘任多名镇内高新企业的专业人才，进驻学校担任科普（科学）副校长，并组织开展各类科普教育活动，如“学生到企业研学”“科普（科学）副校长进校园”等，不断开阔学生视野，培养学生的科学素养，助力东坑镇创新人才建设和国家科普教育，为科技创新发展积蓄“少年动力”。

此外，东坑镇还探索科普（科学）副校长与学生创新沟通形式，镇教育管理中心开设科普（科学）副校长信箱，全镇中小学生均可给科普（科学）副校长写信。科普（科学）副校长收到后给予回信，及时解答学生的科学疑问，进一步拉近学生与科普（科学）副校长的距离，提升学生对科学的学习兴趣。

对接和引入更多优质科学教育资源，让好的科学教育资源“流动”起来。“同学们，耳穴按摩后你们有什么感受？”日前，农工党东莞市委会、广东医科大学的中医药科普志愿者们来到寮步镇香市小学、凫山小学，深入开展“南方草木状·我身边的本草世界”科教活动，通过中医药专家授课、外治法体验、中药材标本学习等多种形式，深入推进中医药文化进校园工作，让学生在亲身体验和实践中提升创新思维和科学素质。

“该活动能够走进校园，离不开广东医科大学教授、中药学博士、寮步香市小学特聘科普（科学）副校长闫冲教授的帮助，未来我们期待引入更多的科普教育资源，帮助师生更好地提升科学素养。”寮步香市小学相关负责人说。

经过近两年的积极探索，当前，科普（科学）副校长们“多点开花”，不断从“纸上文”成为“校中人”，与学校建立常态化联络，不定期走进校园，为师生提供多样化的科普活动和科普资源，让学生零距离感受科技的魅力，激励学生主动探究、深度学习、创新创造。

▶ 建立科学教育资源建设长效机制

中小学科学教育是一项战略工程，也是一项筑基工程。设立“科普（科学）副校长”作为推进科学教育的重要措施，已在莞邑大地逐步落地，但在实践中仍然存在一些具体问题，如部分科普（科学）副校长本身就有一些科研、教学任务，开展科普教育的时间较难平衡；部分科普（科学）副校长自身科研能力强，但不一定擅长做科普等。

真正做好科学教育加法，还要建立较为完善的长效运行机制，让科普（科学）副校长真正发挥其应有的作用。对此，东莞也制定了一系列措施。一方面，科普（科学）副校长参与学校科学教育发展整体规划，助力教师科学素养发展。学校邀请科普（科学）副校长指导教师明确科学教育的目标，制定本校特色的科学教育计划；通过组织培训、研讨、交流等方式，为教师提供科学领域的新知识和新方法；学校应加强科学教师与科普（科学）副校长的合作与交流，促进科学教师队伍专业水平的持续提升，共同推动科学教育的深入开展等。另一方面，科普（科学）副校长参与科学实践活动，对接校外优质科普资源。学校邀请科普（科学）副校长参与和指导科学实践活动，积极促进并协调社会各界资源，为学校引进包括高等院校、科研机构、高新技术企业、农业科技教育场所、科技馆、少年宫和博物馆等在内的高质量科普资源，共同推动科学类活动进校园，帮助学校营造浓厚的科学氛围，激发学生对科学的兴趣和热爱，从而更有效地开展科学教育。

当前，东莞在配置“科普（科学）副校长”的同时，也联动多个部门进行了更多的探索。比如东莞科学馆与全市各镇街科协、学校协同联动开展流动科技馆活动、中国散裂中子源公众科学日活动，组织了中小学生走进开放科普展厅、走进科学家工作的加速器中央控制室和做实验的靶站谱仪大厅，近距离了解大科学装置探索微观世界的奥秘；开展了自然笔记征集活动，让青少年儿童关注身边自然及生物多样性；东莞博物馆联盟“考古发现东莞”移动巡展开启，依托东莞70余年的考古成果，在东莞校园内生动再现了从远古时代到明清的莞邑历史，让高冷的考古学和历史知识走出课本，丰富多彩、形式多样的活动帮助学校营造了浓厚的科学氛围，激发学生对科学的兴趣和热爱。

正如中国科学院国家空间科学中心研究员、博士生导师、中国航天科普大使刘勇所言，科学教育是一个庞大的系统工程，在相关部门支持下，进一步完善规范化制度化建设，凝聚全社会力量，科学教育事业才能做得更好，走得更远。

第二节

同频共振，健全三级科学教育教研体系

2023年3月16日，东莞市推进中小学科学教育新闻发布会在莞城中心小学举行。会上，市教育局、市科技局、市科学技术协会联合发布《东莞市推进中小学科学教育实施方案》共20条举措，其中明确了要健全市镇校三级科学教育教研体系。

在东莞市莞城步步高小学的课室，一堂由石芷澄老师带来的生动有趣的课例展示——《制作会旋转的纸蜻蜓》正在进行。课堂上，石老师介绍了制作纸蜻蜓的过程，通过阅读图纸、使用剪刀、完成作品制作与测试等内容，让学生了解工程设计的基础知识。随后，来自石龙镇中心小学西湖学校的梁文艺老师带来课例《改进我的纸蜻蜓》。课堂上，梁文艺重点引导学生思考如何改进已有的纸蜻蜓，使其更结实、飞行特性更好。

两节课的教学，学生经历了“发现问题—设计方案—制作测试—评价反馈”的工程设计基本流程，进一步加深对结构与功能关系的理解，并提升了创新意识和解决问题的能力。这是东莞科学教育教研体系建设成果的一个缩影。

明确市镇校各级教育机构职责

教研制度是中国特色教育制度体系的重要组成部分，是我国基础教育的优良传统，是保障基础教育质量的重要支撑。长期以来，教研工作在推进课程改革、指导教学实践、促进教师发展、服务教育决策等方面发挥了十分重要的作用。

科学教育也是基础教育的一部分。为了全面提升科学教育质量，培养具有创新精神和实践能力的未来科技人才，构建健全的科学教育教研体系的重要性也日益凸显。

众所周知，东莞是中国为数不多的“直筒子市”。“直筒子市”是对未设县级行政区、直接管辖乡级行政区的地级市的俗称。面对此特殊性，在《东莞市推进中小学科学教育实施方案》中提出了健全市镇校三级科学教育教研体系。

在市镇校三级科学教育教研体系中，市级、镇级和学校各自承担着不同的职责。在市级层面上，政府及相关教育部门在科学教育发展中扮演着至关重要的角色，承担着制定科学教育发展规划的重任，明确未来一段时间内科学教育的目标、路径和措施，以确保科学教育的持续健康发展。同时，市级部门出台一系列政策，积极组织各类科学教育教研活动，为科学教育的实施提供了有力的政策保障和支持。此外，东莞提出每年立项科学教育专项课题不少于50项，组织开展了专项培训、技能大赛、“教师与科学家师徒结对”等活动。

镇级层面发挥承上启下的作用，落实市级科学教育政策，组织镇域内科学教育教研活动，协调镇内学校科学教育资源，打破学校之间的壁垒，

□ 东城街道 2024 年春季小学科学教育交流活动

实现资源共享和优势互补，进一步提升科学教育的整体效益。

在学校层面，教育一线工作者们肩负着具体实施科学教育课程的重要使命，他们致力于将理论知识与实践操作紧密结合，培养学生的科学素养和创新能力。因此，学校不断加强科学实验室的建设和管理，确保实验设备齐全、安全规范，为学生提供一个优良的实践探索环境。同时，还积极参与市、镇级的科学教育教研活动，与教师专家共同探讨科学教育的新理念、新方法，提升学校的教学质量，还能促进科学教育资源的共享和优势互补。

通过明确各级教育机构的职责，强化校际、区域间的协同合作，一个资源共享、优势互补、协同发展的科学教育格局正在逐步形成。2024年1月，东莞科学教育工作案例被评为全国优秀案例，成为广东省内唯一获此殊荣的地市。同年2月，东莞又被评为首批全国中小学科学教育实验区，为助力全国科学教育的开展先行探路，努力发挥示范引领作用。这一系列成绩的背后，是东莞市、镇、学校三级教育机构紧密协作、共同努力的结果，为全国范围内的科学教育实践树立了典范。

上下联动构成教学研究共同体

科学教育高质量发展是国家战略发展所需，被视为提升国家科技竞争力、培养科技创新人才、提升国民科学素养的重要基石，完善健全的教研体系是科学教育发展的支点。那么如何开展、怎么开展则成为市镇校三级探索的重点。

突出教育教学，夯实课程建设。构建多维立体的中小学科学教育课程方案是稳步推进科学教育部署的关键所在。在课程建设的赛道上，东莞各镇街（园区）积极行动。“我们采取分单元培训的方法把每册科学教材按照四个单元，分配两名中心教研组成员带头准备，分析教材的特点，提出一些教学建议，补充一些科学知识，每学期初教研会分年级开展培训，也为教师提供交流机会，把教学中碰到的问题集中讨论、解决，这样教师能充分理解教材、把握教材。”南城教育管理中心负责人介绍。

高质量科学教师队伍是实现中小学科学教育部署的第一资源，也是完善中小学科学教育部署的力量之源。以谢岗镇为例，通过课题引领、实抓

□ 企石镇中心小学科学教师实验技能与器材培训

培训、教学视导等方法积极推进小学科学教育工作，一年时间内实现了专职科学教师、科学实验室数量和质量方面的较大提升，并实现了市级立项课题的突破。与此同时，谢岗镇还不定期开展组织一系列促进教师专业成长的活动或比赛，提升学科教师专业素养和夯实学科基础知识。

此外，部分镇街、学校形成上下联动态势，建立科学教育资源库，整合优质课程资源、教学案例、实验设备等资源，实现资源共享。比如沙田镇通过教研员到各校进行视导并检查实验室建设情况，发现问题并研究改进措施，建立钉钉群和收集整理教学资源，开展镇内分组视导活动，充分锻炼了中心组成员的教学研讨能力；塘厦镇通过构建片区教研共同体、每周进校专题视导活动等形式开展学科教研，推动科普教育发展。

依托市、镇、校三级教研体系构成“教学研究共同体”，东莞构建了教学研究、教育研究、课程改革的新载体，打开新局面，不断推动东莞科学教育的高质量发展。

▸ 各级各类科学活动纵向全覆盖

纯手工水火箭一飞冲天，铁丝陀螺在桌面上飞速旋转，抛石机带着“武器”向城门进攻……2024年10月19日，东莞市青少年科技创新运动会

□ 2024 年 10 月 19 日，东莞市青少年科技创新运动会在东莞松山湖未来学校体育馆举行

在东莞松山湖未来学校体育馆举行，来自全市各镇街约1200名学子同台对抗，上演了一场智慧与创新的科创竞技大比拼。

据了解，此次活动的筹备细则、人员配置、材料明细全公开，致力于推动青少年科技创新运动会在各镇街（园区）、学校标准化复制，吸引更多师生参与，推动科学教育活动全方位、高质量开展。

近年来，东莞市持续开展各类品牌科技赛事活动，着力培养中小学生的创新意识、科学精神和实践能力，丰富校园科学教育文化。2023年5月12日，东莞市教育局发布《关于公布2023年东莞市中小学生科学教育系列科技竞赛活动名单的通知》，推出26项2023年东莞市中小学生科学教育系列科技竞赛活动名单，推动东莞市科技竞赛活动规范开展，打造“十大品牌赛事活动”，并联合市科技局、市科协等部门共同开展其他科技竞赛，大力推动科学教育活动内容更丰富、形式更多样，实现市镇校三级科学教育活动全覆盖。

在此背景下，东莞市各镇街（园区）、学校积极开展各类科技活动，积极组织师生参与各级科技赛事，在实际应用中不断丰富师生的实践能力和创新能力，有利于推动市镇校三级科学教育协同发展。

为推动中小学科学教育高质量发展，茶山镇举办了一系列科技活动，其中中小学生科学探究与实践大赛最为亮眼。该项赛事在省市科技创新大赛比赛项目的基础上，增设“青少年科技实践活动”项目，是学生在课外活动、研究性学习或社会实践活动中围绕某一科技主题或问题开展的具有一定科普教育意义的探究活动。通过举办镇级科学探究与实践大赛，茶山镇成功助力打造了镇、片区、市三级科技创新成果展示的平台，为师生们的科技创新提供动力。

在清溪镇，为推进科学教育特色发展，各学校以科学教育和个性化培育相结合为原则，立足学生科学核心素养的发展，以培育科学教育特色项目为抓手，将科学教育和学校的办学特色融合起来，以丰富的探究活动、多元的教学方式，把市、镇科学教育理念落到实处。

近年来塘厦镇高度重视中小学科学教育，围绕东莞市加快教育现代化“品质教育”核心战略，以课堂教学为中心，打造“读写创讲”科技类社团教学新样态，全面推进科学教育，在全镇营造科学教育浓厚氛围。此外，塘厦镇坚持每年开展四大科学教育活动：全国科普日活动、中小学生科技节、科学实验操作测评、科技创新大赛，以四大科学教育活动促进科学教育的发展，推动校际的交流。

市级引领、镇街推动、学校落实，东莞市通过持续开展各级各类科技活动，上下协同，纵向发展，逐步实现市镇校三级科学教育活动全覆盖。

第三节

落深落实，人才培养递进有序相互衔接

科学教师是推动科学教育的主力军，其素质和能力的高低决定了科学教育工作能否落深、落实。

为着力打造全市协同的中小学科学教育工作体系，推动东莞市中小学科学教育高质量发展，科学教师队伍建设，东莞市教育局制定了一系列创新举措。

东莞市作为国家级科学教育实验区，全域推进科学教育，东莞市教育局从教育教学方面在全学科推进科学教育，计划用5年时间培养30名基础教育领军人才、150名教育家型校长和教师、2500名卓越教师和300名未来名校长，评选550位名师、名校（园）长、名班主任工作室主持人，东莞市还开展了学科带头人和教学能手评选活动，从而搭建起递进有序、相互衔接的高层次人才培养体系。

除此之外，东莞市教育局教研室专门成立了科学教育工作小组，核心成员涵盖教研室主要领导及科学、数学、物理、化学、生物、地理、信息科技、通用技术、综合实践、劳动教育等各学科教研员和专门的科学教育轮值教研员，鼓励各镇街配备专兼职的科学教育教研员或辅导员。

截至2024年，东莞市已培养了五个批次教学能手和六个批次学科带头人。

综合施策完善教师培育评价体系

重教必先强师。东莞从教师配备、教师培训、教学研究（研训）、激励机制等方面综合施策，全面提升教师的科学教育素养及能力。

东莞市首先落实小学科学教师岗位编制，加强中小学实验员、各级教研部门科学教研员配备，逐步推动实现每所小学至少有1名具有理工类硕士学位的科学教师。加强兼职科学教师队伍建设，积极推动广大科技工作者、高校教师担任中小学科研导师或兼职科技辅导员，鼓励符合条件的家长及社会有关人员担任中小学科普教育志愿者。

建立科学教育教师培训体系。实施教师科学素养提升计划，将科学教育培训纳入中小学教师继续教育规划，建立“1+N”培训体系，每年对全体教师开展不少于1次全员科学教育培训，提升全体教师科学素养；对专职科学教师（科技辅导员）开展N个主题式专项培训，举办教师实验教学、实验操作技能大赛，提升专业水平。开展“教师与科学家师徒结对”活动，依托高新科技企业、在莞高校、科研机构等力量，组织优秀教师与科学家、科技工作者等结对开展学习交流，提升教师科学教育专业水平和教学质量。

健全科学教育教研体系。在推进已有科学类学科教研体系的基础上，选优配强全市科技教研员（辅导员），配齐园区、镇街专兼职科技教研员（辅导员），充分发挥镇街（园区）及学校科技骨干教师的作用。支持中小学校专兼职科技指导教师参与各级青少年科技辅导员专业水平认证，建立科技指导教师、青少年科技辅寻员的交流平台和资源共享机制。鼓励学校成立科技指导小组、教研组或备课组，提升校本教研质量。鼓励教师开展科学教育创新成果研究，全市每年设立科学教育专项课题不少于50项，

□ 2024 年东莞市道滘镇科技骨干系列培训活动

□ 2024年东莞市青少年科技实践能力挑战赛指导教师培训

引导教师对科学教育的新理论、新模式、新路径进行探索和实践，凝结科学教育新成果。

完善科学教育教师荣誉体系。实施科学教育领航教师培养计划，遴选200名市级骨干教师（含科技辅导员），在市级学科带头人中培育50名科学教育方向带头人，在市级名师工作室主持人中培育10位科技名师，对标“莞邑良师”行动计划，在教育家型校长和教师培养对象中培育3名科学教育研究方向教育家，在基础教育领军人才中培育1名科学教育方向领军人才。在职称评审、岗位评聘、评先评优中强化对教师取得科学教育成果业绩的认可。

▶ 镇街因地制宜探索特色培养路径

要推进科学教育，教师的科学素养非常重要。根据《东莞市推进中小学科学教育实施方案》（简称“《实施方案》”），东莞将建设高素质科学教育队伍，推动专职科学教师队伍建设，2023年实现全市公办小学专职科学教师全覆盖。

加大科学教育相关主题培训力度，提升中小学科学教师教学教研能力。加强兼职科普教师队伍建设，积极推动广大科技工作者、高校教师担任中小学科研导师或兼职科技辅导员。在职称评审、岗位评聘、评先评优中强化对各学科教师取得科学教育成果业绩的认可。鼓励符合条件的家长及社会有关人员担任中小学科普教育志愿者。

在推进科学教育人才培养的赛道上，东莞各镇街（园区）都积极行动。其中，万江街道结合自身情况，找到了适合自己的路径。在开展科学课堂教学变革的过程中，万江让新课程改革工作与科学教育得到整合且落到实处，构建了富有万江特色的科学课堂新样态。

万江组织全体科学教师认真学习新课标，积极探究实验教学新模式，开展教师科学实验操作培训、科学实验操作与探究能力测评活动、小学科学“品质课堂”教学能力大赛等活动。通过全体师生的共同努力，万江科学教育工作已取得喜人成绩。

与此同时，常平镇则构建了“进、转、培”教师培养体系，一方面定期招收专职科学教师以充实教师队伍，另一方面注重对现有师资的能力提升。镇内定期组织教师技能培训，邀请省、市名师工作室主持人、全国科学竞赛优秀辅导教师等来授课，做到有计划、有目标、有效果。目前，常平镇已经形成科学教育教师梯队，其中专家级教师60人，骨干教师160人，成长型教师180人。

值得一提的是，聚焦建立教师常态化高效高品质课堂，石碣镇采用推门听课、巡课的形式，进行量化考核并及时反馈，促进科学教师教学质量的提升。围绕新课标落地、品质课堂建设、质量监测结果应用等，石碣镇各中小学校积极开展专题式教学视导活动，充分发挥学科带头人、教学能手、骨干教师的引领辐射作用，提升整体教学教研水平。

▶ 内育外引提升科学教师素养能力

2023年4月11日下午，东城启元学校科普（科学）副校长田德真为学校教师带来了一场关于“如何开展科学教育及开展科学调查体验活动方法”的主题培训讲座。田德真通过讲座细致地为教师们讲解科学教育工作的重要意义、学校科普教育工作的定位与实施建议，以及青少年科学调查体验活动相关知识，帮助科学教师提升专业知识和职业素养。

□ 东城启元学校科普（科学）副校长田德真为学校教师带来主题培训讲座

2023年3月16日，东莞市推进中小学科学教育新闻发布会和“点亮”行动启动仪式在东莞市莞城中心小学举行，仪式上公布了16所东莞第一批中小学校科普（科学）副校长名单，包含国内权威科学家、高等院校和科研机构专家学者、企业工程师等科技工作者。

《实施方案》明确，东莞各中小学校配备科普（科学）副校长，建立学校与科普（科学）副校长的常态化联络机制，定期邀请科普（科学）副校长进校园，开展科学专题讲座、科学实践指导等活动。科普（科学）副校长为学校科学教育出谋划策，协助学校制定科学教育发展规划，指导学校、教师开展科学教育工作及社团活动。

除此之外，各镇街（园区）充分结合自身科技资源，和各科研机构、科普教育基地、科技企业等进行联动，让科研专家走进校园，让科学教师外出培训，“引进来”“走出去”相结合，促进科学教育队伍专业素质提升。

紧邻科学大装置、大平台，大朗镇科学资源区位优势显著。近年来，大朗镇与散裂中子源、东莞材料基因高等理工研究院、东莞市科学技术协会、东莞中山大学研究院等相关单位展开联动。自2019年起，连续5年由镇人大、教育、科技等部门联合举办大朗镇“科学家开学第一讲”，推动大朗镇教育科技跨界合作、协同发展。

为了加强科学教师的教育专业水平，道滘镇拨款培训经费积极组织科学教师参加省市科技培训，同时还在镇内陆续开展了一系列科技骨干培训活动，邀请了广东省“小小科学家”科学实验活动技术顾问高秀玲教授等多位专家学者为科学教师授课，帮助他们规范教学语言、熟悉教学流程。此外，道滘镇教管中心还大力引进省市优秀的科技专家开展科学讲座，共同交流探讨科学教育发展之路。

□ 2024 年东莞市道滘镇科技骨干教师系列培训

□ 高秀玲为道滘镇科技骨干培训

【案例】

项目发展带动教师与学科成长

打造品质教育，推动教育高质量发展，教师队伍建设是其中的关键。在东莞这片教育热土上，名师工作室汇聚了众多教育精英，他们以深厚的专业素养、独特的教学理念和创新的教学方法，成为教师成长的摇篮和学科发展的引擎，为东莞教育的蓬勃发展注入了强劲动力。

推动教师从经验型向研究型转变

为发挥教育领域优秀人才的引领、辐射作用，建立优秀教师培养长效机制，探索人才培育新模式，加快高质量教师队伍建设步伐。近年来，东莞市建设的多个名师工作室如璀璨星辰，不仅引领教师专业成长，同时推动了学科教育质量显著提升。其中，卢名远名师工作室、常晓芳名师工作室、蔡敏胜名师工作室以及广东省基础教育小学科学学科教研基地（东莞）等，以各自独特的模式在科学教育领域取得了显著的成效，成为引领教育创新与发展的典范。

卢名远名师工作室以“双新背景下进阶落实初中化学核心素养的研究”项目为核心，通过深度研究与实践，推动了一线教师从经验型向研究型转变。该项目不仅深度解读了课程标准，整理了核心素养内容，还开发了多个典型课例，为初中化学教学提供了宝贵资源。

常晓芳名师工作室则注重理论与实践的结合，以理论导师为引领，实践导师为指导，积极推动教育教学改革。该工作室不仅承担了广东省概念教学比赛的选拔和培训工作，还通过“以老带新”的教学传承，培养了一批优秀青年教师。在市级以上专题讲座、公开课以及各类比赛中，工作室成员屡获殊荣，为东莞市的教育教学质量提升做出了重要贡献。

□ 广东省蔡敏胜名师工作室进行课堂实践活动

蔡敏胜名师工作室在科学教育领域独树一帜，通过多维度的培训、精准的指导、深入的课例研究以及扎实的课题研究，提升了教师的专业素养，推动了科学教育的创新发展。工作室定期邀请科学教育领域的顶尖大咖和资深学者，为教师带来前沿的教学理念和方法，同时还通过同课异构和磨课活动，激发了教师的教学创意，提升了教师的教学能力。在各级各类评选、优质课比赛中，工作室成员脱颖而出，充分展现了工作室的引领示范作用。

广东省基础教育小学科学学科教研基地（东莞）则通过一系列扎实有效的教研举措，显著提升了小学科学教育教学质量。基地不仅建立了跨区域、跨学校、跨学科的教研工作机制，还通过品质课堂实验教研组评选、教学能力大赛、学术交流与展示等活动，激发了教师参与教学研究的积极性，促进了教师的专业成长和教学能力提升。此外，基地还注重培养学生科学素养，组织教师指导学生参加各类科技竞赛活动，取得了丰硕成果。

这些名师工作室和教研基地的成效不仅体现在教师个人的专业成长上，更体现在学科教育质量的整体提升上。它们通过搭建平台、整合资源、创新模式等方式，为教师提供了广阔的发展空间和学习机会，推动了教育教学的持续进步。

展望未来，这些名师工作室以及教研基地将继续深化研究，拓展研究成果的应用范围，为推动我国基础教育事业的持续发展贡献更大的力量。

构建“科学+”跨学科融合新路径

聚焦跨学科融合，探索学科教育新路径。《义务教育课程方案（2022年版）》和《义务教育科学课程标准（2022年版）》明确提出，科学教学中需要设立跨学科的主题学习活动，加强课程的综合性和实践性，进而促进跨学科学习。在此背景下，东莞多个名师工作室积极响应国家号召，勇于探索和实践，取得了丰硕的研究成果。其中，广东省欧旭升初中物理名师工作室、广东省杜志忠名教师工作室、广东省科技教育张茂良名师工作室以及广东省基础教育初中综合实践活动学科教研基地（东莞）都以其独特的创新模式和显著的教学成效，提升学生科学课程核心素养。

广东省欧旭升初中物理名师工作室致力于探索跨学科实践与物理知识的有效融合路径，不仅收集整理和开发了一批跨学科实践作业案例集，同时基于跨学科实践的初中物理大单元作业，设计了“玩—做—悟—融—评”五步流程。这一教学模式的实施，不仅激发了学生的学习兴趣，还促进了他们的深度学习，显著提升了教学效能。学生们从“做题”走向“做事”，在实践中深刻理解了物理原理，实现了知识的内化。

□ 广东省杜志忠名教师工作室开展研修活动

秉承“识地明理，成己达人”的教育理念，广东省杜志忠名教师工作室构建的“主题—问题”教学模式，通过“知识综合—能力综合—思维综合”的进阶路径，有效提升了学生的综合思维能力。这一成果不仅提高了课堂效率，还有效提升了学生的学业水平，并力促教师成名，提升了教学实力。

广东省科技教育张茂良名师工作室紧跟时代步伐，深入探索小学科学教育的创新路径。工作室精心构建了“项目化·创中学”教学模式，将静态的知识点转化为动态且具有挑战性的项目任务，让学生在实践中学习，在创造中成长。这一教学模式的实施，不仅丰富了学生的科学知识储备，还培养了他们的创新思维和实践能力。

广东省基础教育初中综合实践活动学科教研基地（东莞）则积极探索跨学科主题学习的实施路径。通过教学思想的凝练与优化，形成了具有校本特色的“四融六秘”教学范式，开发了涵盖学科、人文、技术和资源的“四融”课程资源。这些创新不仅丰富了教学资源，还显著提升了学生的学习兴趣和参与度，有效促进了学生核心素养的全面发展。

长期以来，东莞各名师工作室的创新探索和实践，不仅为教育领域注入了新的活力，还为培养更多具有创新精神和实践能力的人才奠定了坚实基础。展望未来，名师工作室将继续深化研究，为东莞教育事业的发展贡献更多力量。

创新教育为学生提供多元学习体验

在当今科技日新月异的时代背景下，科学素质的培养已成为教育领域不可或缺的重要议题。东莞市名师工作室通过一系列创新的教学模式和科学的素养评价体系，为学生科学素养的提升和全面发展开辟新路径。

东莞市王文肖名师工作室以高中化学数字化实验教学模式为核心，融合真实情境、数字化手持实验技术和跨学科教学，为学生提供多元学习体验。在“食盐中碘含量测定”研讨课中，巧妙结合“全国防治碘缺乏病日”主题，激发学生兴趣，培养批判性思维和问题解决能力。基于Arduino的自动化滴定装置，提升实验精度与便捷性，锻炼学生动手与观察能力。

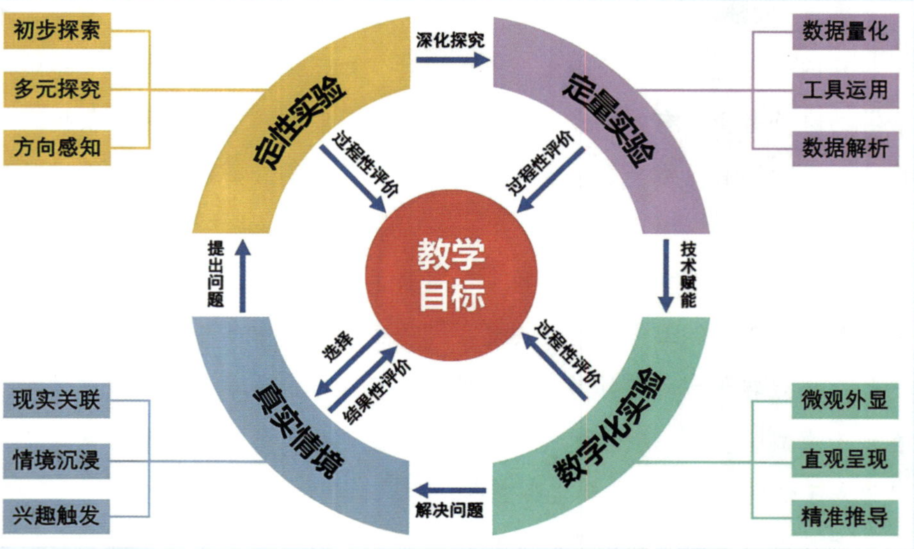

□ 东莞市王文肖名师工作室探索并提炼出提升学生科学素养的教学模式

跨学科教学模式让学生更全面地运用知识，科学素养全面提升。同时，工作室构建科学素养评价体系，助力学生全面、动态自我评估，为学术与职业发展奠定坚实基础。

张清泉名师工作室则以“科创与人工智能教育”为特色，构建了完善的科创教育体系。通过综合活动、校本课程及社团活动，精心设计课程体系，注重知识传授与实践能力培养并重，实施分层教学策略，确保每位学生都能在适宜的节奏中成长。课程评价采用过程性与总结性评价结合的方式，通过成长档案袋记录学生进步，展现其探究精神、实践能力与创新思维。

经过多年的实践探索，两个工作室均取得了显著的成果。学生的科学素养和创造力得到了显著提升，在各类科创竞赛中屡获佳绩。特别是在东莞市青少年科技创新大赛中，两大工作室所在学校的参赛作品和获奖人数始终位居同类学校前列，充分展示了他们在科学素养提升和科创教育领域的卓越贡献。

第六章

深层推动区域协同综合创新实践

核心提示

全力深化示范镇街、学校培育工程，积极开展跨市域协同发展行动，东莞正全方位、深层次地推动科学教育协同创新实践，不断扩大其辐射面和影响力，力争成为科学教育的先锋标杆。

在示范培育工程中，东莞精心组织遴选，松山湖园区、寮步镇、沙田镇、长安镇等分别通过建立完善机制、制定行动计划、构建推进路线等方式，在资源整合、课程建设、师资配备等方面成效显著。各示范学校也充分发挥自身优势，不仅成为当地的佼佼者，更在省科学教育示范学校的评选中展现出了强劲的竞争力。

跨市域协同发展行动是东莞科学教育的一大亮点。从制度保障、活动支撑和校际联动上，东莞积极与港澳台及其他地区交流合作。科普研学营、科学教育沙龙等增强互动，促进民族团结与国家认同，“科普援疆”“科普援揭”等行动提升帮扶地区师生素质与能力，实现资源共建共享。

由广东省东莞市、浙江省台州市椒江区、重庆市渝中区、江西省南昌市红谷滩区、贵州省遵义市红花岗区五个实验区构成的全国中小学科学教育实验区第25协同组，以东莞为组长牵头，正携手并进积极作为，力图通过区域协同机制体制的综合创新，以打磨更多可复制推广的全国性范例。

第一节

久久为功，深化示范镇街学校培育工程

2024年10月11日，广东省教育厅公示了首批广东省中小学科学教育实验区实验校、示范区示范校名单，东莞成绩斐然。全省6个实验区、105所实验校，13个示范区、272所示范校成功入选，东莞不仅跻身全省示范区之列，市内更有50所学校荣登全省示范校榜单。

这也是继东莞入选首批全国中小学科学教育实验区名单后，在科学教育领域取得的又一标志性成绩，充分彰显东莞在科学教育体系构建、资源整合、示范引领等多方面的成效与优势。从全市层面的宏观规划，到每一个镇街、每一所学校的微观实践，东莞秉持“久久为功”的理念，不断深化科学教育示范镇街、示范学校培育工程，一步一个脚印，将科学教育的种子播撒在莞邑大地的每一个角落，也为进一步筑牢国家级科学教育实验区的发展根基添砖加瓦。

▶ 市级统筹：系统培育一批先行示范

全国中小学科学教育实验区的荣誉并非偶然所得，它是东莞市深耕科学教育领域，持续投入与创新的必然结果。其中，东莞在全市范围内组织开展的科学教育示范镇街、示范学校培育工程起到了至关重要的作用。

为贯彻落实《东莞市推进中小学科学教育实施方案》文件精神，发挥市内科学教育资源优势学校示范作用，推动东莞市中小学科学教育可持续发展，打造一批全省知名的科创品牌学校，2023年5月6日，东莞市教育局发布《关于遴选东莞市第一批中小学科学教育实验镇街、实验学校的通知》，开启了实验镇街、实验学校的申报工作。

□ 莞城中心小学的科学课

同年12月，东莞市第一批中小学科学教育示范镇街培育对象和示范学校培育对象名单公布，评选出东城街道等6个镇街为市中小学科学教育示范镇街培育对象，东城虎英小学等60所学校为市第一批中小学科学教育示范学校培育对象，标志着科学教育示范培育工程取得阶段性进展。

在此背景下，《东莞市中小学科学教育示范镇街和示范学校培育对象工作方案（试行）》（简称"《方案》"）应运而生，为示范镇街和示范学校的建设提供了明确的指引。《方案》从氛围营造、教育教研、课程建设、探究实验室配备、师资配备、经费投入、活动开展、辐射引领等八个关键方面，对培育对象的建设工作进行了详细的规划和指导。一场声势浩大的科学教育培育行动也就此拉开序幕。

按照"建设一批、发展一批、引领一批"原则，坚持统筹协调、科学规划、稳步推进，东莞将在三年内遴选科学教育示范镇街培育对象不少于18个，科学教育示范学校培育对象不少于180所。这一目标的实现，将形成一批可复制的示范经验、示范项目和创新成果。通过举办展示交流活动，加强成果应用和推广，未来或可为全市乃至更广泛地区的教育进步提供强有力的支撑和示范。

▶ 镇街实践：共绘科学教育多彩画卷

在东莞市的战略布局下，科学教育的发展打下了坚实的基础和得到了有力的推动。各示范镇街作为这一战略的具体实践者，通过建立有效的工作机制和保障体系，强化区域统筹，整合多方资源，多措并举地提升科学教育的成效，营造出浓厚的科学教育氛围。

在此过程中，各镇街、园区制定了一系列具有指导性的文件和政策。寮步镇成立了镇、校两级领导机制，并出台了《寮步镇推进中小学科学教育实施方案》和《关于寮步镇科学教育社会化工作体系的实施意见》，加强了对全镇中小学科学教育工作的统筹。松山湖制定发布《东莞松山湖科学教育创新行动计划（2023—2025年）》，以此为行动纲领，不断提升松山湖科学教育实力和中小学生的科学素质。

一些颇具特色的工作推进机制也在探索中逐步形成。沙田镇构建起项目联盟区域推进机制，以品牌学校为引领，以创新实验室建设和智能新师培养为推手，打造了“全学段、全学科、全员参与”的资源建设，逐渐形成了“一品·双线·三全”的智能科创建设路线。长安镇则围绕“品智教育，特色发展”的教育核心理念，建立了科学教育“123N”工作推进机制，包括构建立体科教团队、规划指导场馆建设、打造课程体系，以及培育校园科普阵地。这些机制的建立，为科学教育在各镇街的深入实施提供了有力的组织保障和政策支持。

在区域科学教育探索和实践过程中，各镇街不仅在示范项目、示范品

□ 寮步镇成立了镇、校两级领导机制，并出台了《寮步镇推进中小学科学教育实施方案》和《关于寮步镇科学教育社会化工作体系的实施意见》

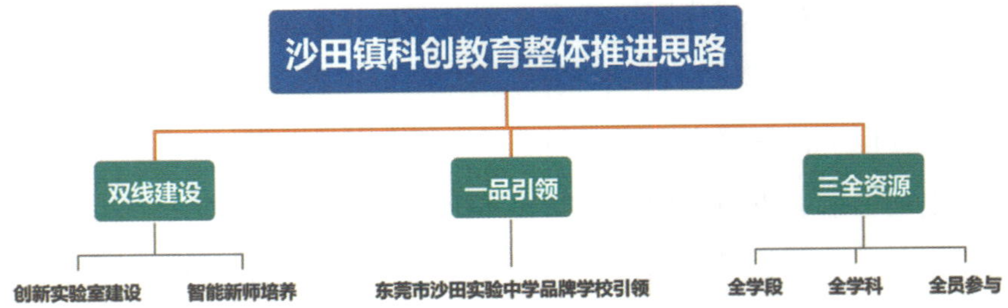

□ 沙田镇科创教育整体推进思路示意图

牌、示范举措等方面取得了显著成效，而且逐渐塑造出了具有本土特色的科学教育成果。

松山湖通过启动科学教育“点亮”行动，成功撬动了高端资源，为科学教育的高质量发展注入了新动能。园区不仅吸引了汪卫华院士等四位科学家加盟，担任科学教育顾问，还邀请了一批科学家、高等院校和科研机构专家学者以及企业科技工作者，担任中小学的科学副校长，为学校的科学教育带来了专业的指导和支持。

科学课程是实施科学教育的最主要途径，南城在确保课程全面实施方面也做出了表率。全部中小学校开齐、开足科学课程，将科学教育贯彻全学段、多学科，保障1—2年级每周1节、3—6年级每周2节科学课，同时开发科技类校本课程，组织开展丰富多彩的科技类活动……南城严格按照课

□ 2024年6月29日，松山湖科学教育“点亮”行动暨“周六科普秀·共绘科学城”活动启动仪式举行，一批科学家、高等院校和科研机构专家学者、企业科技工作者受聘担任科学副校长

程方案，确保科学教育课程得到广泛覆盖，持续推动学科建设落地落实。

通过精心设计的人才培养策略和科创特色发展，东城双轮驱动，使品牌影响力得到全面提升。一方面，东城“和·创”教育集团注重小初衔接人才连贯培养，使学科教学和特色教育得到有效衔接；另一方面，集团做大做强各成员学校科创特色，形成“一校一品牌”。

通过这些举措，使东莞市的科学教育不仅在校园内生根发芽，更通过形式多样的交流活动对外宣传，起到了辐射引领作用，为东莞市的科学教育发展树立了新标杆。

▶ 学校探索：科教沃土之上百花齐放

从全市布局到镇街统筹，再到各级各类学校的具体实施，正如科学教育深入到城市的“毛细血管”之中。多样化校内科学课程的创新开设，探究实验室的建设完善，师资队伍的强化提升，各类科学教育活动的开展实施，创新人才早期培养的校本化路径探索……在《方案》的指引下，各示范学校作出了个性化的实践探索。

聚焦课程建设，莞城中心小学制定了“‘好奇大挑战’课程与实验校建设计划”，拟在全集团学校范围内开展“好奇大挑战”课程，并从课程构建与实施、师资建设、场地设施建设等方面详细作出规划。

拥有建筑面积达2500平方米的青少年宫，沙田实验中学在科学教育方面本就有着独到的场地优势。2024年底，学校又继续翻新和置换了室外国标480平方米和室内国标128平方米的车辆模型训练场，并计划于未来持续迭代更新人工智能、无人机、航模等方面的相关装备。

大岭山镇中心小学通过“科普430”项目，推出高品质课后服务。学校秉持“一中心两依托”原则，规划开展创意编程、机器人、航模、观鸟、生命科创、天文、建模、科学实验八类科普课程。在“科普430”课程助力下，学校获评“东莞市第一批课后服务示范校”的称号，并有两个科普案例获评市级奖项。

锚定特色发展新航向，东莞市第七高级中学提出“科创高中”建设目标。学校坚持以“建设科创高中　培养创新人才”为中心，打造科技化校

□ 大岭山镇中心小学“科普 430”项目活动剪影

园文化；各学科发挥优势渗透科技教育，开展丰富多样的全校性科普活动；建设笃行科学院、航天实验室等科技教学及实践场室，开设机器人、人工智能、创客教育等先进科技特色校本课程等，以期实现从一般普通高中向科创特色高中转变，从现代学校向未来学校转变。

在“评价立校”的发展战略指挥下，松山湖北区学校依托大数据、人工智能技术构建智慧校园，建设“一脑五平台”无痕教育评价系统。其中，在学生综合素质评价方面，通过改进结果评价，强化过程评价，探索增值评价，健全综合评价等方式，探索建构科学、合理、全面、多元的教育评价模式，为学生全面而有个性地发展赋能。近年来，学校成功申报“央馆智能研修试点校”“广东省评价改革试点校”“广东省‘5G+智慧教育’试点校”“东莞市评价改革试点校”。

从《方案》的宏观指引到各学校特色发展的微观实践，从完善的科学教育体系构建到全员参与的科普教育落实，东莞的科学教育示范学校培育路径体现了系统性的推进和个性化的发展。60所示范学校不仅在科学教育领域树立了标杆，更以其独特的实践和创新，展现出了与众不同的特色，共同推动着东莞市科学教育的高质量发展。

可以想见，随着科学教育示范镇街、示范学校培育工程的深入开展，通过示范镇街和示范学校的引领与辐射，未来东莞科学教育的图景势必将更加绚烂。

第二节

携手共进，打造区域科学教育示范标杆

全面加强全国中小学科学教育实验区建设，对内，东莞精耕细作，强化顶层设计，开展示范镇街、示范学校培育工程，久久为功，筑底国家级科学教育实验区，努力为全国中小学科学教育高质量发展提供可借鉴、可推广的东莞经验和东莞模式。

对外，东莞积极拓展交流合作版图，充分整合全市科学教育资源，将全国中小学科学教育实验区建设与加强港澳台地区中小学科学教育交流合作、推进教育帮扶工作紧密结合，全面开展跨市域科学教育协同发展行动。

通过活动开展、资源共享、教研互动、项目合作等，深化合作广度和深度，构建起从制度保障到活动支撑、从校级联动到项目实施的全链条协同机制。为不同地区的学生、教师与教育机构搭建起互联互通、共同成长的广阔平台，让科学教育的活力与创新在更广泛的区域内得以激发与传递。

▶ 制度保障：构筑跨市域科学教育共同体

根据《东莞市全国中小学科学教育实验区建设实施方案》，东莞将通过课程改革深化、师资力量提升、社会大课堂协同育人、科学素质全面提升、拔尖创新人才培养、科学教育协同发展“六大行动”指施，聚焦科学教育重点领域和关键环节，探索科学教育实施有效途径和人才培养创新模式，着力培养中小学生的创新意识、科学精神和实践能力。“科学教育协同发展”作为六大措施之一，为东莞开展科学教育协同发展行动指明方向。

其中，“打造实验区协同组‘五个一百’工程”“推动东莞与港澳台科学教育携手同行”“推进‘科普援疆’等科学教育帮扶行动”被详细列入实施方案。

打造实验区协同组“五个一百”工程即充分发挥不同地区资源优势，以“机制共商、课程共建、资源共享、师资共培、标准共研”为指引，在课程资源开发、教师队伍建设、教学方式变革、教育评价改革、场所场景构建等重点领域和关键环节形成合力。

推动东莞与港澳台科学教育携手同行，即充分利用东莞地理位置优势，发挥在莞的港澳台学校的桥梁纽带功能，加强与港澳台中小学科学教育交流与合作，分享科学教育工作经验和教学成果，共享科普资源、课程资源和研究项目，联合开展科普研学、科技竞赛、科技节等活动，促进相互交流，增进彼此友谊，推动科学教育共同发展。

推进“科普援疆”等科学教育帮扶行动，即充分运用东莞科学教育的先发优势和良好基础，依托教育帮扶机制，推进“科普援疆”“科普援铜”“科普援韶”“科普援揭”等系列行动。加强对新疆图木舒克、贵州铜仁、广东韶关、广东揭阳等地的科学教育帮扶，通过线上线下相结合的方式，协助开展科学家（精神）进校园、科学教育专题研训等活动，联动开展中小学生科技节、科技竞赛、科创项目合作等活动，提高帮扶地区师生的科学素质和创新能力，促进相互交流，增进民族团结，推动共同发展。

□ 2024年东莞市中小学生科技节举办期间，东莞与揭阳签约，开展科学教育结对帮扶

□ 2023 年东莞市中小学生科技节举办期间，百余位来自东莞、香港、澳门、新疆（图木舒克市）的中小学生代表参加科普研学营

□ 2024 年东莞市中小学生科技节举办期间，十一地师生在莞参加科普研学营，寓教于乐，深度感受科学魅力

□ 学生走进中国散裂中子源开展科普研学活动

从启动科学教育“点亮”行动，打造全市协同的中小学科学教育工作体系，到规划先行、制度保障，促进跨区域的科学教育交流融合。东莞科学教育找准定位，苦练内功、强化外功，在全面增强服务“科技创新+先进制造”能力中，持续推动中小学科学教育高质量发展，彰显科学教育“东莞样本”的示范引领作用和担当作为。

□ 东莞精心为学生子们策划科普联谊晚会

在2024年东莞市中小学生科技节上，东莞市有关领导表示，面向未来，东莞要担当使命，持续推动与港澳台科学教育的合作与交流，大力推进“科普援疆”“科普援铜”“科普援揭”等系列行动，构建跨市域科学教育共同体，打造区域科学教育示范标杆。

继2023年制定推出《东莞市中小学“科普援疆”方案》，成立“科普援疆”支教团，推动“科普援疆”工作落地实施后，在2024年中小学生科技节上，东莞市教育局还与揭阳市教育局签约，进一步完善“科普援揭”机制，深入开展科学教育结对帮扶工作。

▶ 活动支撑：地域交流互融增强国家认同

积极落实党中央、国务院相关工作部署，不断探索教育交流与合作路径，深入开展教育对口帮扶工作，为东莞与香港、澳门、新疆图木舒克市等地之间架起一座座坚实而稳固的教育文化交流桥梁。

立足科学教育，以活动为媒，联动多地高水平举办中小学生科技节，推动了科学教育共建、共融、共享，既体现了东莞科学教育的厚实基础和发展潜能，也承载着东莞科学教育面向未来、服务全体的使命愿景。在文

□ 2023 年 11 月，新疆生产建设兵团第三师图木舒克市 6 所学校与东莞市 6 所学校牵手结对共建

化交流与思想碰撞中，不仅把科技创新的种子种在师生心里，在多形式、多样化活动中，友谊的种子也在播种、发芽、茁壮成长。

在2023年联动香港、澳门、新疆第三师图木舒克市举办科技节的基础上，2024年来自西藏（林芝市巴宜区）、浙江（台州市椒江区）、重庆（渝中区）、贵州（遵义市红花岗区）、江西（南昌市红谷滩区）以及广东揭阳、广东韶关等地，十一地师生跨越山水阻隔，相约东莞共赴科技盛宴。为此，东莞特别策划了“点亮未来”科普研学营，内容涵盖十一地学子同上一节科学课、开展跨地区中小学科学教育沙龙、参观东莞科技场所、举办“星际探秘　未来家园”科普联谊晚会等。

跨地区中小学科学教育沙龙上，十一地共约百名教师代表汇聚一堂。围绕科学教育发展路径、科学教育校本化发展、区域课程研发和实施、学校STEM课程案例解析、家庭科创实验室实践等话题，分享各自在科学教育方面的宝贵经验和丰硕成果，同时与专家面对面，共同探讨未来科学教育的新动向和新路径。

科普联谊晚会上，十一地学生代表精心准备了才艺展示，参与《星际探险家》剧本定向活动，在充满奇幻与冒险的星际之旅中体验科学幻想的魅力，并互换礼物。家乡美食、益智趣味玩具、神秘盲盒以及一系列富有民族特色的小礼物被带到现场交换，礼物饱含孩子们的热情与善良，也在孩子们之间传递爱与温暖，让这份跨越地域的友谊更加牢固。

在两天时间里，来自十地的师生与东莞师生一起，度过了充实又快乐的时光。澳门培正中学初中二年级学生小何，在东莞第一次体验了草木染，他给自己的作品取名《北极光》，希望和更多地方的同龄人一起追寻科学之光。

以活动为支撑，在共学共研的过程中促进民族团结、增强国家认同，跨地区互动形式也得到专家高度认同。中国教育科学研究院国际与比较教育研究所前所长、中国教育科学研究院未来学校实验室主任、中国教育科学研究院STEM教育研究中心主任王素对此建议，除了线下交流，未来还可以通过在线的方式，利用互联网实现更多的互动，“各地师生可以就同一个项目共同开展研究，打破地域限制，得到更加丰富、完善的数据及结论；也可以通过开展线上‘同上一节课’，进一步共享各地优秀、特色的课程资源，促进交流和进步。”

▶ 校际合作：以科技创新为纽带互联互通

教育是文化传承和交流的纽带。东莞市中小学科技节以推动共同进步和发展为使命，深化地域交流，推动科学教育资源共建、共融、共享。在这一过程中，以科技创新为纽带，校际合作携手追梦也进一步拓宽了各地交流的深度和广度。

在与港澳交流方面，三地多次互派团队进行交流和考察，部分港澳地区学校与莞邑学校缔结为姊妹学校，推动双方教育资源交流共建。除了线下活动，东莞还利用地理位置优势，充分发挥在莞的港澳台学校的桥梁功能，加强与港澳台中小学科学教育交流，共享教学资源、研究项目、在线课程等，学习港澳台在中小学科学教育的先进做法，共享东莞众多科研机构和高科技企业资源，促进共同发展。

比如2024年6月，2024年“筑梦航天　行进湾区”莞港澳台侨青少年交流实践活动在东莞市文化馆举行，同步还启动第四届“中国航天梦”莞港澳台侨征文比赛，500多名莞港澳台侨师生集聚一堂，聆听航天知识科普讲座，共同了解、感受中国航天事业的辉煌成就。

在“科普援疆”“科普援揭”等系列行动中，2023年东莞市6所学校与新疆生产建设兵团第三师图木舒克市6所学校牵手结对共建，共同实施了“莞图合创”项目，以科教行动助推莞图两市中小学科学教育高质量发展；2024年4月，广东省基础教育初中综合实践活动学科教研基地（东莞）骨干教研团队一行走进揭东区第一初级中学、揭阳市华美实验学校、揭西县棉湖第二中学，通过开展科技特色课程展示与研讨沙龙，推进跨区域科学教育协同发展及莞揭教研帮扶交流活动。

校际联动，让科学教育高质量发展与科技创新项目落地更有抓手。以“科普援疆”为例，在2023年东莞市中小学科技节期间，来自新疆的26名师生参观了东莞松山湖未来学校科学实验室，并与未来学校的师生进行热烈讨论。在彼此观点的碰撞中，莞图两地学生以“2+1”方式组队，在教师的指导下进行“智能乒乓球拍”“极简电子打卡器”两个科创作品设计。

“这是莞图师生首次联动开展跨区域、跨学校科创合作，接下来我们还会推动更多作品的创作。”对此，东莞松山湖未来学校的参与师生表示，下一步希望结合新疆当地特色文化，从解决问题和开发产品的思路来策划项目，深化合作。

值得一提的是，根据《东莞市中小学科普援疆方案》，两地还将从活动、项目、教研、评价等六大方面开展合作，其中包括“开展科技创新项目合作”和“开展中小学科技竞赛活动”。此举也意味着，随着“科普援疆”行动的深入推进，未来莞图两地学子携手追梦的案例将更多地涌现在莞邑与边疆大地。

第三节
协同发展，以改革为牵引破解发展难题

在推进科学教育深入发展征程中，机制建设与协同发展是关键着力点。2024年，东莞市教育局以构建协同体系为目标，两次牵头举办全国中小学科学教育实验区第25协同组工作研讨会，组织成员深入研讨完善《全国中小学科学教育实验区第25协同组三年工作计划》，积极探索发挥各地优势协同建设实验区的路径，为科学教育的深入开展筑牢根基。

协同组始终秉持着共同、协调、均衡发展的理念，横向层面，通过不同地区相互交流经验，分享优质教学资源，实现优势互补；纵向层面，从教育政策的制定到教学实践的落实，形成了一条连贯的实施举措。纵横交织的协同格局，以改革为牵引破解发展难题，为科学教育发展注入强大动力，为教育强国建设添砖加瓦。

机制为先：凝聚各方共识群策群力

实验区设定伊始，协同组迅速确立了完善的组织架构，设立课程组、宣传组、教研组、活动组、评估组等多个专业小组。各小组紧密协作，共同商讨制订年度工作计划，确保各项任务按部就班地有序推进。

例如，在课程开发方面，课程组联合各地区骨干教师，充分考量不同地区学生的学习基础与兴趣差异，制定出涵盖普及、拓展、提高等多层面的课程框架。

同时，建立季度评估和督导机制，对工作进展和成效进行全面、深入的检查与动态调整。每季度，评估组依据预先设定的量化指标与质性标准，从任务完成进度、资源整合效果、教师学生参与度及教学成果转化等多个维度

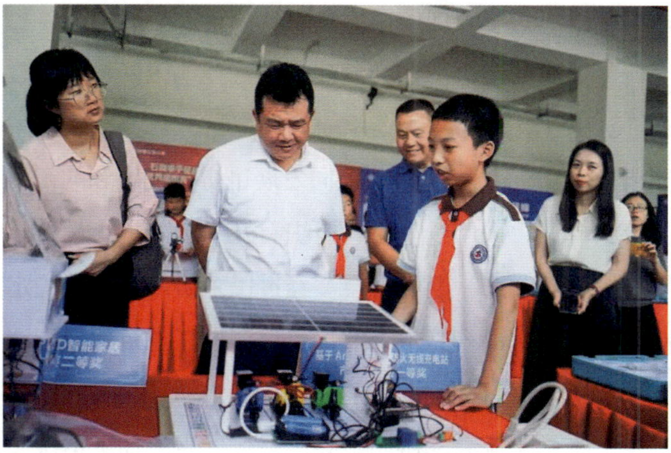

□ 教育部调研专家团队现场听取东莞实验校学生介绍发明竞赛项目

展开评估。如在季度评估中，发现部分地区课程实施进度滞后，经深入调研分析，原来是师资培训与课程衔接环节出现了问题，随即针对性地调整培训方案与课程推进计划，这样即可充分保障工作的高效运行。

实施创新管理机制是协同组的一大亮点。其中，定期举办的协同组工作协商会议，成为汇聚各方智慧、解决实际问题的关键平台。通过线上线下结合的方式，打破地域限制，吸引众多专家、教师参与。在会议中，与会人员围绕教学方法创新、课程资源整合难点、学生实践活动安全保障等热点议题展开热烈研讨。例如，针对科学实验课程资源短缺问题，经专家指导与各地区经验分享，决定整合区域内学校实验室资源，建立共享清单，并引入虚拟

□ 全国中小学科学教育实验区第 25 协同组在莞举行工作交流会

实验教学平台，丰富教学手段。每年开展的两期总结、分享、交流活动，更是为成员提供了深度交流与反思的契机。在交流活动中，各地区展示科学教育成果，分享成功案例与创新举措。

2024年3月26日，为推进实验区协同组成员共同发展、协调发展和均衡发展，东莞市教育局作为牵头单位，采用线上方式组织召开了全国中小学科学教育实验区协同组（第25协同组）第一期研讨会。经过民主协商，投票确定组长和副组长产生机制，并投票选出东莞市为组长单位、浙江省台州市椒江区为副组长单位。同年4月，全国中小学科学教育实验区第25协同组在东莞市松山湖北区学校举行了线下工作交流会，协同组共30余名代表参加了本次会议。会议通过系统谋划、群策群力以及实地参观调研等活动，各实验区已经达成了广泛的共识和合作意向。

▶ 发挥优势：聚焦核心领域各施所长

机制为先，群策群力；目标导向，各施所长。根据三年计划，协同组致力于通过跨区域协作，联合实施“五个一百”工程，推动协同组共同发展、协调发展和均衡发展，形成一批可复制可推广的典型经验和创新成果，在全国范围内发挥辐射带动和引领示范作用。包括开发100个科学教育普及课程，打造100个科学教育实践基地，培育100名科学教育领航教师，共育100名少年科创英才，孵化100所科学教育实验学校。

在具体实施过程中，构建具有广泛适应性与创新性的课程体系，打造多元分层课程体系。各成员充分挖掘区域特色文化、社会与自然资源，组织骨干教师全力投入课程研发。比如在沿海地区，利用海洋文化与海洋生态资源，开发出海洋生物探秘、海洋能源开发等科普课程；在历史文化名城，结合古建筑保护与历史文化传承，设计出古代科技文明、文物保护中的科学等特色课程。

各实验区利用区域特色文化资源、社会资源、自然资源，分层分类开发课程资源，逐步运用推广，迭代课程发展，形成协同组的科学教育课程体系。这些课程融入跨学科理念与项目式学习方法，形成“普及+拓展+提高”

的分层架构。普及类课程面向全体学生，拓展类课程满足学生学习兴趣需要，提高类课程进行拔尖创新人才培养，为有潜力的学生提供深入探究科学前沿问题的机会，助力拔尖创新人才培养。

协同组更是通过数字化课程资源整合教学成果，共建共享的数字化资源涵盖教学设计、教学课件、微课、优课、互动数字实验等多种类型的成果，建立任务清单，鼓励每个地区成员每年开发资源不少于20个，三年内建立数字资源不少于300个。架构数字资源共享平台，向协同组全体成员教师开放，提高资源利用率。

为提升教师专业素养，协同组联合教研机制为教师专业成长搭建了坚实平台。定期开展的跨区域联合教研活动形式多样，线上线下结合的教学观摩活动，让教师足不出户就能领略不同地区的优秀教学风采。通过协同备课则促进教师之间资源共享、优势互补。计划三年内频繁开展联合教研活动，开展次数不少于6次，每次都吸引数百名教师积极参与，每年至少开展1期联合培训项目，为科学教育培育了一批批高水平、复合型教师人才，成为教师专业发展的重要动力源。

此外，针对跨区域教师培训项目针对性强的特点，将协同各地区专家团

□ 2024年东莞中小学科技节跨区域交流的“好友圈”加倍扩大，来自协同组等十地师生跨越山水阻隔，共赴东莞这场科技盛宴

队精心设计培训课程，涵盖自然科学前沿知识、人工智能教育、车辆模型、航天航空等热门领域。培训采用工作坊的形式，让教师在实践操作中掌握新技能；组织实地参观科技馆、科研机构，拓宽教师视野；安排跟岗学习，使教师深入优秀学校教学一线，学习先进教学管理经验。

▶ 持续拓展：全力推动科教事业进步

在2024年协同区线下交流会中，各实验区不仅展示了各自的资源特色和优势，还就如何推进科学教育进行了深入研讨。协同组成员校一致认为：充分发挥不同地区资源优势，以“机制共商、课程共建、资源共享、师资共培、标准共研”为指引，在课程资源开发、教师队伍建设、教学方式变革、教育评价改革、场所场景构建、社会力量整合等重点领域和关键环节形成合力。

按照三年计划，协同组详细收集各区域特色教育资源信息，形成丰富资源清单。专家资源方面，汇聚了高校教授、科研机构专家、科普达人等，他们通过线上讲座、线下指导等方式，为科学教育提供专业支持；优秀课程资源涵盖各学科各领域，为课程开发提供借鉴，还将借鉴数字资源共享目录细致分类，物理探究、化学探究、地理探究、编程教育、人工智能教育、模型制作类等资源类别一目了然。

共育100名少年科创英才，共同孵化100所科学教育实验校，这将极大促进协同组学生科学素养的全面提升。实践共进，开展跨区域科技竞赛和科学实践活动，充分用好协同组各成员地区的科学教育资源，线上线下相结合，组织学生开展跨区域的科普研学、科技竞赛活动和科创项目研究，促进学生交流与合作，共同提高科技创新能力。围绕学校科学教育工作开展、教师教学实施、学生科学素质提升等方面，协同研究制定相对统一的评价标准、评价体系和工具，开展跨区域的评价结果比较研究和反馈改进，推动提高科学教育质量。

2024年5月14—18日，为落实教育部“开展中小学科学教育实验区、实验校专家调研指导工作”的部署，来自福建省的专家团队莅临东莞，就东莞中

教育部派专家团深度调研指导东莞市中小学科学教育实验区工作

小学科学教育实验区及实验校的创建工作进行深度调研与指导，专家表示协同组工作计划围绕教育部、省教育厅等部门关于科学教育的指导意见和要求展开，在建立问题诊断机制、改革落实机制、资源共享机制、有效协同机制等工作方面，协调各方资源，推动协同组各方协同发展，推动协同组各地区成员形成科学教育共同体，促进各地区共同发展。未来，协同组会持续深化改革创新，拓展科学教育范畴，为培育创新实践型高素质人才持续发力，携手各实验区全力推动全国科学教育事业进步。

【协同组举措和规划】

广东省东莞市科学教育实验区

精心谋划了“六大行动”方案，并细化为25条具体实施举措，涵盖了课程改革、师资提升、拔尖创新人才培养、科学素质全面提升、科学教育协同发展以及社会大课堂协同育人等多个方面。通过这一系列系统而全面的规划，东莞力争在2026年形成具有地方特色的科学教育新格局。

浙江省台州市椒江区科学教育实验区

精心谋划了22条具体实施举措，涵盖了完善工作体系、保障资金投入、配备师资队伍、统筹社会资源、落实提质增效、实施人才选育和推动科教落地等多个方面。通过这一系列系统而全面的规划，椒江区力争打造一批有特色的科学教育品牌，引领区域科学教育发展，以“椒江样板”为全国中小学科学教育提供实践参考。

重庆市渝中区科学教育实验区

精心谋划了11条具体实施举措，涵盖了开足开好科学类课程、拓展科学类课程资源、加强科学类课程实施指导、扎实推进实验教学创新和建设区域性科学教育实践与教学基地等多个方面。通过这一系列系统而全面的规划，到2026年，基本建立起家校社合作、大中小学校衔接、课内外融通的科学教育新格局，科学教育质量明显提高，中小学生科学素质明显提升，探索形成具有渝中辨识度的中小学科学教育成果。

江西省南昌市红谷滩区科学教育实验区

精心谋划了11条具体实施举措，涵盖了加强科学教育场所建设、加强科学类课程建设与管理和“理论与实践”科学教育活动促五育融合等多个方面。通过这一系列系统而全面的规划，中小学生科学素质明显提升，一大批“鸿鹄小小科学家”孕育而生，唱响“鸿鹄科学教育”特色品牌，形成“鸿鹄”区域特色中小学科学教育阵地。

贵州省遵义市红花岗区科学教育实验区

精心谋划了13条具体实施举措，涵盖了建立健全科学教育工作机制、加强科学教育发展统筹规划、推进区域性科学教育基地（中心）和科技高中建设、实施科学教育提质计划和落实家校社协同育人机制等多个方面。通过这一系列系统而全面的规划，红花岗区中小学生科学素质明显提升，形成红花岗区区域特色中小学科学教育阵地。

【案例】

莞疆学子联手共创国家发明专利

2024年3月，在第39届广东省青少年科技创新大赛中，由东莞松山湖未来学校学生张庭榕、陈扬霖和新疆生产建设兵团第三师45团中学学生乌力亚尔·吾热衣木联手打造的“智能乒乓球拍”项目捧回大赛二等奖，并荣获天辰科教科技创新奖、华南师范大学附属中学创新奖共两个专项奖。

这场跨区域合作科创教育实践，始于2023年东莞市和新疆第三师图木舒克市携手实施的“莞图合创”项目，通过“平台+活动+项目”推动两地科学教育资源共享与交流，助力学子创新创造。

“‘智能乒乓球拍’项目点子来源于学生的实际需求，参与主创的几位同学都非常喜欢打乒乓球，观察到体育课上老师上课和同学的练习后，他们开始思考能不能从乒乓球拍入手，帮助学生提高技术水平，也辅助老师开展教学。”项目指导老师、东莞松山湖未来学校科创老师余思溶介绍，从解决问题的思路出发，于是有了项目的雏形，希望为乒乓球爱好者、职业球员或职业教练设计一款能够采集运动数据及自带数据分析报告的乒乓球拍。

2023年9月，东莞市举办中小学生科技节，并首次邀请香港、澳门、新疆第三师图木舒克三地代表师生赴莞参加活动。活动期间，四地师生代表陆续开展莞港澳图中小学科学教育沙龙、“点亮未来”科普研学营、科普之夜联谊等活动。

正是这样的契机，架起了东莞学子与新疆学子的合作桥梁。余思溶透露，新疆生产建设兵团第三师图木舒克师生代表来未来学校交流时，他们和对方分享了学子的一些项目构思，经过深入交流和探讨，两校师生一拍即合，以莞图学生“2+1”方式组队，在教师指导下进行科创作品设计。

除了“智能乒乓球拍”项目，两地学子还共同开展了“极简电子打卡器”项目合作。项目确定后，数千里的时空距离并未阻隔两地师生合作进展，通过线上组建微信群，合理规划分工，两地师生共同推动项目实施。

以“智能乒乓球拍”为例，突破点主要在程序部分，想要获取什么数据、解决什么问题，需要大家一起讨论确定。经过线上沟通讨论、线下实践，学生陈扬霖着手编程，在这一过程中，他们还借助了人工智能辅助编程，经过前后三个月实践，主创团队完成了智能乒乓球拍第一代产品的设计，经历升级改造后，又顺利制作出2.0版升级作品。

在2023年东莞市青少年科技创新大赛中，智能乒乓球拍、极简“电子打卡器”两个项目顺利参赛，并双双获奖。其中，智能乒乓球拍作为市赛一等奖，被推荐参加省赛，并捧回省赛二等奖。

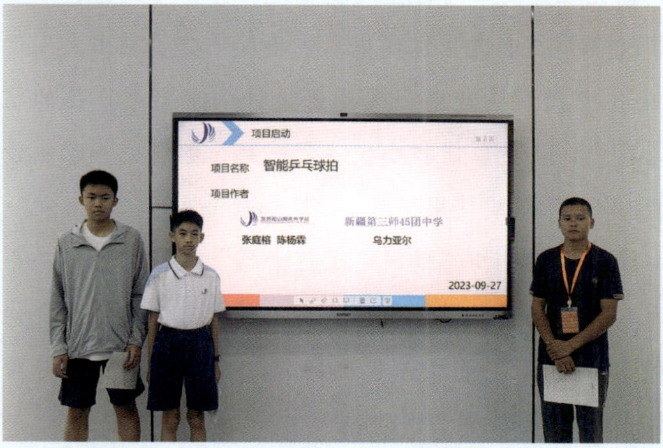

□ 两地学子开展“智能乒乓球拍”项目合作

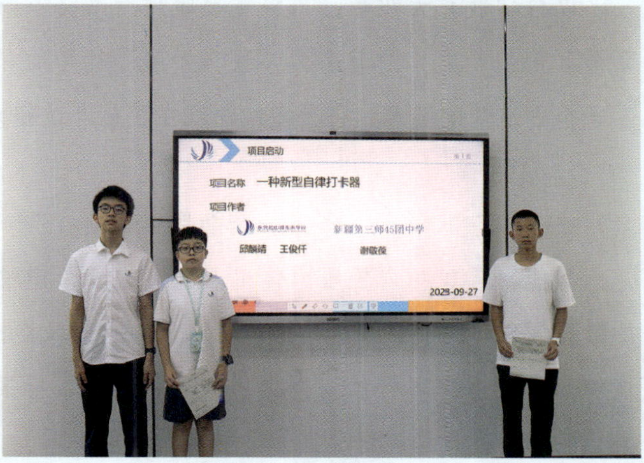

□ 两地学子开展“极简电子打卡器”项目合作

□ 两个项目的顺利开展实施，是两地学子携手追梦的见证

这段特别的经历，也让参与其中的师生收获良多。陈扬霖透露，项目编程写代码先后更新了20多稿，在这个过程中，他不仅学会了利用人工智能写代码，也在团队合作中找到成就感。秉承要设计一款实用产品的初心，张庭榕说，如果时间允许，希望能和小伙伴们一起，继续完善球拍设计，让球拍更具智能性，同时不影响使用手感。

如今，“智能乒乓球拍”项目和“极简电子打卡器”项目均已成功申请了国家发明专利。而这也是东莞以科学教育为切入点，充分发挥先发优势和良好基础，落实党中央、国务院相关工作部署，推动教育交流与帮扶，增进民族团结，促进共同发展的最好见证。

以科学教育为纽带，“科普援疆”行动将不断提升帮扶地区师生科学素质和创新能力。随着东莞“科普援疆”行动的深入推进，未来莞图两地学子携手追梦的案例，将更多地涌现在莞邑与边疆大地。

智能乒乓球拍

智能乒乓球拍内置压力传感器、陀螺仪，能够采集运动员的击球相关的数据。通过Python分析数据得出球员的打球风格报告，握拍角度提醒功能能够为初学者练习握拍姿态提供指导。打球风格报告则有助于运动员清楚自己的打法，也为更好地提升技能提供指引。

□ 智能乒乓球拍作品实物

极简电子打卡器

本项目秉承极简设计理念，发明了一款简约方便的电子“行为习惯养成”打卡器。主控板显示部件采用ESP32电子墨小屏，用于显示日期、时间、打卡项目、今日是否完成打卡以及持续打卡天数。相对于现有纸质书写打卡器更便捷，可记录持续打卡情况，比现有功能复杂的时间管理器更健康、节能、简约、方便。

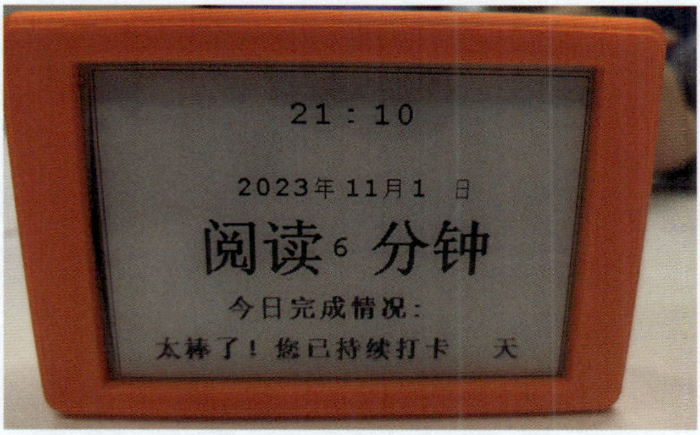

□ 极简电子打卡器作品实物

第七章

“跨”出科学教育的新高度

——专家名师献计东莞科学教育高质量发展

李晓明：基础教育重在科学思维和创新能力培养

□ 李晓明

专家简介：

中国计算机学会会士，大湾区大学（筹）教学负责人，东莞中学科普（科学）副校长。先后在美国史蒂文斯理工学院、哈尔滨工业大学、北京大学任教，历任北京大学计算机科学技术系主任、211/985办公室主任，科学研究部部长，北京大学校长助理等。曾获中国教师发展基金会杰出教学奖、中国计算机学会杰出教育奖、国家教学成果二等奖、中国计算机学会王选奖、科技部"973计划先进个人"等奖项。

在全球科技竞争日益激烈的背景下，科技创新成为推动国家发展的核心动力。而科技创新能力的培养，离不开科学教育的深厚基础。作为科学教育的重要组成部分，我国计算机教育的发展历程，一定程度上反映了科学教育的进步。从二十世纪八十年代初的"计算机普及要从娃娃抓起"，我国计算机教育经历了从一般使用、编程技能到思维能力三个阶段的演变。最初，计算机教育着重于基本操作技能，如打字和使用Office软件；随后，编程教育成为焦点，学校开始教学生编程；如今，教育的重点已转向培养计算思维（Computational Thinking）。

计算思维的含义简单来讲，就是包括利用网络在内的计算系统进行问题求解的思维方式，大概可以分为逻辑思维、算法思维、系统思维、网络思维四个方面，还有人提出包括数据思维。"问题求解"中的"问题"，不光是科学技术和工程问题，还包括经济社会问题，这里的“解”不仅是解决方案，也包括解释和理解。随着科技的迅猛发展，计算技术对社会的影响日益深远，我们的社会越来越运行于计算之上。为什么要学计算机科学或者培养计算思维？就是为了理解信息社会，从而更好地理解现在的人类社会。这也符合科学教育的作用和目的，在传授基本知识和技能之上，更注重培养人的科学思维和探究未知的方法，学会将计算作为认知世界的一种途径。

我长期关心计算机教育，除了在大学从事教学和研究工作，也很关注计算思维在基础教育阶段的普及。《普通高中信息技术课程标准（2017年版）》中要求的学科核心素养包含了计算思维，2022年新修订的义务教育课程方案和课程标准，“信息科技”首次作为义务教育中的一门独立课程出现，这是以计算机科学为核心的信息科技教育领域的一件大事，体现了国家对信息科技在我们经济社会发展进程中作用的重视。《义务教育信息科技课程标准（2022年版）》进一步明确，计算思维也是信息科技课程要培养的核心素养之一，除此之外还包括信息意识、数字化学习与创新、信息社会责任。这四个方面互相支持，互相渗透，共同促进学生数字素养与技能的提升。

我认为，在义务教育信息科技课程教学中应该践行一种由知识、道理、能力和意识体现的综合追求。其中能力包括生存能力和创新能力两个方面。我们培养在信息社会能够从容生活的个人，熟悉各种已有的信息技术应用，并能够触类旁通，从而能够很快适应未来新出现的应用，这是在信息社会生存能力或者说适应能力的一种体现。同时，一定要注重创新能力的培养，即让学生能够运用信息科技主动解决新的问题。在数字经济下的信息化社会，信息科技无处不在，各行业的创新大都离不开信息科技的有效应用。尽管我国的计算机教育在理念上并未落后，但在培养具有创新能力、能够在未来信息社会做出重要贡献的人才方面，仍有很大的提升空间。过去二十年间，信息技术领域的重大进展，如云计算、大数据、移动计算、人工智能等概念或技术，均非由我们首先提出。从这一角度讲，我们在信息科技领域的创新人才培养之路，任重道远。

事实上，无论是信息科技或是其他领域的创新人才，基础教育的作用都在于培养，而非选拔。在基础教育阶段，我们的意图和方向应该落在激发学生的好奇心、想象力和探求欲上，培养学生的科学兴趣，在他们心中播下科学的种子，让他们愿意去钻研某个事物，让他们自然地有所成长，而不是只盯着高分再高分。这里我有两点想法：第一，要尽量把时间还给学生；第二，要为学生提供“普惠”的成长土壤。尽管一直以来我国在深化课程教学和考试改革上步伐不停，以弱化应试教育的导向，但不可否认的是，某些地方和学校的教育模式仍然过于强调分数和考试，难以摆脱“拼时间换成绩”的困局，导致学生时间都用在上课刷题上，极大压缩了学生探索和创新的时间与空间，好奇心和探究欲被考试压力所抑制。因此，我们首先要让学生走出课堂，走出课本和大量习题，让他们有时间去接触科学，去观察外界，去尝试他们愿意尝试的事物。这考验我们的政府和社会是否具有强大的魄力和决心，从教育观念到教育体系进行更深层次的变革。其次，只要提供好的土壤、好的环境，不同的种子就会成长为不同的树，并不需要刻意地干预和拔高。在这个问题上，我不赞成有些学校将所谓的尖子生集中到一个“小班”，寄希望于通过配置优质资源培养出创新人才，且不论做法是否实际有效，这种“特殊”的培养通常意味着资源的倾斜和集聚，无形中忽视和抑制了一些尚未冒头的好种子，在基础教育阶段尤其应该淡化。学校可以分类，比如根据学生不同的兴趣和偏好，开设不同的学科班，但不能分高低，更不应“揠苗助长”。我们要做的是营造一个开放、普惠的环境，让不同的学生在当中得到不同的滋养。

作为一所新型研究型大学，大湾区大学（筹）致力于为湾区培养适应未来、引领未来的创新型人才，同时也将辐射东莞教育包括科学教育在内的整体发展，为基础教育阶段的学生创新能力培养赋能。2023年以来，湾大积极参与了东莞实施的科学教育“点亮”行动，湾大校长田刚院士指导了松山湖市民中心“数学探索体验博物馆”的建设与运行，开展科普活动，我也担任了东莞中学的科普（科学）副校长以及清澜山学校的科研导师，还有很多教师应邀到东莞的中小学校开展科普讲座，和学生交流互动，大家积极性都很高。等到正式开学，我们也很欢迎东莞的中小学生到湾大来，参观各种各样的先进仪器设备，感受高等学府的氛围，我想，这也是科学教育的一种启蒙。

季统凯：跨学科培养模式助力学生敢于"破界"

□ 季统凯

专家简介：

中国信息化专家，智库专家，东莞中科云计算研究院院长，松山湖北区学校科学副校长；长期从事云计算操作系统、大数据应用的研发工作，具有丰富的核心技术研发和产业化经验；主持、参与10余项国家、省部级科研重点、重大项目，授权发明专利152件，在国内外重要会议及期刊上发表学术论文40余篇。

跨学科创新愈发凸显，开放式教育至关重要

东莞在科学教育领域的积极探索和实践值得肯定，东莞市中小学科学教育"点亮"行动在行动路径上展现了多个值得借鉴和推广的亮点。

东莞立足世界工厂的区域特色，将科学教育与地方产业紧密结合，为学生提供了实践平台，增强了学习的社会价值和实用性。东莞通过构建全市协同、统筹推进的科学教育工作体系，形成了"一盘棋"的新样态，有效地整合了资源，提高了科学教育的效率和质量。

其中，制度创新在深入推进科学教育中扮演着至关重要的角色。它不仅能够为科学教育提供稳定的政策支持和资源保障，还能够激发教育活力，推动教育模式和内容的创新。东莞通过制度创新，比如建立科学教育工作体系和推动跨部门合作，为科学教育的深入发展提供了有力的支撑。这种制度创新有助于形成长效机制，确保科学教育的可持续发展，并能够

根据社会发展和教育需求的变化进行及时调整，保持教育的适应性和先进性。

从中长期看，未来东莞乃至整个大湾区科学教育制度设计应重点关注这些方面：首先，人才培养既要与世界与中国的高科技发展方向相结合，又要能充分利用区域产业发展优势和特点，以培养符合长期发展需求的创新人才。其次，世界范围的跨学科创新越来越凸显，开放式教育至关重要，应鼓励STEM与STEAM等多学科、开放性思维、思辨性思维的学习，以培养具有综合素养、勇于创新、乐于创新的复合型人才。

根据熵增原理，开放性的国际合作与交流非常重要，加强与国际先进教育机构的合作，引入国际先进的教育理念和资源，将大湾区科学教育与国际融为一体。同时，确保教育公平的核心是因材施教、因人施教，这方面传统的教学方法很难顾及，AI的快速发展为此提供了技术可行性。

此外，创新能力培养是核心，应通过项目式学习和探究式学习等教学方法，激发学生的创造力和解决问题的能力。科技与教育的深度融合也是必要的，利用现代信息技术手段推动教育模式和教学方法的创新。

教师队伍建设同样重要，需要加强科学教育师资队伍的建设，提供专业培训和职业发展路径，建立为人师表的社会道德标准和优胜劣汰的人才选拔和淘汰机制，促进教师队伍的不断提升。

最后，政策支持与投入是基础，确保政策的连续性和稳定性，加大对科学教育的投入，为科学教育的持续发展提供坚实的支持。

通过这些措施，东莞和大湾区的科学教育将能够更好地适应未来社会的发展需求。

学科交叉融合，培养学生解决复杂问题的能力

跨学科的培养模式有助于学生敢于“破界”，进行更有价值和战略性的创新。在科学课程设计中，更好地融入跨学科元素，学科交叉融合，拓宽学生的知识视野，培养他们利用不同学科思维方式和研究方法解决复杂问题的能力。

课程内容的整合：设计课程时，可以围绕一个中心主题，将不同学科的知识点整合在一起。例如，在探讨环境问题时，可以结合生物学、化

学、地理学和社会学等多个学科的知识，让学生从多个角度理解问题并寻找解决方案。

教学方法的创新：采用项目式学习（Project-Based Learning，PBL）和问题式学习（Problem-Based Learning，pbl）等教学方法，鼓励学生主动探索和解决问题。探讨问题最好是开放性问题，不要有唯一的答案和定式，保持学生的探索欲与好奇心。

师资队伍的多元化：鼓励不同学科背景的教师合作开发和实施课程，这样可以从不同角度丰富课程内容，同时也为学生提供多学科视角的示范。

此外，建立产业中的跨学科的实验室和实践基地，让学生在实践中体验不同学科的交叉融合。企业的需求往往是多学科交叉的，企业实验室可以让学生在制作机器人或电子设备的过程中，体验科学、技术、工程和数学的结合。

评估体系的改革：不仅评价学生对单一学科知识的掌握，还要评价他们运用多学科知识解决问题的能力。不仅评估学生解决自然科学问题的能力，还要评估学生解决个人情绪和社会协作的能力。

▶ 科教融合，发挥科学副校长桥梁纽带作用

东莞中科云计算研究院，是省级新型研发机构，实现了高水平人才的快速汇聚。科教融合是培养拔尖创新人才的重要途径，通过将科学研究和教学有机结合，可以提升学生的知识探究能力，培养他们的批判性思维和创新能力。

实践与理论的结合：将科学研究融入教学能够使学生将理论知识应用于实际问题解决中，这种实践经历能够显著提升学生的知识探究能力。学生通过参与真实的科研项目，可以更深刻地理解理论知识的实际意义和应用价值。

批判性思维的培养：科学研究的本质是质疑和探索。在科研过程中，学生被鼓励提出问题、挑战现有知识和寻找新的解决方案，这种过程对于培养他们的批判性思维至关重要。

创新能力的激发：科学研究往往涉及未知领域的探索，这要求学生不仅要掌握现有知识，还要能够创造新知识。通过科研项目，学生可以学习

如何进行创新思考，如何将创意转化为实际成果。

高水平人才的引导：东莞中科云计算研究院汇聚了高水平的科研人才，这些人才的参与可以为学生提供宝贵的指导和启发。学生可以从这些专家身上学习到前沿的科研方法和严谨的科研态度。

作为科学副校长，我将发挥桥梁纽带作用，引进校外优质资源，助力学校在科学教育上开放办学和资源协同。首先，与科研院所、高校和企业建立合作关系，共享资源并促进知识交流，引入先进的教育理念和科研设施，为学生和教师提供更广阔的学习和发展平台。同时，邀请校外专家和学者来校举办讲座和研讨，推动与校外机构的科研项目合作，为学生提供参与实际科研的机会，增强他们的研究能力和实践经验。

在课程开发和科普活动方面，结合校外资源，参与或指导开发与前沿科技相关的课程，使学生能够接触到最新的科学知识。通过组织学生参与各类科普活动，如科技节、创新竞赛等，提高学生的科学兴趣和创新能力。科学副校长还可以将研究院的AI和大数据技术与教育紧密结合，为因材施教、因人施教、个性化定制教育服务；将所接触的国外教育、留学资源与学校对接，推动学校科学教育的开放办学和资源协同，实现教育的创新发展。

未来科学教育将面临一系列挑战，包括教师的知识增长速度可能会慢于AI的发展速度，个性化教育需求快速增加，学生学习新知识的速度和能力快于教育体系赋予。同时，师资队伍汰换、教育重点不清晰以及国际竞争的加剧也是必须面对的问题。这些挑战要求教育队伍不断改革和创新，以适应快速变化的教育需求。

展望未来，科学教育将更多地融合信息技术，提高教育的智能化和个性化水平。跨学科学习将成为常态，培养学生的综合思维能力和解决复杂问题的能力。国际合作将加强，引入国际先进的教育理念和资源，提升教育的全球视野。创新能力的培养将被放在更重要的位置，鼓励学生进行创新思考和实践探索。

此外，随着知识更新速度的加快，科学教育将倡导和帮助学生形成持续学习和自我更新的能力。通过这些措施，科学教育将能够更好地适应未来社会的需求，培养出更多具有创新精神和实践能力的人才。

文尚胜：建立"纵向贯通＋横向融通"的科学课程体系

□ 文尚胜

专家简介：

华南理工大学教授，博士生导师，华南理工大学光电信息科学与工程（光电信息）专业负责人，广东省照明学会副理事长，广东省照明电器协会半导体照明（LED）专业委员会主任，麻涌镇古梅第一中学科学副校长。

▶ 在中长期须重视科学教育标准的制定和完善

科学教育是建设科技强国的重要内容和关键途径，是培养科技创新人才的基础，关乎国家长远发展大计。近年来，东莞市教育局结合市"科技创新+先进制造"的城市定位，从顶层设计出实招，率先出台中小学科学教育二十条，明确提出深入实施科学教育"点亮"行动、构建学校科学教育体系、深化教师科学素质提升工程、推进创新拔尖人才培养行动、加强科学教育品牌建设五大任务共20条举措，旨在到2025年实现基本形成具有东莞特色的"上下贯通、内外融通、部门联通、人人参与"的中小学科学教育新格局，拔尖创新人才不断涌现，中小学科学教育服务"科技创新+先进制造"能力全面增强。另外在师资队伍上谋创新，东莞首创全面配备科普（科学）副校长制度。组织全市中小学校聘请科学家、高等院校和科研机构专家学者、企业工程师等科技工作者担任科普（科学）副校长，建立常态化联络机制，定期邀请科普（科学）副校长开展科学专题讲座、科学实践指导等活动，让中小学生有机会近距离接触两院院士等科学家，在学生心中播下科学种子的同时，也是在播下担当民族复兴大任的种子，大力推动中小学生全面成长。

从中长期看，未来东莞乃至整个大湾区科学教育制度设计应重点关注以下方面：一是重视科学教育标准的制定和完善，注重科学教育标准的顶层设计、跨学科内容整合，以及跨学段内容贯通。二是全面构建以育人为核心的教育范式，建立适合我国国情的科学教育标准，加强大中小学科学教育系统衔接。三是要加强馆校、校企、馆企合作，发挥场馆作用，促进正式教育和非正式教育的协同合作，与学校、家庭、企业、社区等主体多向交互，从纵向贯穿不同年龄段的受众，从横向拓展不同学科内容的整合，丰富科学教育活动形式与内容，构建科学教育良好生态。四是建立科学教育的激励制度，重视对科学教育成果的评价、总结和宣传，从体制机制层面鼓励科学教育与科学普及的发展。各种宣传力量包括媒体及社会各界要从科学教育本身意义角度出发，引导大众理解科学、热爱科学和参与科学。

▶ 纵横双向发展建构科学课程体系

在科学课程设计中，融入跨学科元素对于高度交叉的光电领域至关重要。要想在科学课程设计中，更好地融入跨学科元素，确保学习活动既有趣又有教育意义，首先，可以通过项目式学习来实现这一目标。设计综合性项目，例如，开发一个智能照明系统，让学生结合物理、工程、编程和设计知识进行探究。在这个过程中，学生不仅能学到光学原理，还能理解电路设计和软件控制的重要性。其次，课程应强调真实世界的问题解决。通过引入案例研究，例如太阳能技术的应用，学生可以从科学、环境和经济角度分析问题。这种方法使学习更加有趣且富有教育意义，因为学生能够看到知识的实际应用，学习兴趣更容易被激发。教师应引导学生发现和提出其生活实践中的科学问题，鼓励学生应用科学知识去解决问题，注重知识点的归纳总结与延伸，加深学生对知识点的理解，从而达到促进学生学习的目的。

在科学课程体系建构上，可以实施“纵向贯通+横向融通”的科学课程实施方案，以未来为导向，注重培养学生创新思维和实践能力，以适应未来社会快速发展的教育理念，为学生的全面发展奠定坚实基础。在科学教育中，纵向贯通意味着在不同年级阶段，科学知识和技能的学习具有连续性和递进性，促使学生能够在不同阶段掌握相应的科学内容，从而实现科学素养的持续发展。横向融通强调科学课程与其他学科之间的交叉融合，以及与现实生活、科技发展的紧密联系。通过跨学科学习和项目式探究，学生可以拓宽科学视野，提升综合应用科学知识解决问题的能力。

科学课程一方面要重视内容进阶，遵循学科的内在逻辑与学生的认知水平，以素养表现为支点，从垂直连贯（学前、中小学、大学等学段）的角度统筹课程目标和设计，实现科学核心素养在不同学段的纵向衔接。另一方面，跨学科融合仍然是科学教育中非常值得关注的领域。打破分科学习下的固定范式与内容，从整体认识自然与科学的基础上强调各领域知识的相互渗透与整合，根据科学核心概念、跨学科概念以及各领域知识之间联系，关联物质科学、生命科学、自然地理等各学科，建立开放性的知识结构。同时还应关注，人工智能与科学教育的深度融合，深度学习科学课堂的构建，智能时代数字、信息技术的快速发展对社会与个人生活的渗透，同样需要在科学课程中纳入数学统计、科学建模、计算思维等内容，帮助学生掌握符合时代的科学方法和思维。

▶ 把实践作为创新思维进阶的契机

在科学教育中，创新思维非常重要。在培养学生的创新思维和解决问题的能力上，以下教学方法最适合激发学生对科学的兴趣和参与度：一是引入探究式学习，创设更多带有科学主题的探究式学习活动启发创新思维，引导学生亲身经历科学的研究过程，并鼓励学生提出不同的科学观点，在质疑、批判、检验的同时，发展其创新思维，提高学生科学学习能力。质疑是创新产生的核心所在，同时，质疑也能促进学生多角度思考问题。但义务教育阶段学生年龄尚小，普遍缺乏质疑意识，在课堂中大多呈现被动接受知识的状态。二是教师应充分利用问题导学法，依托问题培养学生质疑意识，引领其创新思维方向，通过层层诱导，帮助学生发现科学问题，从而形成创新思维活动。三是结合问题导学法，教师应尽可能多地带领学生开展实践活动，以实践作为创新思维进阶的契机，帮助学生积累更多的学科经验和知识储备，延伸学生创新思维。利用实践活动提升思维水平，推进思维进阶。四是反思性学习，在项目结束后，师生共同进行反思，通过讨论学习过程和结果，学生可以识别自己的优缺点，进一步提高解决问题的能力。结合这些方法，科学教育不仅能提升学生的兴趣和参与度，还能全面培养他们的创新和批判性思维能力。

作为一名科学副校长，我将在科学教育中发挥重要作用，帮助学校挖掘和提炼科学教育方面的亮点和特色，形成具有影响力的科学教育品牌。希望能够吸引更多的优质资源向学校聚集，进一步推动学校科学教育的发展。还将不定期开展各类科普讲座，通过科学教育扁平化教学的方式，拉近孩子们与科学教育工作者的距离，为学校的社团课深度赋能，丰富学校科技类课程的内容。同时还将组织学生走进高校实验室，参与科学实践活动，培养学生的科学兴趣。有条件的情况下让一些有能力且愿意为中小学科学教育添砖加瓦的爱心企业和机构一起加入，从资金、场地、硬件设备等方面，为孩子们提供更多支持与帮助，赋能科学教育加法的路径与实践。

余旸：AI 时代，保持对世界的好奇

□ 余旸

专家简介：

余旸，数据科学家，北京交通大学“卓越百人”教授、博士生导师，数据科学与智能决策研究院院长，广东先知大数据股份有限公司（国家级专精特新“小巨人”企业）董事长兼首席科学家，北京航空航天大学管理信息系统博士，美国得克萨斯理工大学信息管理与数量科学博士。

在全球人工智能竞争日益激烈的当下，多年前的布局已埋下了伏笔。早在2017年，国务院便制定了《新一代人工智能发展规划》，为我国人工智能发展明确了战略目标与实施路径。该规划提出，到2030年，我国人工智能的理论、技术与应用要总体达到世界领先水平，成为世界主要人工智能创新中心。2022年8月，科技部等六部门又联合印发了《关于加快场景创新以人工智能高水平应用促进经济高质量发展的指导意见》，进一步推动人工智能技术的落地应用。

从中央到地方，一系列政策举措构建了全方位的支持体系，为人工智能发展提供了良好的政策环境。正是多年来的未雨绸缪、悉心孵化，才有了如今众多人工智能产品惊艳面世的成果。

人工智能正深刻改变我们的世界，而在拥抱人工智能、迈向未来的进程中，我们也同样需要思考：在运用人工智能时应坚守哪些原则？又该如何适应这些变化？

我们曾经做过一项这样的研究：原本有这样一个模型，它被用于评估篮球运动员的竞技能力及其获胜的概率。当看到它的时候，从一个篮球爱好者的角度出发，我认为这个模型还不够完善，因为我相信情绪会影响一个运动员的表现。于是，这引发了我的思考：是否可以将情绪量化为数据，并将其纳入预测模型，以提高其评估的准确性。这一想法成了我们研究的切入点。最终的研究结果也表明，纳入情绪数据之后的预测模型确实比原有模型更为精确。

在这个与AI同行的时代里，这正是好奇心推动研究的一个很好的例证。面对AI，我们会因它而提高工作和生活便利性，思维方式也可能随着时代的变化而变化，甚至社会结构和社会分工也可能随着AI的到来而变化。但我们同时也要明白，不管AI如何发展，面对我们的研究、工作、生活，以及遥远的未来，其中最重要的，依然是保持对世界的好奇。而好奇心不仅是推动科学研究的动力，更是教育变革的核心。

随着AI技术的快速发展，传统的教育模式正面临前所未有的挑战和机遇。AI不仅能够辅助教学，提供个性化的学习方案，还能通过大数据分析，帮助教师更好地理解学生的学习需求。然而，技术的进步并不意味着我们可以忽视教育的本质——培养具有独立思考能力和创新精神的人才。

在AI时代，学校科学教育的目标不仅仅是传授知识，更重要的是激发学生的好奇心和探索欲。我们需要引导学生学会提出问题、分析问题，并通过科学的方法解决问题。AI可以成为学生的得力助手，但它无法替代人类的好奇心和创造力。因此，科学教育应当更加注重培养学生的批判性思维和跨学科整合能力，让他们在面对复杂问题时能够灵活运用所学知识，并帮助他们在不断变化的世界中找到自己的位置。

着眼于实处，随着新一轮科技革命深入发展，学校应该如何保护和发展学生的创新力、求知欲、批判性思维和跨学科整合能力？为营造符合创新人才成长规律的环境，学校又能做些什么？在科学教育实施上，建议中小学可以从以下三个方面着手：

第一，定好基调。对于学校具备什么样的基础和能力，如何评价学校教师的科研素质，创设怎样的管理风格，学校的管理者要定好基调，不能一味用专利数目、科研成果这些评价指标来“卷”教师、“卷”家长。

第二，用好工具。现在能够让学生自主学习、快速学习、快速实践的工具非常多，要充分发挥人工智能技术的优势，积极探索能帮助学生实现个性化学习、个性化成长的方法和路径。

第三，选好苗子。我们认为，有科学素养或者能成为科学家苗子的人，大概有几个特质，包括有好奇心、胆子大、敢动手，有自学能力，沉得住气、吃得了苦，还要有常识。在科研的道路上，有很多的时间是跟自己较劲，跟人类的知识边界较劲，所以难免吃苦。而与此同时，科学的探索也是从常识开始的。

当前学校的很多做法都很好，让孩子们从小就接受了很多科学创新意识的培养。结合我们的实践和研究，在人才培养方面，我们还有一条建议——除了知识的输出，还要更“重胆识、重实践”，因为孩子的好奇、悲悯、大胆实践的精神将伴其终身。

人生的幸运之一，莫过于在青年时期便找到自己毕生的使命。我们有义务帮助青少年把学习的过程变得更加丰富、精彩而有意义，激发他们对科学的热爱，引导他们关注科学发展，从小树立远大理想，养成主动学习、终身学习的习惯，鼓励他们勇敢探索未知，成就属于自己的精彩人生。

刘治猛：多元主体参与，构建系统且分层的课程体系

□ 刘治猛

专家简介：

高分子化学家，玻利维亚国家科学院院士，现任东莞新能源研究院高级顾问、广东省高性能覆铜板关键材料工程技术研究中心主任、国家电子电路基材工程技术研究中心东莞理工学院分中心主任、东莞市功能高分子材料重点实验室主任、东莞市科技人才发展促进会执行会长。

构建系统且分层的课程体系

作为全国首批科学教育实验区，东莞科学教育立足“科技创新+先进制造”，做好科学教育加法。东莞市启动中小学科学教育“点亮”行动一年来，正在形成全市协同、统筹推进的科学教育工作体系，形成“一盘棋”构建中小学科学教育新样态，因此东莞在开展科学教育加法方面有诸多亮点举措。比如东莞在科学教育行动路径上亮点纷呈。中小学生科技节规模宏大且形式多元，主会场与镇街联动，涵盖多领域活动，极大地拓宽了科学教育的覆盖面。其中，中小学生“好问题”大赛鼓励学生深度思考与提问，挖掘创新潜力；青少年科技创新运动会将科技与体育巧妙融合，培养学生综合素养。科普（科学）副校长制度堪称典范，引入各界专家，为学校带来前沿知识与实践指导，同时依托大科学装置和科研平台开展科普活动，让学生近距离接触顶尖科技。数字化建设中的虚拟实验教学与数字教研平台，有效提升教学效率与资源共享水平；制度创新在科学教育中意义

非凡。它为教育活动的有序开展保驾护航，规范各方行为并提供明确方向；能打破传统教育的桎梏，鼓励多元主体参与，激发学校、教师和学生的创新热情与活力，使教育资源得到高效整合与公平分配，如推动校际、校企合作等。

从中长期看，大湾区科学教育制度设计重点有四个方面。课程体系方面，应构建系统且分层的课程架构，强化跨学科融合课程开发，以培养学生综合运用知识的能力；师资建设方面，建立长效培训机制提升教师专业素养，同时吸引更多元化的师资力量，如科研人员兼职授课等；评价体系方面，要从单一成绩考核转向综合能力评价，激励机制应奖励在科学教育各环节表现出色的主体；区域合作方面，要深化区域合作交流，实现大湾区内教育资源的互补共享，并积极整合社会资源，促进产学研深度协作，全方位推动科学教育高质量发展。

▶ 在趣味实践中学习科学知识

跨学科的培养模式有助于学生敢于“破界”，进行更有价值和战略性的创新。

在科学课程设计中融入跨学科元素可从三个方面着手：一是主题式课程设计。以实际问题或项目为主题，如“城市生态系统的可持续发展”，融合生物、化学、地理、工程学等多学科知识。学生在解决主题问题过程中，自然会运用不同学科思维，像从生物学角度分析生物多样性，用化学知识研究污染处理，以地理视角看待空间布局，用工程思维设计解决方案。

二是教学方法创新。采用小组合作学习，让学生分组完成跨学科任务。例如在“设计一个节能建筑模型”任务中，成员发挥各自学科优势，有人用物理知识考虑采光和保温，有人从美术角度设计外观，有人利用数学计算空间和材料用量。同时，教师采用启发式提问引导学生跨学科思考，如“在这个科学现象中，数学可以怎样帮助我们理解”。

三是资源整合。编写跨学科教材或学习资料，收集涵盖多学科知识的案例、实验等内容。还可以利用科技馆、博物馆等校外资源，设计跨学科研学活动，如在科技馆观察物理现象的同时探讨其在工业设计中的应用，拓宽学生知识视野，提升他们解决复杂问题的能力。

科教融合是培养拔尖创新人才的重要途径，科教融合对提升学生能力非常重要。在科学研究与教学结合过程中，学生能够主动探索，而不再是被动接受知识。在探究过程中，学生接触到前沿的研究方法，他们思考、分析问题，这有助于培养他们的批判性思维。同时，科研的不确定性和探索性能够激发学生的创新能力。当学生参与到实际科研中，会面临各种新问题，为解决这些问题，他们要打破常规，提出新的思路和方法。这种融合还能让学生在实践中体会知识的价值，让他们在知识探究中更有动力，为成为拔尖创新人才奠定坚实的基础。

高质量科学教育需要建立高质量课程教学体系。在科学课程设计中，为确保学习活动兼具趣味与教育意义，可设计探究式实验活动，如探究水果电池原理，让学生亲自动手操作，在趣味实践中理解科学知识。还可引入科学故事、趣味竞赛等形式，激发学生好奇心与提高参与度。

构建适应现代科技发展趋势的课程体系，应紧密结合人工智能、量子计算等前沿领域。在基础课程中融入相关科普内容，设置如“人工智能的社会影响”等专题课程，让学生了解科技前沿动态。同时，加强跨学科课程整合，如生物与化学结合的“基因工程与药物研发”课程。

整合优质资源，丰富科学教育内涵和形式

科学教育课程设计未来将更注重个性化与实践化。借助大数据分析学生学习特点，提供定制化学习方案。且更多地将理论知识与实际应用场景相结合，培养学生解决实际问题的能力。

在开发利用数字资源和在线平台方面，可创建虚拟实验室，让学生远程进行实验操作，模拟物理、化学实验过程。利用在线教育平台整合优质科学课程视频资源，如名校公开课、科普讲座等，方便学生自主学习。开发互动式科学教育App，设置知识问答、实验模拟操作等功能，通过游戏化方式提升学生学习兴趣与效果，从而丰富科学教育课程内涵与形式。

科学教育是中小学教育中不可或缺的一部分，它不仅能够帮助学生更好地了解科学知识，还能够培养学生的好奇心、求知欲、想象力和创造

力，为学生的未来发展打下坚实的基础。作为一名科普（科学）副校长，我将在学校领导和教师的支持下，积极推进科学教育的改革和创新。科学教育是一项长期而复杂的工作，需要不断地进行改革和创新。我们将积极探索新的科学教育模式，推广新的科学教育理念，不断提高科学教育的质量和效果。

与此同时，我们也将加强与各界科普机构和专家的合作，共同推进学校科学教育的发展。此外，我会充分利用自身资源网络与社会影响力，积极搭建学校与校外的沟通桥梁。首先，与科研机构、高校建立合作关系，定期邀请专家学者走进校园，开展科普讲座、学术报告，介绍前沿科学研究成果与动态，激发学生科学兴趣。其次，联系科技馆、博物馆、科技企业等，组织学生实地参观学习，让他们在实践中感受科技魅力，拓宽视野。再者，推动校企合作项目，引入企业的技术、资金与设备，助力学校建设科学实验室和开展科技竞赛活动，提升学生的实践操作能力与创新思维。最后，还会促进学校与其他教育机构的交流，共享优质科学教育课程资源、教学经验与师资培训机会，使学校在科学教育方面能够充分整合各方优势资源，实现开放办学与资源协同，为培养具有创新精神和实践能力的学生创造良好条件。

王健：全力做好科技教育，培养拔尖创新人才

□ 王健

校长简介：

东莞市东莞中学校长、中学正高级教师。曾任东莞市教育局副局长、东莞市教育局教研室主任、东莞中学松山湖学校副校长、东莞市第八高级中学校长等。荣获“广东省特级教师”“广东省师德先进个人”“全国科教先进校长”等荣誉称号。

▶ 构建“1339”科技教育课程体系

党的二十大报告提出“教育、科技、人才是全面建设社会主义现代化国家的基础性、战略性支撑”。对于以城市命名的东莞中学来说，扎实推进科技教育，积极探索拔尖创新人才培养的新模式、新措施，是我们义不容辞的责任。

近年来，东莞中学不断完善制度支撑与队伍建设，组建“镜堂班”“容庚班”培养拔尖创新人才；结合校内、校外、重大科普项目等平台，开展多种形式的青少年科普教育活动；积极践行青少年创新精神和实践能力培养，不断激发学生的学术兴趣和创新潜能，培育德才兼备的高素质拔尖创新人才。

鼓励学生主动探索、树立批判性思维以及培养创造性解决问题的能力，这是科学教育的核心。其实人人都有创造性思维，但是否经过专门的训练，差异非常大。因此，我们尝试用科学、系统的方式，让学生对自己的创造性思维有一定的认知，并在课堂实践中提高这种思维水平。

学校以东莞中学高质量发展“1+1+8”行动计划为指导，搭建了“1339”科技教育课程体系，全力做好科技教育，培养拔尖创新人才。

具体来看，“1339”课程体系以“科技教育应指向每一位学生”为理念，构建“拔尖创新人才培养”一个核心；突出“多学段贯通培养+多学科融合教学+多层级分类实施”三大特色；搭建“学科融合+校本研发+活动设计”三条路径；构建“数理思维+人文素养+科技创新+AI与机器人+航模与无线电测向+信息学+科技节与学科周+科技社团+博士科普讲坛”九项品牌的科技教育课程体系。

▶ 为学生提供个性化、定制化课程

在“1339”科技教育课程体系中，“拔尖创新人才培养”是核心，即所有课程的开发与实施都指向拔尖创新人才培养，指向核心素养提升，这也在一定程度上保障了科技教育开展的系统性、规范性。课程体系也呈现出以下三个特色：

一是基于教育簇群的多学段贯通培养。引入多地区、多层次的课程资源，以“拔尖创新人才培养”为主线，通过课程共建、师资共享、人才共育，实现“小学—中学—高校”贯通教育，有效促进科学教育课程在不同学段的连续性和衔接性。

二是基于项目式学习的多学科融合教学。引入PBL、STEM课程等理论，以学生为主体，以问题为导向，从学生的学习需求出发，对已有科技课程进行重构和迭代。

三是指向全体学生的多层级分类实施。明确“分层培养、分类实施”思路，根据不同基础、不同学段学生的学习需求，进行科技课程的分类实施，为有个性、有特长的学生提供个性化、定制化的课程，形成点与面的有效结合。

比如，面向全体学生开设必修课程，必修课程通过“模块嵌入”和“主题式项目设计”将科技创新教育融入学科课程；面向学习兴趣高、主动性强的学生，则开设活动课程，即“科技活动课程化”。结合学校科技节、社团嘉年华、麦田义卖活动等学校传统节，通过学生社团、社会实践、研学旅行活动的课程化，让更多学生可以参与学习、实践和体验；面向具有一定知识和能力基础的学生则开设系列选修课程，即“品牌科技课程研发”。

在课程实施中，我校还结合学生科技创新项目的孵化过程，构建了由“思维与技法”“项目设计”和“物联物化”三个板块组成的科技创新课程。学生通过系统学习创造性思维、发明技法等内容，以及头脑风暴、思维导图等工具的实践应用，不断获得创新思维能力的提升。

多措并举加强科技师资队伍配置

科技教育的蓬勃发展，核心在于师资队伍的坚实支撑。为扎实推进校内科技教育，我校成立了以校长为组长，分管教学副校长为副组长的管理团队，成员包括各处室的主任以及科学馆馆长，保障项目及课程的规划和实施、场地建设以及经费支持。

学校现有10名科技辅导员，其中正高级教师1人、高级教师6人，省名师工作室1人、市学科带头人5人、市教学能手3人。近几年，我们引进了物理、生物、地理等学科10名博士，还组建了科学教育“博士团队”。

在推进学校“1339”科技教育课程体系中，我们采用了“校内学科联合+校际名师合作+校外馆企支持”的方式加强科技教育师资队伍配置，整体提升教育科研、校本研发和教学实践水平。

一是校内采用专兼职教师相结合的方式，打造由在校科技教育专家、学科骨干教师、青年博士教师、学生助教组成的专业教师团队，积极探索推动跨学科融合；二是以拔尖创新人才贯通培养为目标，通过“教育簇群”，结合课题研究、教材编写、同课异构、经验交流等活动促进跨校际名师合作，实现学段之间、学校之间、地区之间科技教师的有机联合；三是邀请高校、研究所、高校企业等进校担任科创项目导师、开设科普讲座，拓展课程内容、研究领域和活动形式。

在激励机制方面，学校搭建了“四步走”的阶梯式教师专业成长平台，为教师学历进修、教育科研、培训学习、课程实践等提供全方位保障，每年开展“东莞中学优秀校本课程”“东莞中学第二课堂奖”等评选，鼓励教师进行课程研发迭代，通过教育发展基金会设立奖教奖学金，资助教学用书出版等。

▶ 构筑深度融合的科技教育共同体

以百年名校办学理念及文脉传承为纽带，连结创办、协办、托管等学校形成“泛教育集团”，建立与高校、企业、科技馆、校友会、社区等协同育人机制，加强与港澳姊妹学校、结对帮扶学校、项目成员学校的跨区域合作，多方协同推进科技教育，这是我们一直坚持做的事情，未来也将是东莞中学坚定不移的推进方向。

以馆校合作为例，学校深入开展“校馆”合作，继与东莞科学馆开展“校馆”合作后，学校又与东莞市科学技术博物馆、东莞市博物馆、东莞市莞城美术馆等开展“馆校”合作，形成多馆合作的新局面。在2024年“5·18国际博物馆日”之际，5月15日和5月22日，东莞中学与东莞市博物馆携手打造“沉浸式”历史课堂，先后组织100余名莞中学子到东莞市博物馆开展“双师课堂”活动，沉浸式地探究学习“永生——千古奇迹马王堆汉墓文物特展”。

以“高中—高校”共育拔尖创新人才为例，学校被北京大学授予全国首批北京大学博雅人才共育基地，意在打通基础教育和基础学科的衔接路径，实现大学与中学人才培养的相互融通；学校与香港城市大学（东莞）达成共识，签订协议，成为香港城市大学（东莞）—东莞中学国际优才生源基地、拔尖创新人才联合培养中心；与华南师范大学达成共识，签订《“华南师大—中小学”协同发展联盟协议》，成为华南师范大学卓越教师协同培养基地。

展望未来，学校将持续关注科学教育的最新发展动态，不断完善“1339”科技教育课程体系。一方面继续积极引进博士教师等高层次专业人才，引入多地区、多层次的教育资源，构筑创新开放、深度融合的科技教育共同体，推动科技教育课程不断更新迭代，使课程内容更好地与国际前沿科学发展同步；另一方面，通过提炼教育教学成果，以及开展课题研究、开办讲座报告、举行媒体发布等方式进行经验分享与推广，在实践检验中实现评价增效，推动课程更新迭代，形成更加成熟和系统的科学教育模式，培养更多具有创新精神和实践能力的科技人才。

柴松方：人人皆可资优，人人皆可拔尖

□ 柴松方

校长简介：

东莞市东莞中学松山湖学校校长，广东省特级教师、正高级教师。教育部基础教育历史教学指导专委会委员，广东省新一轮“百千万人才培养工程”“教育家”培养对象，省、市历史学科带头人、名师工作室主持人。北京师范大学等大学实践导师、兼职教授及研究生导师。荣获广东省“南粤优秀历史教师”、东莞市“教书育人先进教师”、东莞市首届“最美教师”等荣誉称号。

▶ 面向全体，兼顾个性开展科学教育

在科技飞速发展的今天，创新能力已成为衡量个人综合素质的重要尺度。基础教育阶段的科学教育，意在在学生心中播下科技创新的种子，鼓励他们独立思考，激发他们的创新意识和实践能力。同时，科学教育还特别强调对学生科学精神的塑造，包括尊重事实、追求真理、开放包容、严谨务实等。

自2005年建校以来，东莞中学松山湖学校（简称“松湖莞中”）始终坚持“对每一位学生的终身发展负责”的办学宗旨，致力于构建全方位、多层次的科学教育体系，学校以课程建设为核心、课堂提质为关键、实验教学为支撑、馆校结合为拓展、科学探究活动为实践、教师队伍建设为保障，形成了鲜明的科学教育特色。

当前，松湖莞中成功形成了科学教育初高中贯通的培训模式，形成了

八大科学教育特色课程群，实现了普及课程的普及性、拓展课程的个性化和拔尖课程的卓越性，满足所有学生对科学教育的需要。八大课程包括：人工智能课程、基于STEAM的技术课程、研究性学习课程、STEAM教育课程、创新创客课程、天文观测课程、未来科学家课程、信息学和生物学奥赛课程。为了保障课程的顺利实施，学校还建立了包括分子实验室和STEAM室在内的完备的科学教育功能场室。

总结多年实践经验，课程开发是实现学生核心素养培养的重要途径。抓住这一中心工作，我校实施了一系列创新举措，旨在提升教学质量与学生体验，营造一个以学生为中心，注重能力培养和个性发展的综合教育生态。

一是明确多层次、立体化的课程实施。基于对学生个性化需求及潜能的深刻理解，我们设计了一套分层分类、特色鲜明的科学教育框架，形成了一个既连贯又具有针对性的知识网络，确保每位学子都能根据自身兴趣和发展目标找到合适的学习路径，并在此过程中培养卓越的创新能力。

二是整合外部资源，拓展课程深度与广度。学校积极寻求与松山湖区域内外科研机构、高等院校及企业之间的合作，致力于打造一个集学校、家庭、科研机构和企业于一体的科学教育格局，将前沿科技成果引入课堂；同时组织安排各类实地考察、专题讲座等活动，让学生亲身体验科学研究的魅力，从而激发他们对未知世界的好奇心与探索欲望。

三是优化内部资源配置，强化师资力量建设。一方面，利用现代信息技术手段改造传统教室环境，打造智能化教学空间；另一方面，则注重引进高水平教师队伍，通过组建跨学科交叉融合型教研小组，持续推动教育教学改革向纵深发展，为培养新时代创新型人才奠定坚实基础。

厚植拔尖创新人才培养沃土

秉持“卓立越己”的教育理念，松湖莞中致力于培养学生独立的人格和个性，激发其创新潜能，不断追求自我超越。上面我们提到，目前学校科学课程涵盖了普及型、拓展型和拔尖型三个层次，旨在在全面普及科学知识的同时，深度拓展学生的科学素养，并培育出一批拥有卓越创新能力的拔尖人才。

办学近20年以来，矢志不渝培养拔尖创新人才，也是我们坚定不移的育人方向。在拔尖创新人才培养上，目前学校也取得了一定的成绩。学校拿到了全国生物奥赛金牌2块，全国信息竞赛金牌1块，捧回丘成桐数学奖铜牌；师生共申请了66项专利，其中13项发明专利；16届毕业生中共有12位同学被清华大学、北京大学录取。

完善拔尖创新人才培养机制和软硬件支撑，学校建立了数学实验室、物理创新实验室、化学创新实验室、分子生物学实验室、人工智能实验室、天文实验室等功能室，为学生开展各类动手实践和比赛提供场地保障。同时，还借助各类社会资源协同开展拔尖创新人才培养工作，例如引进中央电化教育馆课程开展人工智能教育，联合东莞科学馆开展天文教育，探索高校—高中协同育人模式培养“未来科学家”等。

其中，“未来科学家”项目于2018年启动，学校与广东医科大学、东莞理工学院联动开展，构建“大学导师+中学导师+研究生+本科生+中学生”五级学习共同体，这也是东莞首个中学拔尖创新人才早期培养特色项目。

2024年，我们以“为学以真，立身以诚”的校训命名，成立“以真书院”和“以诚书院”，旨在通过整合学科竞赛、高中强基培优、初高中贯通、高水平社团等资源，集中精力探索拔尖创新人才培养的实施路径，分层分类开展拔尖创新人才培养。学校还配套成立书院拔尖创新人才培养专家委员会，专家委员会实行校长负责制，专家委员会由校内名师、校外专家以及部分家长、校友等共同组成，共同研讨拔尖创新人才培养的策略、方案及实施细节，确保每一项决策都能充分考虑到学生的实际需求和发展潜力，为拔尖创新人才的涌现创造条件。

我们始终相信，拔尖创新人才应该是“不断发芽的种子”，会在适合而优良的教育土壤中不断生长起来。

人人皆可资优，人人皆可拔尖，所有具有创新素养的学生都有可能成为拔尖创新人才。学校要做的就是努力构建良好的育人生态，把教育指向学生的平衡、和谐、可持续发展，并在此基础上坚持不懈探索拔尖创新人才培养机制和课程建设，厚培拔尖创新人才生长沃土，努力让拔尖创新人才不断从松湖土壤中生长出来。

▶ 高位谋划科学教育未来蓝图

科学教育的高质量发展离不开专业化的科学教师队伍。为扎实推进科学教育开展，我校建立了一支由正高、特级教师、省市教育家培养对象、市学科带头人等组成的科学教师团队，同时组建核心技术教师团队，实行“研课一体化”和“学科+技术”教研模式，强化种子教师和骨干教师的培养，推动博士教师参与教学。

目前，学校共有科学教育专兼职教师30人，其中核心科技教师9人，其中有全国信息奥赛金牌教练1人，全省“十佳科技辅导员”2人，省科技工作室主持人2人，市名师工作室主持人2人，市学科带头人5人，6位博士教师深入科学教育第一线。

完善的评价体系与奖励机制是科学教育开展的有力保障。第一，我们完善评价制度，对在科学教育中表现突出的教师给予物质和精神上的奖励，如校长提名奖、优秀指导教师奖等。第二，提供专业发展的机会，包括教师参与高级研修、学术会议、教育考察等，鼓励教师不断更新知识和教学方法。第三，支持教师以工作坊形式开展科学教育教研，鼓励教师参与或主持科学教育的辅导与科研项目，并提供必要的资金和资源支持，促进教师的科研能力和创新能力的提升。目前，学校已经建立了分子实验工作坊、机器人工作坊、创新创客工作坊、五大学科奥赛工作坊等20多个科学教育工作坊。第四，在教师职称晋升和聘任中，将其在科学教育中的贡献作为重要考量因素，激励教师积极参与科学教育实践。通过这些积极的尝试和激励机制的建立，旨在打造一支专业化、创新型的科学教师队伍，为学生的全面发展和学校的长远发展提供坚实的支持。

立足科学教育的优势基础与高质量师资力量，未来学校将从以下四个方面着手，高位制定科学教育的未来蓝图：

一是完善科学教育体系。学校将加大力度，将国家课程分层分项分类校本化，以国家相关科学教育文件为指导，着力推进多学科参与的科学教育，打造更完善的、适合学校、多学科参与的课程体系。

二是全面普及人工智能教育。重点关注人工智能领域，提高学生的人工智能素养，将目前学校开展的人工智能课程校本化和整合到学科教学中，开发更多利用人工智能技术解决生活中的真实问题的课程，以确保课程内容与学生的实际需求和未来职业发展紧密相关。

三是注重科学课程的辐射作用。加强与香港、澳门跨区域合作交流，积极参与东莞“科普援疆”“科普援铜”“科普援韶”“科普援揭”等系列行动，扩大科学教育的影响力。

四是将科学教育相关课程融入学校“以真”“以诚”书院课程中，培养具有创新思维和实践能力的人才，为国家和社会的科技进步作出贡献。

万飞：为科学教育打开边界

□ 万飞

校长简介：

正高级教师，东莞松山湖未来学校教育集团及松山湖实验中学教育集团理事长，东莞松山湖未来学校校长，东莞市松山湖实验中学校长。入选全国第二届李吉林卓越教师支持计划，连续三轮被遴选为广东省名校长工作室主持人，东莞市首批基础教育领军人才培养对象；获评全国物理奥赛优秀指导教师、全国优秀科技辅导员、南粤优秀教育工作者。荣获广东省“百千万人才培养工程”导师、广东省基础教育教学成果一等奖、广东省中小学教育创新成果一等奖、广东省少年儿童发明园丁奖、东莞市“百名优秀共产党员”等荣誉，持十多项专利。

▶ 建立大科学教育观，全学科推动科学教育

科学教育应为大科学教育，其内涵涵盖两个方面：其一，科学教育并非仅由少数学科推动，而应由全学科共同参与；其二，科学教育不仅传授科学知识与技能，更应涵盖科学观念与科学精神的培养。

当前，许多学校对科学教育存在误解，将其等同于科创活动，这种观点较为片面。科学教育的真正意义在于使学生了解科学知识，树立科学观念，培养科学精神，而这些目标的实现不能仅依赖于科创活动或课程，而需全学科协同推进。

例如，语文学科可通过鼓励学生想象、开展说明文教学等方式，培养

其科学观念与精神；数学学科中的一题多解、一题多变，可锻炼学生的创新思维；历史学科中丰富的科学家故事与科学史内容，亦为科学教育提供了宝贵素材，这些学科都在为学生科学素养的提升贡献力量。

因此，我们应摒弃将科学教育局限于少数学科教师的观念，认识到科学教育是全学科共同的责任。同时，科学教育不仅关乎知识与技能的传授，更在于培养学生在学科学、用科学的过程中形成求真的科学观念。

让学生参与科学实验，使其明白实验过程须先发现问题、提出问题，再经过大胆假设、小心求证，通过数据分析验证，最终得出结论。这一过程的严谨性有助于揭示伪科学的本质。例如，有学生通过对比实验检验隔夜茶是否可饮用，发现其在常温下放置12小时甚至24小时后并无显著变化，从而得出科学结论，增强了说服力。

又如，曾有学生通过实验探究三种厨房清洁方式的效果：第一种是每日多次擦洗，第二种是定时喷洒消毒水，第三种是保持环境干燥。实验结果表明，保持干燥的环境比频繁喷洒消毒水更为有效，这一发现颠覆了人们的传统认知。

科学教育不仅引导学生求真，更促使他们求善、求美，创造更美好的生活，这便是其重要价值所在。大科学教育的实施一定是打开边界的，它要求我们加强跨学科的合作，共同携手推进。

▶ 打破教师边界：人人皆为科学教师

要使大科学教育落地实施，关键在于人。教师需打破传统边界，树立“人人皆为科学教师”的意识，将科学教育融入日常教学的各个环节。教师不仅要在课堂上传授知识，更要成为学生科学素养的引导者和培养者。为此，学校需从多方面入手，为教师赋能，为学生创造多元化的学习环境。

第一，教师需树立全局意识，认识到科学教育并非仅是科学教师的任务，而是全学科教师的共同责任。在教学过程中，教师应有意识地渗透科学方法与精神，引导学生在各学科中培养科学思维。第二，教师需与时俱进，不断学习新知识、新技能，以适应快速发展的科学教育需求。随着人工智能的普及，教师可借助AI技术赋能自身，提升教学效率与质量。同时，教师需以批判性眼光看待AI中的信息，引导学生学会甄别真伪，这本身就是科学求真的重要过程。

而从学校层面来说，则需要为师生发展提供多元化的支持，打开校园边界、打开课程边界、打开课堂边界，拓展科学教育的资源与空间。

以松山湖未来学校为例，学校通过“数智时代的中小学科学教育”学术活动，与香港、澳门等地学校开展科学教育交流活动，缔结姊妹学校，共享教育资源，拓宽学生视野。同时，学校成立了东莞松山湖未来学校科学教育共同体，围绕智慧城市、乡村振兴、健康中国、先进制造、绿色发展等领域，开展多维度、深层次的科学教育合作，推动科学教育的创新发展。

在课程建设方面，学校建立了课程任务图谱，分层分类培养学生；推出的融创·未来课程，内容涵盖无人驾驶车设计与制作、智能垃圾分选、无人机编程应用、生物4D打印等多个前沿科技领域。通过与清华大学、北京科技大学科学营，松山湖材料实验室科学营等高等院校建立联合培养机制，学校为学生提供了更多元化的学习机会。此外，还创新性地举办创意金点子大赛，鼓励学生发挥想象力，提出创新性的科学项目，进一步激发学生的创新潜能。

学校坚信每个学生都具有创造潜能，课堂是激发、培养学生创造力的主阵地。因此，学校力求从教学内容、课堂实施、作业设计、课后跟踪等各个环节体现创造性，并构建“问、学、创（用）、评”一体化的“问学课堂”，贯彻“以生为本”“以问启学”“以学生问”“合作探究”“批判创新”“技术赋能”和“多元评价”的教学理念，培养学生的问题意识和创新精神。为打开课堂边界，学校还与企业共建实验室、场馆探究课程，开展企业共研课程，为学生提供更多实践机会，让学生在实践中学习、在学习中创新。

▶ “家校社”携手构建科教大环境

学校是科学教育的重要阵地，但科学教育不应局限于校园，还需家庭与社会的共同关注与推动。孩子的科学意识应从小培养，然而，许多家庭过度强调纸笔测试，导致孩子参与实践活动的机会减少。随着年龄增长，尤其是进入初、高中后，这样的孩子就会逐渐丧失对事物的好奇心，这与家庭的教育导向密切相关。

家长的观念与行为对孩子的科学兴趣与参与度有着直接影响。如果家长能从幼儿园、小学阶段开始，与孩子共同开展科学小实验，引导他们探究与发现，将为孩子奠定坚实的科学基础，这会使孩子们在未来遇事时能主动思考“为什么”“是什么”以及“还可以怎样”。鉴于家庭在科学教育中的重要角色，我们的学校家委会也专门设立了学习部，邀请科学家开展的讲座也不只是面向学生，还有面向家长的，目的正是提高家长在科学教育方面的认识。

在社会层面，科技馆、博物馆等场馆数量众多，但部分展馆内容缺乏更新。松山湖未来学校与各场馆也有诸多“馆校合作”的项目，这促使我们从孩子和科学家的视角出发去思考他们的需要，并据此不断更新展馆内容。例如，在AI时代，学生可以跟随科学家借助AI寻找新行星，此类活动若能在科学馆推广，其影响力将远超学校教育。

包括博物馆、科学馆、社区等在内，社会范围内等都应重视大科学氛围的营造。当前学生心理健康问题频发，焦虑与内卷现象日益严重，破解之道在于让孩子拥有兴趣爱好，及时化解烦恼，提供更多参与科技实践活动的机会，让他们在尝试中经历挫折、体验成功，这对孩子的心理健康成长极为有益，也是其全面发展的有力支持。

总体而言，学校是科学教育的重要组成部分，但家庭才是科学教育的起点，社会则是有益的补充。

除此之外，值得一提的是，办好科学教育应充分发挥评价的激励与导向作用，鼓励更多学生在科学领域发展。例如，可设置“创新达人”“科学小院士”等评选项目，或每年举办创意路演大赛等活动，激励学生大胆创新。创意路演大赛要求学生关注生活中的问题，通过独立或小组合作的方式提出解决方案，经专家评审指导，将创意转化为作品、产品甚至商品，这一过程让学生充满成就感。

在此过程中，许多活动应跨界开展，科技与人文密不可分。以创意路演大赛为例，其不仅体现了创造过程与科学素养的提升，更凸显了学生在过程中展现出的责任意识、担当意识与主人翁意识，这些人文素养比单纯制作作品更为重要。

评价的作用并非在于指出不足，而是激励每一位师生热爱科学、不断学习，最终创造更多美好价值。

冯正华：培养创新思维是科学教育的核心

□ 冯正华

校长简介：

东莞市松山湖北区学校党总支书记、校长，广东省中小学“百千万人才培养工程”智能教育名校长培养对象、东莞市首批基础教育领军人才培养对象，南粤优秀教育工作者、东莞市名校长工作室主持人、东莞市优秀教育工作者。近年来，主持课题7项，完成专著2本，撰写论文17篇，应邀参加全国、省、市学术和经验交流，做专题学术报告和经验介绍50余场。

▶ 以系统理念培养学生创新思维

创新思维是科学教育的核心，它不仅是学生适应未来社会的关键能力，也是推动科技进步和社会发展的驱动力。在科学教育中，创新思维的培养能够帮助学生形成批判性思考，激发他们的好奇心和探索欲，从而在解决复杂问题时展现出独特的视角和创造性的解决方案。

围绕“培养学生创新思维”，东莞市松山湖北区学校（简称“北区学校”）坚持系统推进、协同发力，从教育理念、课程开发、跨学科协同等方面着手，采取一系列具体的教学实践和策略，在科学教育上进行了探索。

首先，通过“觅思”人工智能普及教育，让学生在项目式学习中亲身体验科学探究的过程。其次，通过“觅行”科学拓展课程，在非科学类课程中融入科学元素，实现跨学科教学，培养学生的综合思维能力。此外，还通过“觅趣”科学社团课程，为学生提供个性化的学习平台，让他们在兴趣驱动下进行深入探索和实践。这些课程和活动不仅传授知识，更重视培养学生的创新意识和实践能力，为他们未来的发展奠定坚实的基础。

在科学教育课程开发方面，北区学校以“三个+”为抓手，结合课程、空间、师资三个方面进行整体设计，致力于培养“身心自然完整，未来自由胜任”的创新科技人才。一是“科学教育+”赋能未来。设置了1200多平方米的人工智能中心——智园，开发了1—9年级人工智能系列课程，构建了完善的“知、行、思、趣、雅”科学课程体系，包括在国家基础科学课程中（知）落实学生学科素养、在科学拓展课程（行）中延展知识的深度与广度、在科学融合课程（思）中提升学生问题解决能力、在科学社团课程（趣）中发展学生个性、在科学活动课程（雅）中开阔学生学习视野。二是“科普（科学）副校长+”智引未来。与国内顶尖科研机构深度合作，先后聘请了松山湖材料实验室的汪卫华院士和东莞市中科云计算中心的季统凯院长担任科技副校长职务，他们充分发挥在各自领域的深厚造诣与利用丰富资源，搭建了一系列高质量的科学实践平台，引领学生不断探索科学奥秘。三是“科普430+”提升素养。充分利用课后时间，打造以校内为主、校外为辅的“科普430”教育平台，开设了40多门科学课程，提升学生的科学素养，激发学生对科学的兴趣与探索精神，并满足不同学生个性化的需求。开设“北区科普”微信视频号，定期制作展示学生爱科学、玩科学、宣传科学的成果。

同时，基于发展学生的协作能力和创造性解决问题能力在科学教育中的重要性，北区学校以信息技术作为关键要素，开发整合式STEM教育方案。我们通过“觅思”人工智能普及教育项目、“觅行”学科+科学拓展课程，将信息技术融入STEM教育的核心。这一项目不仅包括传统的科学、技术、工程和数学学科知识，还特别强调信息技术的应用，如编程、数据分析、机器人技术和互联网应用等。学校建立了专门的人工智能实验室和创客空间，配备了先进的信息技术设备，为学生提供了实践操作的平台。采用项目式学习的方法，让学生在解决实际问题的过程中，整合多学科知识，运用信息技术工具。例如，在“智能家居”项目中，学生需要运用物理、数学知识设计系统，同时使用编程和电子技术实现功能。这样的项目不仅提升了学生的跨学科知识整合能力，也锻炼了他们的团队协作和创新解决问题的能力。

▶ 构建从小学到初中的科技特色课程体系

拔尖创新人才培养是科学教育的重要方面，北区学校为了推进这项工作，制定了详细的路径和计划。

首先，我们制定了《北区学校中小学科技拔尖人才培养方案》，旨在培养学生的科技创新能力和实践能力，构建一至九年级科技特色课程体系，丰富和提升学校科技竞赛成绩，为这项工作建立了“顶层设计”。

其次，我们的科技拔尖人才课程体系是人工智能普及课程的升级版和延伸版。通过实施人工智能普及课程发现并培养对科技有浓厚兴趣和特殊才能的学生，将他们纳入拔尖人才培养计划。为了给有个性、有特长的学生提供个性化的培养方案，学校根据学生的兴趣和特长设计个性化的课程和项目（如机甲大师班、信息奥赛班等），并为有特定科技特长的学生提供每周三次的校队训练，以提高他们的专业技能和竞赛水平。同时引入一批具有较强科技竞赛实力的校外机构参与学校“430”课程，助力拔尖人才的培养，目前北区学校的学生在各级各类科技竞赛中荣获多个奖项，体现了培养成效。

为确保科学教育课程在不同学段的连续性和衔接性，我们构建了从小学到初中的科技特色课程体系，建立了跨学段的教学团队，并设立了督评人负责每日或阶段性汇报项目推进情况，确保各个学段的课程能够有效衔接。通过这些措施，我们为学生的全面发展和科技创新能力的提升提供了坚实的基础。

科学教育的发展离不开专业化的科学教师队伍，北区学校为此采取了多项积极措施。首先，定期为科学教师提供专业发展培训，确保他们能够掌握最新的教学方法和科技进展。其次，通过组织跨学科教研活动，鼓励教师之间的交流合作，共同探索科学教育的新途径。此外，与外部专家合作，引入高校、科研机构及科技公司的资源，为教师提供专业培训和为学生提供指导。

为了激励教师创新与持续开展科学教育实践，我认为应该建立一套有效的激励机制：建立科学教师绩效评价体系，对表现突出的教师给予奖励和认可，以及提供清晰的职业发展路径，包括职称晋升和领导岗位的机会。同时，设立专项基金支持教师开展科研和创新教育项目，鼓励教学方法和课程内容的创新。鼓励社区和家长参与学校科学教育活动，形成支持教师创新实践的良好氛围。

▶ 打造要素多元、资源富集的科学育人格局

推进科学教育深度实施，既需要发挥学校主阵地作用，又需要依靠家庭、政府、社会联动支持，打造要素多元、资源富集、链条完备的全方位科学育人格局。

首先，要注重提升多方协同效能，学校与政府部门、科研机构、高校及企业建立合作，共同开发科学教育项目，形成教育合力。引入多样化的“430”课后服务课程，如人工智能、机器人、编程等，满足学生不同的兴趣和需求。

其次，要加强家庭科学教育。通过家长会和家校活动教育家长如何在家中支持孩子的科学学习，邀请家长参与科技节和科学成果展示活动，增强家长对学校科学教育的了解和支持。

另外，积极推动社区参与和合作，利用社区资源如科技馆、图书馆等，为学生提供更多的科学学习机会。鼓励学生参与社区科学项目如环保活动、科普宣传等，让学生在实践中学习科学知识，增强社区的科学氛围。

一直以来，北区学校致力于打造科学教育品牌，通过参加和举办各类科技竞赛提升学校的科学教育影响力，通过媒体宣传和出版科学教育成果展示学校的科学教育理念和成果，吸引更多的关注和资源。下一步，我们将进一步完善从小学到初中的科技特色课程体系，确保课程内容能够紧跟科技进步和社会发展趋势。继续通过“觅知、觅行、觅思、觅趣、觅雅”五维课程架构培养科技拔尖人才，特别是在科技创新大赛和信息奥赛等重

点领域。通过普及科学、信息、人工智能课程以及“430”课程，选拔并培养一批对科技竞赛有强烈兴趣的学生，争取在东莞市乃至全国的科技竞赛中取得优异成绩。随着教育技术的发展，未来将有更多信息技术和数字资源融入科学教育，必然会提高教学效率和学生的学习体验。我们希望，通过科学教育培养学生更强的科技创新能力和实践能力，为未来的科技创新和社会进步作出贡献。

朱亚骏：多方协同打造全方位科学教育格局

□ 朱亚骏

校长简介：

东莞市南城商务区北部学校党支部书记、校长。首批广东省骨干校长、广东省中小学“百千万人才培养工程”第二批名校长、广东省中小学书记校长“卓越计划”培养对象、市名校长工作室主持人、市首批教育家型校长培养对象、市第三批基础教育领军人才培养对象。先后筹建了三所学校并担任校长，积极推动学校数字化转型，建设高质量发展典型名片学校。主持5个课题，公开发表10余篇论文。

▶ 创新思维：科学探索的不竭动力

创新思维在科学教育中占据着举足轻重的地位，它激励学生突破传统思维的束缚，勇于探索未知领域，提出新颖的假设与理论。它不仅是科学探索的源头活水，也是推动学生个人成长与社会发展的关键力量。这种思维方式不仅能够助力学生在科学研究中取得突破性进展，还能锤炼他们的批判性思维、问题解决能力及创新精神，为未来学术深造和职业生涯奠定坚实基础。总的来说，强化创新思维是拔尖人才培养中的重要一环。

东莞市南城商务区北部学校（简称“北部学校”）在科学教育中始终将培养学生的创新思维作为核心任务，倡导跨学科学习，促进知识融合，以此提升学生的综合思维能力和创新能力。在创新思维培养的具体措施上，我们以“一核两翼”来推进。“一核”为强化信息素养与数理思维；

“两翼”即开发跨学科融合课程和搭建多元平台促进学生实践两种手段。

学校以科学教育为抓手推进创新人才培养，核心聚焦信息素养与数理思维，旨在让学生具备适应信息时代的素养，深化对科学基础学科的理解与应用能力。这两者不仅是获取、评估、利用信息的能力，更是创新思维与问题解决的关键。在信息素养方面，学校通过开设人工智能普及、玛塔编程、航模、C++等课程，让学生不仅能了解前沿技术，还能在实践中锻炼逻辑思维、批判性思考及团队协作能力，为未来学习打基础作拓展。数理思维的培养则侧重于提升学生的逻辑推理、模式识别及问题解决能力。学校引进洋葱学园等资源，利用其丰富的在线课程和个性化学习路径，针对不同梯队学生，进行拔尖和强基培养，有效实施差异化教学。此外，开设多种数理第二课堂，设立数理兴趣小组，引导和鼓励学生选课走班。拔尖学生可通过深度挑战项目进一步探索学科奥秘，而基础相对薄弱的学生也能根据兴趣强化根基。实施导师制，匹配专业导师为学生提供个性化指导，推动全体学生的共同进步。

开发课程是做大做强科学教育的关键。在科学教育课程的创新开发上，我校采取了多项有力措施。一方面，加强跨学科融合教学，开发出涵盖数学、物理、化学、生物等多个学科的综合科学课程。教学内容和手段上，在传统教材外，学校还充分利用视频、图片、模型、AI技术等多元化资源，为学生提供更加直观、生动的学习体验。此外，还通过“每月一主题科学探秘活动”为学生构建更全面的科学知识体系做有效拓展。另一方面，通过科学实验课程、科技赛事、创新设计活动等实践项目，让学生在实践中学习科学知识，培养创新思维和实践技能。为此学校每年举办科技节、组织各类科学赛事，为学生搭建平台。此外，学校还积极利用外部资源，与市科技馆、科研院所、高新技术企业等机构建立合作关系，如与科大讯飞共同开发科学教育课程，为学生提供更为丰富的学习资源和实践平台。

值得一提的还有，北部学校以信息技术为关键要素，开发整合式STEM（科学、技术、工程和数学）教育方案。此方案不仅设计了多样化的STEM课程，还巧妙地将信息技术内容融入其中，使学生得以了解计算机科学、编程、人工智能（包括AI及ChatGPT等前沿技术）等领域的知识，拓宽他们的视野，并鼓励他们将所学知识应用于实际操作中。为提升学生的实验技能，学校提供了丰富的虚拟实验工具，使学生在虚拟环境中也能进行实验操作，从而获得更加直观和深入的学习体验。

为确保信息技术与STEM教育的有效融合，北部学校高度重视教师的信息技术能力提升。学校组织了一系列信息技术培训活动，积极鼓励教师参与相关领域的学习和交流，以期推动教学水平的全面提升。同时，学校还建立了一套跨学科整合机制，旨在促进不同学科之间的沟通与协作。通过组织跨学科项目、竞赛等实践活动，学生得以在实践中综合运用多学科的知识和技能，这不仅培养了他们的协作能力，还极大地提升了他们创造性解决问题的能力。

▶ 机制引路：师生共育共荣

学生是科学教育的核心主体。在拔尖创新人才的培养上，北部学校秉承“科技赋能·多元启慧”的办学理念，加速构建“鲲鹏教育”课程体系，打造“人工智能+劳动生态+融合美育”特色教育课程。依托区域资源，学校开展“探秘人工智能”项目式学习，通过多元课程培育学生的人工智能素养。

对于有个性、有特长的学生，学校制定个性化培养方案，根据学生的兴趣、特长和潜能，量身定制个性化学习计划，并提供定制化的课程和教学资源。同时，实行导师制度，确保每位学生都有一位或多位导师，能得到一对一的专业指导，满足学生个性化教育需求。

北部学校虽开办才一年多，但在拔尖创新人才培养方面已取得初步成效，学生在科技类获奖共计92项，学校获评2022—2023年东莞市青少年科技教育先进学校、2023年东莞市首届“未来杯”青少年科技挑战赛优秀组织奖、2024年东莞市青少年无人机大赛优秀组织单位、首届东莞市中小学创造性劳动与智能设计活动优秀组织学校、2024年广东省中小学课堂教学数字化评价与质量提升项目立项、2024年广东省智慧教育应用标杆校、第八届全国青少年大赛（广东省赛）优秀组织奖、2024年东莞市首届人工智能实验学校。

这些成绩的取得，离不开学校对科学教师队伍建设的高度重视和系统推进。学校投入大量资源和资金，鼓励科学教师参与各级培训，定期为科学教师提供专业发展培训，帮助教师掌握最新的科学教育理念、教学方法和技术应用，勤“走出去”学习最新的科学教育方法。同时，学校也加强“请进来”的力度，积极营造良好的工作环境和学术氛围，吸引具有丰富科学背景和经验的教师加入，鼓励教师进行教学研究和创新，通过分享会、研讨会等形式促进经验交流和知识共享。

为激励教师持续投身科学教育实践，学校建立了一套行之有效的激励机制：一是为在科学教育中有突出贡献的教师设立奖项和荣誉；二是为教师提供职业发展的机会，帮助他们拓宽视野、提升专业素养；三是将科学教育实践成果纳入教师绩效考核体系，对表现优秀的教师给予物质和精神上的奖励，如奖金、晋升机会等；四是鼓励教师团队合作，共同开发科学教育课程和教学资源，通过资源共享和优势互补，提升整体教学效果。

▶ 三大支撑：提升科学教育效能

要想科学教育取得成功，不仅要靠学校自身的努力，还需要各方主体的协同合作和资源的有效整合，以此形成全方位的科学教育格局。北部学校以提升多方协同效能、丰富课后服务项目、加强家庭科学教育为三大支柱，积极探索科学教育的新路径。

在提升多方协同效能方面，一是加强校内外合作，与科研机构、高校、企业等建立合作关系，共同开展科学教育活动；二是整合教育资源，充分利用各方资源，如图书馆、科技馆、实验室等，加强馆校合作，为学生提供丰富的科学学习环境和资源。

在丰富课后服务项目方面，一是开设科学兴趣班，根据学生兴趣，开设科学实验、机器人、无人机、玛塔编程等兴趣班，满足学生个性化需求；二是组织科学竞赛，举办和参与各类科学竞赛，如科技创新大赛、机器人大赛等，提升学生的实践能力和创新思维；三是开展科普活动，利用课余时间，开展科普讲座、科普展览等活动，普及科学知识，提高学生的科学素养。

在加强家庭科学教育方面，一是建立家校合作机制，与家长建立紧密的联系，共同关注孩子的科学学习进展，提供个性化的家庭科学教育建议；二是推广科学教育资源，向家长推荐科学教育书籍、网站、App等资源，帮助家长更好地辅导孩子的科学学习；三是开展亲子科学实验、科普参观等科学活动，增进亲子关系，共同培养孩子的科学兴趣。

展望未来，科学教育之路任重而道远。北部学校将继续致力于普及科学教育，让科学教育成为每位学生的必备素养；注重教学方法的多样性和创新性；丰富教育资源；培养学生的国际化视野和跨文化交流能力。通过加强课程体系建设、创新教学方法、整合教育资源以及提升教师专业发展等举措，不断推动科学教育迈向新的高度。

蔡敏胜：带着创新思维发现科学海洋的“新大陆”

□ 蔡敏胜

校长简介：

小学正高级教师，东莞市松山湖第一小学校长，广东省名师和名校长工作室主持人。

▶ 为人才培养创造开放包容的环境

创新思维在科学教育中犹如灵魂般重要。在当今时代，科技飞速发展，只有具备创新思维，学生才能突破传统知识框架的束缚，真正理解科学的本质并推动其发展。创新思维能激发学生对未知的好奇心与探索欲，让他们敢于提出独特见解，敢于质疑，从而在科学的海洋中发现新的“大陆”。

要提升学生知识探究能力并培养批判性思维与创新能力，应构建以学生为中心的课堂。通过创设真实的问题情境，鼓励学生提出问题、自主设计实验方案，在实践中去验证假设，通过汇报交流，最后得出结论。以证据为基础、运用各种信息分析和逻辑推理得出结论，接受质疑，不断更新和深入，是科学探究的主要特点。

在拔尖创新人才的培养方面，一个开放、包容、鼓励质疑且资源丰富的教学环境最有利于拔尖创新人才成长。这样的环境能给予学生足够的心理安全感去尝试新事物、表达新观点，同时充足的资源如先进的实验设备、丰富的图书资料等能为他们的探索提供有力支撑。在这个过程中，采用灵活多样的教学方法，例如项目式学习、探究与实践、个性化教学，特别是随着人工智能时代的到来，数字化工具辅助和赋能教学，也必不可少，转变学生的学习方式，激发学生潜能和创新意识，是有利于培养拔尖创新人才的。

在识别具有科学潜力的学生方面，其实重点在培育和发现。我注重观察学生在日常学习中的表现。那些对科学问题充满热情、思维活跃、善于观察且具有较强动手能力的学生往往具有较大潜力。对于这类学生的培养，我会为他们量身定制个性化学习计划，如推荐适合的拓展阅读材料、安排更高难度的实验项目；鼓励他们参与科学探究实践活动，与高校或科研机构合作，让学生提前感受真实的科研氛围；建立导师制，由经验丰富的教师一对一指导，在思维方法、研究技巧等方面给予深入点拨，助力他们在科学探索道路上快速成长。同时创造机会让他们参加一些挑战性的科学竞赛活动，培养他们对科创浓厚的兴趣、持续的热情和探索精神，从而走上拔尖人才的培育和成长之路。

课内外整合开发科学教育课程

在科学教育课程开发方面，主要是立足国家科学学科内容的学习，进行拓展和延伸，将课内与课外学习进行整合。

首先，根据教材内容的情况，进行整合，开展项目化学习资源开发，实现跨学科学习。例如在设计“环境保护”主题课程时，融合生物学科中生态系统知识、化学学科里污染物成分分析、语文学科中撰写环保倡议书以及美术学科中绘制环保宣传画等内容。这样的课程既丰富多元，又能提升学生综合运用知识解决实际问题的能力。

为确保课程内容与学生实际需求同步，深入开展学情调研不可或缺。学校通过问卷调查、课堂观察、学生座谈会等方式，了解不同年龄段、不同知识水平学生的兴趣点和认知难点。比如发现小学生对动植物有着天然的好奇心，于是开发了“校园动植物大探索”课程，引导学生实地观察、记录并分析校园内动植物的生长习性与生存环境，满足他们亲近自然、探索未知的需求。

其次，将学习的内容与科学发展的现实生活建立关联，特别是充分利用学校以外的一些资源，进行课程资源的开发。例如积极与科研机构、高校建立合作关系。定期邀请科研人员走进校园举办科普讲座，分享最新科学发现。例如在新型材料研发方面取得重大突破后，及时邀请松山湖材料实验室的相关专家为学生讲解新型材料的原理与应用前景。同时，组织教师参加各类科学前沿培训与研讨会，鼓励教师将所学转化为教学内容。并且在课程中设置“科技前沿追踪”板块，引导学生通过网络、科普杂志等渠道收集最新科技资讯，在课堂上进行分享交流，共同探讨其对社会和人类生活的影响，从而将最新的科学发现和技术进步巧妙地融入日常教学中，使学生时刻感受到科学的活力与魅力，激发他们对科学学习的热情和对未来科技探索的向往。

▶ 激励学生带着问题去观察、思考和探究

在小学科学教学中，我运用了多种颇具成效的教学方法与技术。科学探究是极为关键的一种，比如在教授电路连接知识时，让学生亲自动手连接简单电路，通过灯泡的亮灭直观感受电流的通路与断路，这能有效培养学生的动手实践能力和科学思维。问题导向教学法也很常用，在讲解动植物的生命周期时，先提出一系列问题，如“种子是怎样发芽的？”“小动物如何成长和变化？”激发学生带着问题去观察、思考和探究。

技术在小学科学教育中的应用有着诸多积极意义。多媒体技术可以展示丰富的图片、视频资料，像播放火山喷发、动物迁徙等壮观场景，弥补了学生因地域和时间限制无法实地观察的遗憾，极大地拓宽了学生的视野。在线教学平台能够实现资源共享，教师可以获取大量优秀的教学案例、课件等，学生也能在平台上交流互动、分享自己的科学发现。还有虚拟实验室技术，让学生能在虚拟环境中进行一些具有危险性或成本较高的实验，如模拟化学物质的反应过程，提前熟悉实验步骤和要点。

在评估和选择适合小学生的科学教学工具和资源时，首先要考虑学生的年龄特征和认知水平。对于低年级学生，简单、直观、趣味性强的工具如放大镜、磁铁、动植物标本等更能吸引他们的注意力，激发他们对科学的兴趣。高年级学生则可以接触一些较为复杂的工具，如显微镜、简易天

文望远镜等，满足他们对微观和宏观世界探索的需求。同时，教学工具和资源的准确性、科学性至关重要，要确保所提供的信息和数据是可靠的。此外，还要注重资源的互动性和可操作性，例如一些科学教育类的App或软件，学生可以通过操作、答题、模拟实验等方式积极参与其中，提高学习效果。随着人工智能时代的到来，也可以与时俱进，将AI引入课堂，赋能教学。

▶ 科技发展为教学手段创新提供无限可能

未来科学教育将呈现多维度的显著发展趋势。一方面，技术融合会越发深入，例如虚拟现实、增强现实技术让科学知识的呈现更加直观生动，线上教育资源也会极大丰富教学素材。另一方面，注重培养综合素养与创新能力，引导学生跨学科思考与实践，以应对复杂多变的未来世界，对教师的观念和能力提出更高的要求。

科学教育面临的挑战不容小觑。首先，教育资源分配不均衡的问题仍待解决，不同地区、学校在师资、设备、课程开发能力上存在差距。其次，传统教育评价体系相对单一，难以全面衡量学生在科学素养、创新思维等方面的成长，不利于科学教育的深入推进。

然而，机遇也接踵而至。科技的迅猛发展为教学手段创新提供了无限可能，像智能教学系统能精准分析学生学习状况并提供个性化学习路径。社会对创新科技人才的需求也促使各方加大对科学教育的投入与重视，为教育工作者创造了良好的发展环境。

在松山湖第一小学的教学与科研工作中，未来规划明确。教学方面，积极引入前沿科技辅助教学，如利用3D打印技术让学生亲手制作科学模型。设计更多跨学科实践课程，培养学生解决实际问题的能力。同时，加强与家长、社区合作，拓宽学生科学实践的平台。科研方面，聚焦于如何利用新技术优化科学课堂教学效果的研究，探索基于大数据的教学评价新模式。让教师积极参与校际、区域、省市乃至全国的科学教育研究合作项目，汲取先进理念与经验，不断提升自身科研水平，为松山湖第一小学科学教育的高质量发展贡献力量，从而让学生在充满机遇与挑战的科学教育浪潮中茁壮成长。

张茂良：坚定不移走“科学兴校”之路

□ 张茂良

校长简介：

东莞市茶山镇第二小学校长，北京师范大学博士研究生。教育部师范专业认证专家，广东省中小学“百千万人才培养工程”名校长培养对象，东莞市教育家型校长培育工程工作站主持人，东莞市名校长工作室主持人。荣获“全国创新型教师”“南粤优秀教师”等荣誉称号。

▶ 科学教育助力老校焕发新活力

创新是推动教育发展和进步的重要动力。在科技日新月异的时代背景下，只有具备创新思维，学校才能不断适应新的教育需求，提升教育质量，培养出具有创新精神和实践能力的人才。如果把创新思维比作火花，那么科学教育就是火种，火花能够点燃火种，让火势蔓延，照亮我们探索未知的领域。

2020年7月，我调任至东莞市茶山镇第二小学（简称“茶山二小”），这是一所有着70多年深厚底蕴的乡村学校。如何让老校焕发新活力？搭乘东莞教育扩容提质的东风，我率领团队坚定不移选择走“科学兴校”之路，在教育“双减”中做好科学教育加法。以“童创教育”为魂，多措并举创新教育理念、升级硬件设施、建设优质师资及强化特色课程，助力学校实现了从传统到现代、从乡村到未来的华丽转身，学校先后被评为东莞市首批科学教育示范校、广东省首批中小学科学教育示范校。

教师是立教之本、兴教之源。从“0”专职教师起步，经过四年多的发展，如今学校拥有了两位科普（科学）副校长，专职科学教师团队6人，科技信息教师2人，以及30名科技辅导员。结构合理、专业过硬的师资队伍建设，为学校科学教育的深入开展提供了强力支撑，培养一名又一名优秀的“童创”学生。

在硬件升级上，从2020年最初的1间科学实验室起步，经过近三年的精心规划与建设，到2023年学校已拥有4间常规科学探究室，分别为“物质科学探究室”“生命科学探究室”“地球与宇宙科学探究室”“技术与工程探究室”，还拥有16间专用科普教室以及3间信息化科学专用教室。我们用速度与质量，书写“科学兴校”的信心和底气。

在课程建设上，学校从单一的学科课程到精心构建集研究型、拓展型与基础型课程于一体的科学教育课程体系，再升级为融合了科学课、信息技术课、人工智能课以及劳动与综合实践活动的“430”课后服务科普课程模式。丰富的课程体系助力学生科学素养的全面提升，为社会播撒下创新的种子。

课程内容与前沿科学发展同步

当前，我校构建了涵盖基础型、拓展型、研究型三种类型的科学教育课程以及融合了6大学科领域、共20门的“430”课后科普课程，让学生“在体验中探究，在探究中成长”。

在这一过程中，我们坚持以培养学生的核心素养为目标进行课程开发，通过教学内容的不断优化，确保教育实施与学生能力发展的需求相一致。其中重要的一环，就是确保学校授课内容与前沿科学发展同步，为此学校形成了一套完整的教育教学策略与教研机制。

学校科学教育团队每周一上午和每周四上午会集体探讨、更新科学教育课程内容，确定授课方向和重点。定期派科学骨干学校赴全国各地参加学术研讨会、专业培训等活动，了解前沿的科学教育动态。此外，学校科学教育团队还与华南师范大学、北京师范大学、广东第二师范学院等高校及教育机构开展交流与合作，共享优质的教学资源和研究成果。

从学校的层面来讲，重视学科基础知识和前沿进展的衔接，也是确保课程内容与前沿科学发展同步的重要因素。换言之，学校应教会学生获取知识的方法和能力，强调学科的内在逻辑和原理，而不只是外在应用，以保持学科课程的前沿性。

落实在实践中，一方面学校强调课程内容与前沿科学同步，另一方面也突出科学教育的分层分类与连续性培养。其中基础型、拓展型、研究型三种类型的科学教育课程，为不同层次、不同兴趣的学生提供了适合他们需求与发展层次的课程内容。

通过实施“四个一”系列科学探究实践活动，即每个年级一个项目式探究主题、每个月一次探秘活动、每学期举办一次校园科技节、每学年举办一次科学探究与实践大赛，一体化、系统化的教学模式，实现学生发展分层化与个性化，也确保科学活动开展的连续性。

值得一提的是，科学教育课程在不同学段的连续性和衔接性是一个复杂而重要的课题。比如课程设计的连贯性，讲究纵向衔接和横向整合；在项目式学习中，则要突出主题连贯和项目的深化。

▶ 构建立体式特色化科学生态矩阵

在过去五年里，我校科学教育工作取得了显著成效，学校荣获多项荣誉。科学教育教学案例《“项目化·创中学”：素养导向的小学科学教学模式的研究与实践》获东莞市第十七届教育教学成果奖一等奖，目前该教学案例已在河南郑州、广东韶关、阳江以及东莞多个镇街推广。在中国教育学会科学教育分会2023年学术年会上，学校还受邀分享学校科学教育“项目化·创中学”的教学理念及实践经验。

科学教育的发展始终离不开专业化、高素质、有梯队的教师队伍建设，为了持续提升学校的科学教育质量和育人水平，我们实施了“一层一领雁，培育一梯队”战略，以领军教师为引领，带动梯队教师成长，通过培训学习、教研交流等形式，拓宽培养路径，强化专业素养。

当前，学校为中青年教师规划了专业发展的明确路线，以此激励教师的内在动力；鼓励中年教师开设名师工作室，发挥他们的示范和带动作用；同时积极培养青年教师，为他们的成长提供有力支持。

回望过去，茶山二小在科学教育的征途上不懈奔跑，每一步都走得坚定而有力；展望未来，我们将不忘初心、继续优化课程体系，创新教学方法，提升师资力量，书写学校科学教育新篇章。具体来看：

一是构建立体式特色化科学生态矩阵。统筹国家、地方和校本课程，建立大科学视域下的集合式课程群。形成贯通衔接、分层分类的科学课程群，让学生根据自身需求和特长进行自主选择。

二是集成资源，建设“科学+教育”矩阵模型。利月协同校资源、馆校资源、科学家智库、线上平台资源，构建多维资源矩阵，为学生提供广阔的科学实践平台与场所，突破学校空间限制。

三是打造特色，建设学生个创科学成长档案。在共性基础上尊重学生个性创造，为有科学探究愿望的学生建立个人科学成长档案。在大课程群下建设小项目团队，运用主题式或探究式研究推动个性化创意创新，推动创新人才的储备与培养。

四是深化应用，推动人工智能在科学教育领域的应用与发展。以减负增效、提升课堂质量为宗旨，融合AI教学，实现线上线下混合学习。强化数据驱动教学，运用生成式AI等前沿技术赋能备课、授课与课后服务，探索跨学科及项目式学习等科学教学新模式、新方法。

李敏：及时更新教育理念主动求变创新

□ 李敏

教师简介：

东莞市东莞中学通用技术正高级教师，全国优秀教师，南粤优秀教师。华南师范大学基础教育访问学者，东莞市教育家型校长和教师培养对象，东莞市名师工作室主持人，广东省青少年科技创新大赛“十佳科技辅导员”。

▶ 旗帜鲜明地鼓励学生创新

教育应培养能适应社会未来发展的创新型人才。因此，学生创新思维的培养是开展科技教育最应关注的核心问题。要提升学生的知识探究能力，培养批判性思维和创新能力，教师应主动转变观念。

首先，教学的指导思想应从原有的灌输式向启发式、引导式转变。现代教学论认为，教学活动是一种双向的“知识对流”，而非单向的灌输。现在的学生思维敏捷，具有开拓和冒险精神，对事物的认识和理解已不满足于一般意义上的泛泛说明。通过启发式、引导式的教学，师生间能够形成互相交流、互相促进的良性关系，这对培养学生的创新思维是至关重要的。

其次，要旗帜鲜明地鼓励学生创新。要树立以创新为荣的意识，让学生放下思想顾虑，激发学生质疑权威、大胆创新的勇气，勇敢开创广阔的思维空间。

最后，要尊重学生的主体性，鼓励大胆想象。人的主体性与生俱来。尊重学生，给他们提供一个“提出丰富问题”所需的和谐、宽松、自由的学习氛围，对培养学生创新精神是十分有益的。

▶ 构建分层培养的科创课程体系

每一位学生都具备成长为拔尖创新人才的潜能。在东莞中学，我们致力于推动青少年科技创新活动的课程化，并尝试构建分层培养、分类实施的科技创新课程体系，让所有学生都能获得最合适的科技创新教育，提升科学素养，激发创新潜能。

从科技创新的教学过程来看，它是发现问题、分析问题、解决问题的过程，具有以学生为主体，以问题为导向，以研究项目为载体，注重学习过程与成果的科学性、可行性和创新性等特征。因此，项目式学习（PBL）是最适于开展科技创新教育的一种教学方式。同时，科技创新的教学过程还具有跨学科，重实践、重过程等特点，因此，在教学实施过程还可以融入STEAM教育、活动课程等理念。

其中，STEAM教育是多学科交叉融合的教育模式，使教学不再是单一的搭建和讲授，更多的是一门集科学知识和动手实践为一体的综合性课程，最终实现对学生创造力和实践能力的培养目标。活动课程则是从儿童的兴趣和需要出发，以儿童的经验为基础，由各种不同形式的一系列活动组成的课程。

基于分层培养、分类实施的课程设计目标，我们以通用技术、信息技术、综合实践活动等学科为载体，以项目式学习（PBL）为主要的教学方式，融合STEAM教育、活动课程等理念，进行“三层三类”科技创新课程体系的构建。该体系包括：面向全体学生开设的系列必修课程，面向学习兴趣高主动性强的学生开设的系列活动课程，以及面向具有较高知识和能力基础的学生开设的系列选修课程。通过这些课程的实施，满足不同能力基础、不同学习需求、不同年龄特点的学生的需要。

通过项目式学习，引导学生关注前沿科技，尝试应用新技术、新材料、新方法去解决现实生活中的问题，通过经历项目孵化的过程，使学生在获得知识、能力提升的同时，掌握科学研究方法，获得技术实践体验。

▶ 探索人工智能课程开发与实践

教师的专业发展有助于教师不断更新知识，提高教育教学水平和专业素养，进而提升教育质量。通过专业学习、培训、交流和实践，可以更好地了解最新的教学理论和方法，学习创新教学策略，从而提高教学质量和效果。

多年来，我一直坚持学习，珍惜每一次学习进修的机会，不断提升自身的理论水平和教研能力。比如，在职攻读教育硕士，作为华南师范大学首批基础教育访问学者开展访学，积极投身课程改革与教学创新等。始终走在教育科研的路上，也让我收获多多，从教以来，我参与课题研究16项，发表论文13篇，编写出版教学用书7本，研究成果获省二等奖2项、市一等奖3项，并在广州、深圳、东莞、韶关等多个地区推广使用。

一方面努力提升自己的专业素养，另一方面我和团队还采取“点与面”相结合的策略，指导青年教师成长。比如，在学科专委会、教研基地、青科协等学术团体兼任职务，深度参与教研活动的前期论证、组织实施和总结评价等工作，每年面向科技骨干教师、见习教师、高校研究生等开展十余场专题讲座。此外，通过组建名师工作室、课题组中，以师徒结对的方式指导青年教师成长。近两年来，我们指导的青年教师，有3人获评省市学科带头人、2人获广东省青年教师教学能力大赛一等奖。

随着教育技术发展，特别是人工智能在教育领域的深度应用，传统的教育模式，包括教学组织、实施以及评价都将受到冲击。从教师的角度来看，我们更加要积极主动，及时更新教育理念，学习掌握新的技术、新的方法，不但要适应变化，更应主动求变、创新。

作为科技教师，我未来的一个主要教育科研方向就是人工智能教育：通过探索联合教研模式下的中学“2段×2阶”人工智能课程开发与实践，形成若干操作性强、经得起实践检验的人工智能课程，开发相关教学用书、教学课件、教学设计、线上慕课等课程资源。

郑敏祥：在宽松自由的学习氛围中培养拔尖创新人才

□ 郑敏祥

教师简介：

东莞市东莞中学松山湖学校信息服务中心主任，东莞市名师工作室主持人，东莞中学松山湖学校科创与STEM教育负责人。多次获得全国、省、市优秀科技辅导员称号；着力于构建学校科创课程体系、培养科技教师梯队和营造科普氛围，相关研究获得6项省、市教育成果奖；曾获省通用技术教学基本功大赛一等奖，主持或参与课题13项，参与编著科创书籍8本，培训市内外科技辅导员超过千人次；辅导学生参加比赛获奖200多项，申请专利20多项，在2018年全国未来工程师比赛中学生获得高中组第一名。

▶ 保障支持学生个性化发展的教学环境

创新思维不仅是解决问题的基本思维方式，也是创新思考者的基本思维品质。在科学教育中，创新思维的培养对于激发学生的好奇心、想象力和探求欲至关重要，它能够引导学生广泛参与探究实践，做到学思结合、寓教于乐。

要培养学生创新思维，第一是要营造宽松自由的学习氛围，让学生敢想敢创，敢于表达自己的想法和观点，不唯标准，不畏权威。第二是要激发学生的好奇心和兴趣，既引导学生接触新奇有趣的科学现象和科技成果来激发学生的好奇心，也利用学生身边的事物激发学生兴趣，引发学生的思考和讨论。第三是鼓励学生自主探究，逐步培养其批判性思维和创新能力。

创新思维是一种宽松、开放、有趣的思考方式。在实际教学中，我会带领学生开展头脑风暴，自由轻松地思考遇到的问题，再让学生自主查新，探究现有的解决方法，对自己的想法进行小心求证，在求证的过程中大胆质疑，最后审慎反思，从而找出自己的解决办法。通过这些策略方法，来培养学生的批判性思维和创新能力。

拔尖创新人才的成长需要一个宽松自由的环境，支持个性化发展的、能进行跨学科学习与实践导向的、多方支持的教学环境。

宽松自由的环境能够激发学生的好奇心和探索精神，培养拔尖创新人才要保障支持学生个性化发展的教学环境，特别是制定个性化培养方案，因材施教，使有个性、有特长的拔尖学生获得应有的发展，同时得到必要的支持与资源；以实践为导向来培养学生跨学科能力，能让学生接触到不同领域的知识，培养解决复杂问题的能力；多方支持，从家庭到学校，从科技到教育领域，不唯分数、注重能力，科教融合、馆校合力，为学生营造合适的创造环境。

▶ 因材施教，构建多层科学教育课程体系

学校与社会需要创造一个有利于拔尖创新人才成长的教育生态，教师也要采取能够激发学生潜能和创造力的教学方法，让学生在学习和研究中成长。

具有科学潜力的学生一般好奇心强，对科学兴趣浓厚，在科学活动与学习中专注且遇到问题不易放弃、坚持学习等，因此我会通过组织各类科技活动和比赛，或者组织他们参与参观企业、工业研学、与专家交流等活动，观察学生在此过程中的表现，从而识别具有潜力的学生。

拔尖创新人才的培养是一个系统工程，需要遵循教育规律和学生身心发展规律。我很幸运在一间科学教育氛围很浓厚的学校任教，我也努力构建从普及到拔尖的科技课程，组建科技教师梯队，为学生提供实践创新的

平台和良好生态，让学生在实践中学习，在实践中成长；另一方面，我注重搭建自主学习的平台，包括参观学习、竞逐赛场等，鼓励学生深入探究，给学生自由学习的空间，让他们根据自己的兴趣逐步提升自己。

课程是落实科学教育的根本，在科学教育课程的开发方面，我注重分层分类分项实施，保证科学教育能面向人人，能因材施教，能培养拔尖创新人才。

我与同事们一起构建了学校的多层科学教育课程体系。在普及课程中让科学教育面向人人，以东莞市东莞中学松山湖学校为例，所有新入学的学生都要接受科学的研究方法和动手创作的基本加工工具的培训，具备初步的参与科技活动的技能，学校先后开发了如何开展研究性学习、基于STEM的技术课程等科学教育课程；在拓展课程中，根据学生兴趣开设众多的选修科学课程，对学生因材施教，学校先后开发了网红香皂的设计与制作、校园花车等课程；在拔尖课程中，对学生进行能力提升，让其追求卓越，先后形成了松湖创客、未来科学家、人工智能等拔尖课程。

学生的需求实际上与他们在真实生活中遇到的问题有很大关联，同时也与新的科学技术息息相关。以人工智能技术为例，学生在生活中的刷脸开锁、人机对话等现象，会让他们产生兴趣：刷脸的原理是什么？刷脸技术能用在哪里？能否帮自己解决某次遇到的问题？因此，针对越来越热门的人工智能技术，我将中央电化教育馆的人工智能课程引入到学校的科学课程，让每一个新入学的学生都接受基础的人工智能原理学习；同时也将人工智能技术引入各类课程当中，引导学生利用人工智能技术来解决生活中的问题。在实际的教学当中，我们还以当前的科学技术热点话题来激发学生的创新热情，培养学生的科学精神与创新能力。

▶ 多途径持续提升教师的专业技能和知识

教师的专业素养，包括教学能力、教育态度和职业道德等方面，对教育质量有着直接的影响。

在拔尖创新人才的培养中，既需要技术过硬的教师，也需要具备一定活动组织能力的教师。在当前的教育背景下，更加需要能给予学生自由学习又能引导学生走向未来的专业教师。

因此，科学教育专业的教师需要通过系统学习、培训和职业实践，不断提高自主的专业知识与技能，同时又要在实际工作中总结经验，了解不同学生不同的发展需求，既呵护学生又因材施教，进而推动个人成长和科学教育工作的发展。

我会通过多种途径持续提升教师的专业技能和知识。首先是坚持终身学习的理念，不断更新教师的知识体系，深入研究科学教育的前沿知识，了解最新的发展动态。其次是广泛涉猎教育教学相关的理论和方法，学习教育学、心理学等课程，依据教育的基本规律和学生的心理特点不断总结开展教学的方法。此外，还积极参与各类培训和进修课程，不断更新自己的教育理念和实践经验。

对于激励和指导年轻教师，在带领市名师工作室团队时，我是以“活动指导、资源建构、专业引领”的方式来培养和指导年轻教师成长的。一方面是指导他们开展科普或竞技教学活动，由经验丰富的老教师担任青年教师的导师，通过一对一的指导，帮助青年教师快速掌握教学技巧和方法；二是带领他们将活动开展的资料整理提炼，建设成我们需要的科学教育资源，撰写活动案例，让他们迅速成长；三是组织教研活动，鼓励年轻教师勇于展示自己的教学成果和教学风采，在有经验的老教师的引领下，让他们在提高教学水平的同时，也带动本校科学教育的发展。我希望各界能够为年轻教师提供一个全方位的成长网络，帮助他们在科学教育领域快速成长，最终提升整个东莞的科学教学质量。

技术在科学教育中既是机遇，也是挑战。合理利用技术手段，可以激发学生学习科学的兴趣，提升科学教育的效果和质量，促进教育资源的均衡配置。以人工智能技术和基因技术为例，用好了则能创造美好生活造福人类，用得不好则破坏生态平衡引发伦理道德等问题。因此无论是在科学教育中的技术应用，还是教育内容的技术教学，更重要的是对学生责任感的培养，不排斥技术，但要合理利用。

在选择教学工具和资源时，我首先考虑它们是否能够帮助学生更好地理解和掌握科学知识，是否能够激发学生的学习兴趣和创造力。我会使用智能硬件、慕课教学平台等工具与资源，来提高教学效果和学生的学习主动性；利用信息技术等手段来收集学生的反馈、学习成果等来提高我的教学效果。如果这些工具和资源能够促进学生的主动学习和深入理解，那么它们就是适合的；如果这些工具影响了教学，那就不采用。总之，技术是工具，合理地利用能有效提升教学效率。

未来科学教育将更加注重跨学科的融合，特别是STEM（科学、技术、工程和数学）教育的深入发展，这种教育模式将帮助学生建立起综合的知识体系，培养他们解决复杂问题的能力。随着人工智能、大数据、云计算等技术的快速发展，科学教育将更加强调实践性和创新性，学生将有机会在真实的项目中学习和应用科学知识。

未来科学教育也将面临诸多挑战。随着科技的快速发展，教育内容和方法需要不断更新，这对教师的专业发展提出了更高的要求；同时，如何平衡技术教育和人文教育，确保学生在掌握科技技能的同时，也具备良好的人文素养和社会责任感，也是一个重要的课题。机遇方面，随着全球对科技创新的重视，科学教育将获得更多的资源和支持。此外，技术的发展使教育资源可以更加公平地分配，如人工智能技术的发展也为科学教育提供了新的平台和手段。

肖小亮：在项目学习过程中提升创新能力

□ 肖小亮

教师简介：

东莞市东莞中学初中部副校长，特级、正高级教师，华南师大研究生院青年领袖训练营校外导师，华南师大生科院兼职专硕研究生导师，省中小学名教师工作室主持人，省“百千万人才培养工程”初中理科名教师优秀培养对象，省十佳科技教师，南粤优秀教师，省中小学综合实践学科带头人。

▶ 在项目学习过程中提升批判性思维和创新能力

创新思维是科学教育的灵魂，能够激发学生的探索欲望，促进批判性思维的发展，提升创造能力和解决问题的能力。

创新思维在科学教育中发挥着重要作用，要培养学生的创新思维，首先要从科学探究到科学实践再到跨学科实践，螺旋式上升探索批判性思维和创新能力的培养，我提出的“IMH+STEM”科学教育模式，就是在创新的基础上，从“教育视角”去强化使命感责任感与人文素养的培养，从“学科视角”强化科学、技术、工程、数学（STEM）等跨学科深度融合解决问题；其次是从PBA到PBL，螺旋式上升探索批判性思维和创新能力的培养，选择与学生生活相关的真实问题，设计项目式学习任务，让学生在解决实际问题的过程中学习和应用；最后是模块化思维训练。我出版的第一本科学教育编著《小实验大道理》，其中提到激活科学思维就是参考香港的科普读物，20个思维方式均是按“思维定义—案例分析—实践应用”这一模式进行呈现，帮助学生激活科学思维。

教学环境和教学方法在拔尖创新人才的成长过程中起着至关重要的作用。良好的校园氛围、足够的软硬件资源平台和研究实践机会以及榜样激励和导师跟进是拔尖创新人才成长的关键因素。我们应鼓励学生大胆创新，尊重他们的想法，提供丰富的图书、期刊等科技书籍，配备先进的实验设备和材料，支持学生进行研究与实践。同时，学校应邀请科学家、工程师等成功人士举办职业生涯讲座，激发学生的研究思路，并派出专业导师指导和支持学生后续的研究。

在教学方法上，课堂教学应以“探究学习”为主，鼓励学生观察并生成新的开放性问题，进一步探究和解决问题。课外则以“项目式学习”延伸课堂，收集学生课堂生成的问题，设计成真实项目学习活动，提升学生的科学素质和创新能力。

我们要坚持科普与科技创新两手抓，课堂上做基础的科学普及，课外搭建展示平台，给学生更多展示与交流的机会，不断观察并发现拔尖创新后备人才，并且进行针对性创新项目体验训练，让学生逐步发展和提升创新能力。

▶ 开发适应当下社会发展需求的课程

科学教育作为教育体系中的重要组成部分，对于培养学生的科学素养、创新思维和实践能力具有至关重要的作用。而课程作为科学教育的核心载体，其设计与实施对于实现科学教育的目标具有决定性影响。在科学教育课程开发方面，我们应秉持前瞻性和适切性的原则，致力于为学生提供既符合时代需求又贴近其实际需要的课程内容。

一要重视课程开发目标的前瞻性。作为生物教师，自2007年起，我便将生物学教学的目标方向定为“拓宽知识视野、增进实验技能、激活科学思维、培养积极人生”。通过为期6年的课程开发实践，为科学教育目标的落地实施提供了有力支撑。这种前瞻性的课程开发目标，使我们的课程内容能够始终走在时代前列，为学生的全面发展奠定坚实基础。二要重视课程开发的适切性。课程内容的开发，应充分考虑学生的实际情况和需求，使课程更加贴近学生、贴近生活。三要紧跟时代与科学技术发展的步伐，将最新科学发现和技术进步融入教学。为了让学生能够及时接触到最前沿的科技，应定期更新课程内容。可以通过邀请科学家或博士来校园作报告，普及最新科技知识。这种紧跟时代步伐的做法，让我们的课程内容始终与科学技术的发展保持同步。

教师专业发展是提升科学教育教学质量的关键因素之一，教师要不断提升自己的教学技能、知识水平和更新教育理念。面对全员学习的时代，教师应深刻认识到“活到老、学到老”的重要性。不断更新教育观念，紧跟科学技术发展的步伐，通过持续学习来适应社会的发展。为了拓宽知识视野，教师们坚持阅读专业文献，特别是教育领域的经典著作和最新出版物，这些是提升专业素养的重要资源。在阅读的同时，教师还应注重将所学知识应用于实践，积极参与各种教育活动，将感兴趣、可移植的教育活动尽快付诸实践检验，不断内化为自己的经验。通过实践，教师们不仅巩固了所学知识，还提升了教学能力和创新能力。

丰富的学习资源和互动工具助力科学教育发展

随着社会的进步和发展，科学教育领域正不断融入高效、互动的技术，如科学探究、科学实践、跨学科实践、泛化研学、工业主题研学等，并融合了传感器技术、数码显微技术、XR技术（扩展现实）、物联网技术等前沿科技。同时，项目式学习（PBA、PBL）、线下与线上协作学习等教学模式也借助互联网技术、在线协作技术等得到了广泛应用。

以数码显微技术的应用为例，自2013年起，我的工作室在东莞科学馆的支持下，率先开展相关研究，并通过多种形式推广实践，积累了丰富的经验与成果。2017年，我们编著的《数码显微视界》一书由教育部教育装备研究与发展中心领导作序，并在全国范围内推广东莞的经验。

数码显微技术显著提升了实验课的教学效率与效果，许多学校因此创造条件建设网络数码显微实验室。这为2021年东莞成为全国首个将数码显微技术列入中考实验操作考试的城市奠定了坚实基础。这些技术的引入与应用，不仅丰富了科学教育的教学手段，也极大地提升了教学效果，为培养更多具有科学素养和创新能力的人才提供了有力支持。

当前，科学教育越来越受重视，在此引进SWOT分析法（态势分析法）

对东莞当地以及科学教育团队的实际进行分析。“优势”——东莞有非常好的科学教育基础和经验。“劣势”——资源分配不均，城镇差距、不同学校之间的教育资源差距稍大。“挑战”——新技术层出不穷，难以及时将技术普及应用于科学教育，助力科学教育的高质量发展，尤其是高科技设备面临较大成本和技术支持挑战，其他难题包括教师培训与技术应用推广等。“机遇”——当下正处于非常好的“科学教育做加法”教育生态环境，有众多的技术，如人工智能、大数据、云计算等加持，为个性化学习与科学研究提供非常好的平台；加上社会资源的大力支持，馆校合作、校企合作、校院合作、家校合作，为学生提供更多的实践机会和资源。可以说，科学教育未来可期。

莫春荣：三个“三”提升教师专业素养

□ 莫春荣

教师简介：

小学科学正高级教师，全国中小学科学教育专家委员会委员，粤教版小学《科学》教材编委，广东教育学会理事，东莞市教育学会小学科学教学专业委员会副秘书长、教育家型教师培养对象。曾获东莞市劳动模范、优秀科技工作者、最美科技工作者等荣誉。发表文章26篇，出版著作11部，研究成果获省基础教育教学成果二等奖、省中小学教育创新成果二等奖，执教的课例获省小学科学教师优质课评比一等奖。

▶ 教师引领，在实践中培养学生探究能力

随着教育理念的不断进步和深化，科学教育不仅承担着传授知识的功能，更重要的是培养学生的思维方式和解决问题的能力，为学生未来的学习和职业生涯奠定坚实的基础。因此，创新思维在科学教育中扮演着至关重要的角色。

首先，创新思维鼓励学生从多个角度思考问题，从而更全面地理解科学现象和原理，不仅拓宽了学生的认知视野，还为他们提供了更广阔的探索空间，提高他们应对复杂问题的能力。

其次，科学教育致力于激发学生的创造力和探索精神。传统的教学模式往往侧重于记忆和重复，而现代科学教育则更加注重培养学生的创造力和探索精神。创新思维鼓励学生提出独特的见解和解决方案，激发他们对

未知世界的探索欲。此外，创新思维在培养学生的问题解决能力和批判性思维方面同样发挥着重要作用。在科学教育中，质疑和问题是创新思维的起点。学生通过质疑现有的知识和观点，不断探索和尝试新的解决方案，从而培养解决问题的能力。这种思维方式不仅激发了他们的好奇心和求知欲，还为他们未来的学术研究和职业发展奠定了坚实的基础。

最后，创新思维对于学生的个人成长和未来发展具有重要意义。科学思维不仅包括传统的规范思维，更强调创新思维的重要性。这种思维方式能够打破常规，实现从知识传授到思维与问题解决能力培养的实质性突破，使学生在面对挑战时能够勇于尝试和创新，不断开拓新的领域和机会。

培养学生的批判性思维和创新能力，我们应从以下几个方面入手：一是优化课程设置。学校应通过优化课程设置，增加批判性思维和创新能力培养的相关课程，如逻辑学、批判性思维训练等，以帮助学生建立批判性思维的基础。二是改革教学方法。采用探究式学习法，鼓励学生主动探索和解决问题，而不是被动接受知识。教师可以通过提出开放性问题，引导学生进行深入思考和讨论，培养学生的独立思考能力。三是加强实践教学。通过实践项目、创新实验室、创业园等平台，提供丰富的实践机会，让学生在实践中锻炼创新能力和批判性思维。例如，举办各类创新大赛、创业讲座等活动，激发学生的创新热情。四是营造校园文化氛围。通过营造校园文化氛围，鼓励学生挑战和质疑，为观点寻找理据，并在多种方案中做出决策。五是提供反馈和指导。教师应明确区分探究性学习与机械背诵，提升学生的探究精神和创造性思考。同时教师应及时给予学生反馈和指导，帮助学生形成正确的思维习惯。

三大平台、三大策略、三项研修提升教师教学质量

教师专业发展对提高教学质量具有至关重要的作用。

首先，教师专业发展能够提高教师的教育教学能力。通过不断学习和研究，教师可以掌握新的教学方法和技术，关注教育教学领域的前沿动态，从而提升他们的教育教学能力。现代教育技术日新月异，教师不仅需要掌握本学科的基本知识，还需要具备信息技术和跨学科知识，这样才能

更好地适应教育的发展和变化。

其次，教师专业发展促进教师教育思想的转变。教师专业发展使教师能够从传统的教育思想中走出来，更加关注学生的个性化发展，注重培养学生的创新精神和实践能力。这种转变有助于提高教育教学质量，满足现代教育背景下对学生全面发展、个性发展的需求。

此外，教师专业发展还能提高教师的专业素养。教师专业发展不仅包括知识技能的提高，还包括教育教学理念的转变。通过不断学习和研究，教师可以提升自身的学术素养，更好地推动教育事业的深入发展。

聚焦教师成长，我们从三大平台、三大策略、三项研修入手。三大平台即广东省小学科学学科教研基地、广东省科技名师工作室、东莞市名师工作室。三大平台汇聚众多优秀的教育专家学者以及科技教育领域具有丰富经验和卓越成就的名师，为教师提供了广阔的舞台。利用丰富的教学资源，学校积极组织教师参与教学研讨会、课题研究等活动，同时也邀请名师到校开展科技创新比赛、举办科学调查体验活动讲座、指导科技课程开发等。

三大策略即磨课俱乐部、学术自驾游、项目“领头雁”。磨课俱乐部是一个专注于教师教学能力提升的研修平台。学校定期邀请教育界的专家、特级教师与教师面对面交流，一起打磨科学课程。同时，学校独创主角磨课、配角参与的模式，让专家指导一位教师时，多名教师受益，营造经典课例“人人能学，人人能上”的教学氛围。

学术自驾游是拓宽视野的学术之旅。学校鼓励教师们走出去，通过参加学术年会、特级教师论坛等高端学术活动，教师能够接触到最新的教育理念、教学方法和科研成果，与来自全国各地的教育同行交流思想、分享经验。

项目“领头雁”是科学秀与趣味实验的引领者。学校选拔了一批专业技能强的教师作为“领头雁”，负责策划和组织相关活动。在“领头雁”的引领下，教师们的科学素养得到了显著提升，学校的科学教育质量也得到了显著提高。

三类研修即课堂教学、实验技能、场室文化。课堂教学方面，创立以素养为导向、问题为主线、思维为核心的“现象教学”模式，即从某一科学现象（问题）出发，以问题为主线展开的科学探究实践活动。实验技能方面，进行基于教材的实验技能研修活动。活动中，教师不仅有机会亲自动手进行实验，更能在实践中深入理解和掌握知识。通过实验操作，教师们能够直观地感受到科学原理的奥秘，进一步加深对科学知识的理解与掌握。实验研修不仅注重教师的操作技能培养，更强调实验过程中的思考与创新。场室文化方面，结合物理、化学、生物、地理等学科特点，将实验室全面升级为兼具学习与展示功能的主题式空间。在新的实验室设计中，讲授区、实验操作区、科普阅读区、实验材料区、科普互动区、作品展示区等功能分区明确，布局合理。为进一步合理布局，可以采取沉浸式场室文化研修，即师徒结对，导师一对一、手把手地帮扶徒弟进行场室文化的建设，提升场室建设能力，让科学素养看得见。

附录：东莞科学教育“点亮”时间轴

2022年10月

黎军副市长牵头，组织市教育局等多个部门开展深入调研，经过近半年的专题调研，形成专题调研报告，推出《东莞市推进中小学科学教育实施方案》，谋划将中小学科学教育打造成具有新优势的教育品牌。

2022年

东莞市委十五届第57次常委会指出，要做好青少年科普教育工作，推动科学家和科学知识走进校园。

2023年年初

市政府工作报告提出，要加快建设高质量教育体系，全面推进中小学科普教育。

2023年1月29日

市政府发布2023年1号文《关于坚持以制造业当家　推动实体经济高质量发展的若干措施》，将“实施科普教育‘点亮’行动”列入重要任务。

2023年

市第十七届人大第三次会议将“推进公办义务教育学校科学类课程探究实验室（或实验空间）全覆盖，大力开展中小学科普教育活动”纳入“2023年东莞市十件民生实事”。

2023年2月20日

东莞市教育局发布《关于推进我市普通中小学校科学类实验室建设全覆盖的通知》，拉开了全面推进实验室建设的序幕。截至2023年12月底，全市公办中小学一共完成升级改造科学类实验室194间，新建设科学类实验室171间，合计365间，实现全市中小学科学类实验室全覆盖。

2023年3月16日

东莞市推进中小学科学教育新闻发布会在莞城中心小学举行。市教育局、市科技局、市科学技术协会联合发布《东莞市推进中小学科学教育实施方案》。会后，由东莞中小学科学教育形象大使、东莞材料基因高等理工研究院院长张书彦主持科学教育“点亮”行动启动仪式。

2023年3月至6月

科学教育点亮行动覆盖全市33个镇街、园区，评定了6个中小学科学教育示范镇街培育对象、60所中小学科学教育示范学校培育对象。全市共有323所中小学校聘请了科普（科学）副校长，开设了80个“科普430”课程，举办了83场科学家进校园活动、22场科技竞赛活动、4场辐射带动全市的科学主题探秘活动。

2023年8月

东莞成功承办第十八届中国研究生电子设计竞赛总决赛，全国8个赛区、约1800名师生汇聚松山湖展开角逐。

2023年9月26日至28日

2023年东莞市中小学生科技节在东莞中学松山湖学校正式启幕。本次活动采用“1+1+8”模式，通过一场高规格的科技节启动仪式，一场高水平的科学教育成果展示及体验活动，以及八大高质量的科学教育主题活动，联动莞港澳图四地师生，打造高规格、高水平、高质量系列科学教育活动。

2023年全年

东莞共打造10场科学主题探秘活动，活动以自然科学、新兴科技和创新制造三个维度为主线，按照“困秘、解秘、探秘、知秘、用秘、展秘”六个环节设计成精品课程，以拓展学生的思维广度和深度，培养学生科学素养和创新精神。

2024年2月

东莞被教育部评为首批全国中小学科学教育实验区，并被选举为第25协同组组长单位。

2024年5月7日

《中国教育报》第3版以《广东东莞松山湖高新区构建生态圈培养学生科学素养——打造“没有围墙”的科学创新教育》为题，关注报道东莞松山湖科学教育的创新举措。

2024年5月14日至18日

为落实教育部“开展中小学科学教育实验区、实验校专家调研指导工作”的部署，在省教育厅的统筹下，来自福建省的专家团队莅临东莞，就东莞中小学科学教育实验区及实验校的创建工作进行深度调研与指导。专家团队先后考察东莞中学松山湖学校、东莞松山湖未来学校两所直属学校和松山湖园区、石排镇、东城街道三个具有代表性的镇街（园区）。专家团队就如何进一步提升科学课程教学质量、促进教育资源均衡配置以及如何有效开展科学教育活动等关键议题展开了深入探讨。

2024年6月至7月

南方日报、南方+客户端和广东教育杂志社联合推出的“筑高基石——教育强省一线调研”系列报道，寻找推动教育高质量发展密码，走进东莞科学教育的第一现场，就东莞实施科学教育的“广东加法”展开深度调研和采访，并在《南方日报》要闻版、南方+新闻客户端首页和《广东教育》7月封面进行大篇幅重点报道。

2024年7月至10月

2024年东莞市中小学生“好问题”大赛正式启动，邀请全市中小学生开动脑筋、积极思考，提出自己的“好问题”。本届大赛着重聚焦数学与思维、生命科学、物质与化学、物理学、天文学、地球科学、技术与工程、人工智能等领域。按小学组、初中组、高中组进行问题征集。经过问题征集、专家评审、线上展示、现场答辩等环节，最终共计20个“好问题”从近5000个投稿作品中脱颖而出，荣获佳绩。活动参与面非常广，全网平台关注流量超过200万人次。

2024年10月18日至19日

“科创未来，强国有我——2024年东莞市中小学生科技节”圆满举行。2024年的活动按照六大板块共14项活动，包括全市中小学同上“科创思政课”，举办“好问题”大赛，开展“科创之星”认定，遴选首批人工智能实验学校，举办青少年科技创新运动会等重点环节。此次科技节跨区域交流的“好友圈”加倍扩大，在2023年基础上新增西藏（林芝市巴宜区）、浙江（台州市椒江区）、重庆（渝中区）、贵州（遵义市红花岗区）、江西（南昌市红谷滩区）以及广东揭阳、韶关等地。本次活动呈现出更有力的组织、更丰富的内涵、更开放的格局三大特征。